北京古籍叢書

楊之峰　點校

燕京記

外三種

北京出版社

圖書在版編目（CIP）數據

燕京記：外三種 / 楊之峰點校. — 北京：北京出版社，2020. 10
（北京古籍叢書）
ISBN 978-7-200-13273-1

Ⅰ. ①燕… Ⅱ. ①楊… Ⅲ. ①歷史地名—史料—北京 Ⅳ. ①K928. 6

中國版本圖書館CIP數據核字（2017）第237392號
地圖審圖號：GS（2018）6484号

項目策劃：安　東　　責任編輯：喬天一　張　帥
責任印製：陳冬梅　　裝幀設計：郭　宇
項目統籌：張　帥

北京古籍叢書

燕京記

外三種

楊之峰　點校

出　　版　北京出版集團　北京出版社
地　　址　北京北三環中路六號
郵　　編　一〇〇一二〇
總 發 行　北京出版集團
經　　銷　新華書店
印　　刷　北京虎彩文化傳播有限公司
開　　本　八八〇毫米×一二三〇毫米　三十二
印　　張　十四
字　　數　二三二千字
版　　次　二〇二〇年十月第一版
印　　次　二〇二〇年十月第一次印刷

書號　ISBN 978-7-200-13273-1
定價　88.00 圓
如有印裝質量問題，由本社負責調換
質量監督電話：010-58572393

出版説明

本書收録（清）顧森《燕京記》、（清）巴哩克・杏芬《京師地名對》、奉寬《舊京考古録》、北平市籌備自治委員會編《北平市自治區坊所屬街巷村里名稱録》四部小書，都與北京地理建置和地名有關。

一、《燕京記》

作者顧森，字廷培，一字錦柏，號雲庵，長洲（今江蘇蘇州）人。據其《丙辰元旦試筆》詩：「八十年逢新歲月，四朝澤被老農民。」丙辰年爲清嘉慶元年（1796），若此年虛歲八十歲，且身歷四朝，則當生於康熙五十六年（1717）。他是昆山大儒顧炎武的族人，家學深厚，人塾即慨然有經世之志。未弱冠而孤，因貧廢學，奉走四方，三入京華。乾隆中期受恩蔭從事館閣，出任直隸涿鹿縣（今屬河北省張家口市）縣尉，六年任滿，被舉薦回京，却因知州周公被人告發，受到波及。他代人任過，竄謫西安，於同官縣安置。生平奇氣無所發舒，用於著述。《自記》中有自著詩草三卷、詩餘一卷、雜俎一卷、《見聞新集》四卷、《古台記略》一卷、《旗亭》等集一卷，手録唐詩、古詩、詩餘、近人詩、樂府沿革、詩人姓名籍貫、《陝甘志略》，以及醫書、選擇、奇門、靈飛、六甲、星象、占驗、祈雨書，共百餘卷。嘉慶四年（1799）尚在世。道光三十年（1830），外孫楊坊收集其著述，衹有手輯《雜録》二十八卷首尾完整，其他多爲殘篇斷帙，一厄於友朋之借觀，又厄於蟲鼠之踐蝕。楊坊編爲《雲庵遺稿》六卷，包括《雲庵遺詩》一卷、《遺文》一卷、《燕京記》一卷、《雲庵自嘲》一卷、《回春夢傳奇》二卷，刻印行世。《雜録》因部頭太大，無力刊刻。其中《回春夢傳奇》份量最重，水準最高，顧森因此被稱爲清代戲曲家。

《燕京記》是一部北京簡史，對燕京歷史的記述，上起傳説中的黄帝，下至明崇禎十七年（1644）五月二日清軍入城。作者搜取《尚書》《禮記》《經典釋文》《史記》《漢書》等各種史書關於燕地情況的記録，實際上多轉録於清初朱彝尊所編《日下舊聞》。《日下舊聞》是資料摘抄性質，此書則按時間順序進行了編排整理，將之梳理成一部文字順暢的燕京史，内容涉及政治、經濟、軍事和建置沿革等多個方面。文後《附記城郭》，記遼太宗會同元年（938）至明嘉靖四十三年（1559）燕京城垣情況。另附《各門路徑去向》，記各城門進出京城的路徑。

《雲庵遺稿》自道光三十年（1830）出版後，流傳不廣。民國二十八年（1939），專門收集北京文史資料的張次溪纔在琉璃廠通學齋見到此書中的《燕京記》，他稱此書是乾隆二十一年（1756）所輯，並將它收入《燕都風土叢書》，由張次溪燕歸來簃鉛印出版。道光本校勘不精，錯訛較多，大約在印出後又發現訛誤，遂另外刻印單字，粘在錯字處，將其蓋住。張次溪重印時，不但没有改正原書的訛謬，反因校對疏漏，又增加若干錯字。因《燕都風土叢書》流行較廣，我們此次點校，以此作爲底本，除用道光本校勘外，還用比《日下舊聞》内容更廣的《日下舊聞考》參校。校出錯字，再沿著《日下舊聞考》所示出處，追蹤更早的文獻，兩處一致，再寫校記。因古人引用資料，有時不嚴格照録原文，因此遇到無關緊要的文字，我們衹出校記，不改原文。

二、《京師地名對》

作者巴哩克・杏芬，鑲白旗蒙古人。清代著名蒙古族詩人延清之女。延清有一子三女，杏芬爲長女，清同治十三年（1874）二月十九日生於江蘇京口。秉性聰慧，不足十歲就帮母親操持家務，指導針黹、烹飪，掌握全家老幼衣裳尺寸。其父公私之服，每届换季，預先檢出。喜慶及親戚賀吊儀節，預爲措置，豐儉適中。從商鋪賒貸貨物，每到年節償還時，據清單親自彙算。其父交遊廣泛，每月收到長官、老師與同年、好友書信數十封，杏芬隨時登册，録其居址。延清依次答拜，少走彎路。綜理精勤，用心細密，家中以「女記室」呼之。相貌豐腴端正，不苟言笑。僕從輩皆敬畏其人。女親戚來訪，酬應周旋，情文殷摯，皆樂與之談。光緒二十三年（1897）春突發疾病，五易醫生，病情加劇。私下料理身後衣飾。彌留前一日，其兄彭年扶父母訣别，哭不可抑，而杏芬若帶笑容，不墮一淚。其堅忍鎮定，若修持多年之老僧。六月二十七日，於其三妹芸芬的忌日，口中誦「觀音菩薩甚靈驗」七字而逝，年僅二十三歲。

杏芬幼年，與其兄彭年從秀才楊希賢學《女誡》《閨範》，後來喜閲書信，能隨文講解，諸妹聆聽，從之發蒙。其父延清（1846－1918），字子澄，或作紫丞，號鐵君，也生於京口。同治十三年（1874）中進士，任工部都水司、屯田司、寶源局等主事，官至日講起居注官、翰林院侍讀學士，久居京師。杏芬聞京師街巷紛歧，地名新奇，勤加蒐討，證以名刺，又對父親引申其義。緑窗晝静，戲爲比儷。零星手録，天長日久，彙集成書。杏芬死後，父兄將書稿加以整理，删其字面欠工與俚鄙太甚者，其兄又從《日下舊聞》《宸垣識略》等書中選擇地名新穎有趣者一百數十條增入，且在每條下略加小注，指明具體位置及有關掌故。

全書收録地名對子一千餘對，分爲天地總類、天文時令類、地理宫室類、人倫類、性情人事總類、身體類、古迹類、鬼神仙佛釋道類、禾稼蔬果草木類、鳥獸鱗介昆蟲類、服飾用物總類、珍寶類（五行八音類附）、飲食類（薪煤爐竈附）、數目類、方位類、干支類、卦名類、顔色類、虚字類、疊字類，共二十類。每類中的次序，先按字數多少，由二字到八字，順序排列。字數相同者，則按詩韻編排。

延清著有《錦官堂詩集》《錦官堂試帖》《錦官堂賦鈔》《覆瓿集》《奉使車臣汗紀程詩》《遺逸清音集》《庚子都門紀事詩》等。編訂《蝶仙小史彙編》《八旗進士題名表》和諸詩集時，杏芬隨侍左右，按韻類編，能分乃翁之勞。延清以撰《地名對》事舉示友人，友人贊其足補朱彝尊《日下舊聞》及梁章鉅《巧對録》。

清宣統二年（1910），《帝京新聞》分期連載《京師地名對》，但不久停刊。蔣芷儕見其「頗爲新穎」，録入《都門識小録摘録》。

《藝林月刊》1931年第1期至1935年第62期，全文收録，稱其「搜羅繁富，比儷精工，分門别類，各有注釋，視何澹如之《春秋》（即《春秋地名對》）、俞曲園之《左傳》（即《春秋人地名對》），殆有過之，無不及也」。

北京大學教授白化文《人海棲遲》一書收有《〈京師地名對〉及其作者巴哩克杏芬女史》，稱「北京的地名集對，當以《京師地名對》一書爲個中翹楚」。

《人民日報》文藝部高級編輯、著名藏書家姜德明曾爲此書寫過書話，收入《姜德明書話》《書攤夢尋》《書邊夢憶》三書。他説：「這些坊巷掌故，對研究地名變遷的人來説自然有用，一般讀者亦未必不感興趣。此書並非爲了實用，主要還在於它的欣賞趣味，讀者可以從豐富巧妙的文學語言中，得到不少知識，瞭解京城的街巷布局和里巷風俗，甚至聯想到北京人民的日常生活……隨著時代的變化和城市建設的發展，如今有些里巷地名已不復存在，人們衹能從書面上追憶遐想了。也許正因爲如此，這本小書才顯得更有價值。」

我們此次點校，以清光緒二十七年（1901）家刻本爲底本。《帝京新聞》衹刊載少量，《藝林月刊》雖全文刊登，但没有修訂，且打亂每類内部順序，排印倉促，多有刊誤，没有校對價值。我們逐條用《日下舊聞考》《宸垣識略》《（光緒）順天府志》進行參校，此三書未載者，或明確注明引自他書者，用他書參校。正文因涉及對仗，一般衹出校記，不改原文，如果改正後不影響對偶，則改正原文。注文則先改正文字，再出校記。正文和注文所指地名位置不統一，或注文節録原書時，錯會文義，非僅僅是文字錯訛，也衹出校記，不改正原文。今人熟悉地名分類和詩韻順序者恐怕不多，爲方便檢索，我們編制正文的地名索引，附録於書後。

三、《舊京考古録》

此書稿本存中國國家圖書館，著録爲「佚名纂，民國間稿本」。卷首鈐「敝帚千金」「曾經滄海」兩枚竪長方陽文印，「十年一劍」方形陰文印。卷末鈐「漢嚴卯齋」竪長方陰文印，板框外並列處鈐「奉仲嚴」竪長方陽文印。查奉仲嚴，本名奉寬（1876－1943），字仲嚴，蒙古族人，原姓博爾濟吉特氏，辛亥革命後改名鮑汴，號遠鶴，自號小蓮居士，室名漢嚴卯齋。清末任職於海軍部，後曾任北京大學滿文、蒙文教師。又服務於國立北平研究院史學研究會、北平故宫博物院文獻館等處，歷經世事變遷。二十世紀三十年代日本人竊據華北時主持編寫《續修四庫提要》，其中《滿漢合璧對聯一卷舊抄本》的提要就是奉寬所撰。著有《妙峰山瑣記》一卷、《清理紅本記》四卷，撰寫論文約二十篇，發表於《燕京學報》《燕大月刊》《北大學生》《史學年報》等刊物。《妙峰山瑣記》得到顧頡剛先生高度讚賞。筆者認爲此稿即奉寬所著，理由如下：

一、此稿雖未署名，却將室名章「漢嚴卯齋」鈐在署名的位置，又將「奉仲嚴」並列，説明都是作者之印，非收藏印。另外「敝帚千金」「十年一劍」表明作者用功之勤與愛惜之深，「曾經滄海」表示作者身世，也是作者自鈐。稿中還有一枚不規範的橢圓形陽文印，刻陸遊

《秋夜讀書每以二鼓盡爲節》詩中的一句「青燈有味似兒時」，其意境與奉寬身世相符。

二、此稿第一段末直書「辨證詳《燕京故城考》」，不著録作者，説明該文是自己所作。而《燕京故城考》的作者正是奉寬，發表於《燕京學報》1929年第5期第140－166頁。之所以不用「拙著」等謙詞，説明此稿尚不準備示人。

三、東單、西單牌樓和京城各門，都注其匾額的滿文讀音，與其曾任北京大學滿文教師的身份，以及撰寫《滿漢合璧對聯一卷舊抄本》提要一事相符合。

四、稿中詳記歷史博物館所藏拓片和天安門附近情形，與曾服務於國立北平研究院史學研究會有關，該會設考古和調查編纂兩組，在中海懷仁堂西四所辦公。

五、稿中數處有作者個人蹤迹。如「何紙馬胡同」小注：「余舊同寅武選郎繼澍民居此衕，其名刺書『禾芝麻胡同』」。如景山後大街兩旁雁齒樓爲内務府三旗檔案房，每月之初，内務府旗丁齊集此處關領錢糧；每歲更换宮女，各户悉於樓下排車備選。「茲將舊時所見表列於下」。再如公生東門外迤東（天安門東），外垣有剥落斜痕如劍器形者，云是崇禎時京營總督、襄城伯李國楨鞭迹。「光緒中余嘗見之。現垣已拆改，無人稱説矣。」如歷史博物館的拓片，「館中印有價單，特記其名目如下。」如清人以鐵鍊鎖崇禎自縊之樹，「其鐵鍊於垣外馬上可見。余幼時猶記其鍊尚存。光緒庚子，洋兵入京，景山任人出入。余曾至其處尋覓，則無有矣。」如「丁巳仲冬，都人設書畫展覽會於中央公園……余於第三、五、六、七等凡四往。」如民國二年隆裕皇太后哀悼會設於太和門，「時余尚居北城方磚胡同，慈君心有所感，攜余往觀。」全書出現的最晚時間是民國十一年。這些都與奉寬的時代、身份相符合。

《舊京考古録》是考證北京歷史、地理的雜録，主要有下面幾方面的内容。一、北京城的起源古薊縣和幽州鎮城。二、北京城的建置和各城門考述。三、「燕京八景」和「宛平八景」「大興八景」。四、明人張爵《京師五城坊巷衚衕集》中大部分街巷胡同的考訂。五、清代《兩翼八旗地面及旗營、公署、學校並步軍統領所屬各旗官廳一覽表（光緒庚子以前）》。六、雁齒樓内務府三旗檔案房列表。七、京城内外十四倉、義學。八、明清權要住址、大臣賜第、著名商鋪、同治十三年新科進士住址。九、大明門、公生門、天安門、端門、午門等有關歷史典故。十、午門樓上歷史博物館收録的近年出土的各種拓片。十一、滿文翻譯各書和《滿文大藏經》。十二、雍正硃批諭旨和清朝奏摺進呈、批回過程。十三、崇禎自縊煤山的有關記述。十四、中山公園的「諸葛行鍋」和書畫展覽會。十五、隆裕太后哀悼會現場情形。書名既稱「舊京」，當撰於國民政府定都南京，北京改爲北平特別市之後。

此書祇有稿本，所記内容見於他書者，我們逐條進行了參校，主要參考《（康熙）大興縣志》《京師五城坊巷衚衕集》《（光緒）順天府志》《八旗通志》等。

四、《北平市自治區坊所屬街巷村里名稱録》

北平市籌備自治委員會編,1932 年 9 月北平市籌備自治委員會鉛印本。

地方自治是實現民主政治的一種重要形式。北京的地方自治從清光緒三十四年(1908)實行預備立憲時已開始,由於清政府立憲缺乏誠意,袁世凱恢復帝制,和後來的軍閥混戰,北京自治未取得實質進展。1928 年,北京改名北平特别市後,根據南京國民政府的方針,結合北平實際情況,真正開展地方自治運動,直到 1937 年,持續八年之久。1928 – 1929 年爲創立自治階段,成立了籌備自治辦事處,受市政府直接領導,與公安局、社會局、工務局等爲平行機構,主要對城區和郊區進行清查、編配工作,第一任處長爲朱清華,副處長爲崔麟臺。1930 – 1934 年爲推進自治階段,籌備自治辦事處升級爲籌備自治委員會,下設秘書室、視察室和第一科、第二科、第三科,北平市政府秘書長孫松齡擔任委員長,前副處長崔麟臺爲副委員長。工作重點爲編配郊村,舉辦平民學校,開展識字運動,推行貧民貸本處,建立自治討論會,完善自治相關規章制度。公共衛生和社會治安也由各級自治機構接手。1934 – 1937 年爲改進自治階段,調整「官治」與「民治」的關係,設立自治事務監理會,使鄉村自治和城市自治並舉,保障自治經費,進行自治人員的組織、培訓。

本書爲北平自治第二階段的成果。國民政府遷都南京後，北京成爲直隸於行政院的北平特别市。全市劃分爲内城六區、外城五區，和東西南北四郊，共十五個自治區。北平市籌備自治委員會爲市級自治機構，統籌全市自治工作。區級自治機構由區公民大會、區公所、區監察委員會組成，分别擁有選舉罷免權、自治行政權和自治監察權。區下設坊，組織機構參照區執行。坊下設閭，閭下爲鄰。相連的五户爲一鄰，不足五户則編入相近之鄰。二十五户以上，五十户以下編爲一閭。閭、鄰作爲最基本的自治行政組織處理居民的各種雜務。機關、學校、工廠、公司等人員衆多，單獨編制。從 1929 年 7 月開始，籌備自治辦事處的工作人員深入到北平各區、街、村進行調查，對人口數量、男女比例、年齡結構、學歷水準、街道面積、門牌號碼等社會情況做了詳細和周密的調查，並以此爲根據進行區、坊的編配，建立區、坊、村公所，以便於開展自治工作。

此書是一部各自治區的地名録。從正陽門往東至今之東二環，從天安門沿東皇城根至翠花胡同，再往東到朝陽門，爲内一區。從正陽門往西至西二環，從天安門沿西皇城根至大醬坊胡同，再往西到西二環，爲内二區。從翠花胡同至寬街、安定門，往東到東二環，爲内三區。從大醬坊胡同沿西皇城根往北，到積水潭，往西至西二環，爲内四區。地安門大街以北，安定門内大街以西，棉花胡同以東，北二環以南，爲内五區。天安門至地安門這一段，爲内六區。正陽門外大街往東到崇文門外大街,爲外一區。正陽門外大街往西至宣武門外大街,爲外二區。崇文門、天壇東門一線,往東、往南各至二環,爲外三區。宣武門外大街、賈家胡同、東大地一線,至西二環,爲外四區。賈家胡同、東大地一線,東至天壇東門一線,北起珠市口大街,南至二環,爲外五區。從廣渠門開始,東南至孛羅營稍東,沿二環往北至勇士營,再往東至五環稍外,爲東郊。西二環以西,從西直門西北至西山的南安河,從阜成門西南至岳各莊,再往北至五孔橋,再往西至西山的三家店,爲西郊。二環往南,至孛羅營、大羊房、馬家堡、西紅門、羊坊村、岳各莊這一彎彎曲曲的路線之間,爲南郊。北二環往北,北至黄軍旗、興隆莊、清河鎮、鑲黄營,西北至西北望、玉泉山,爲北郊。這十五個自治區相當於今天的市區和近郊,每區從十五坊到四十九坊不等。每個自治區都記其面積、坊數、閭數、鄰數及區公所地址。每坊又記其面積、坊公所地址、所轄街道胡同或村里名稱以及該坊的分界地點。共計街巷 3284 條,村里 1849 個。坊和街道、胡同、村里皆按順序排列,既便於進行管理,又便於讀者查閲。當時北郊還有許多坊公所未設立,留有空白。

此書是在實地調查的基礎上編成的,是推進北平自治過程中的産物,内載區公所、坊公所,對人事登記、公民審查、納税、選舉、徵兵等自治工作至關重要,爲當時北京居民所必需。北京街巷數以千計,名稱屢變,今分隸區坊,表而出之,瞭如指掌,爲當時居民出行和遊客參觀帶來莫大便利。時過境遷，北京街巷名稱又發生巨大變化，此書已不具備上述功能，但它完整地記載下當時的名稱，成爲瞭解民國時期北京城鄉建置和街道名稱的重要工具書。

此書仍屬草創，文字錯訛難以避免。（明）張爵《京師五城坊巷衚衕集》、（清）朱一新《京師坊巷志稿》與此書差别太大，無法參考。我們選擇民國年間北京特别市公署印行的《北京街衢坊巷之概略》（校勘記簡稱「《概略》」）進行校對，其中所附的内外城地圖與此書時代相近，地名標注最詳；四郊則用民國年間王華隆《北京四郊詳圖》校對。同時參考民國十年（1921）商務印書館出版的《新測北京内外城全圖》（簡稱「民國十年地圖」）、民國十九年（1930）北平文雅社印製的《北平市最新詳細全圖》（簡稱「民國十九年地圖」）、約民國二十九年（1940）王華隆繪製的《北京内外城詳圖》（簡稱「民國二十九年地圖」）、1958年和1986年群眾出版社出版的《北京市街巷名稱録》、1998年中國地圖出版社出版的《北京街道胡同地圖集》等，還查閲了記録北京街巷的博客，有地名研究，也有兒時記憶，對查找已拆或改名的街巷頗有幫助。但還有少量地名没有查到，以四郊開始處爲多，即朝陽門外、阜成門外、永定門外、德勝門外，這些地方靠近城區，街巷密集，但地圖標注不詳，後來改建較大。别處不易查到，反而體現出此書的價值。爲方便讀者閲讀，我們在書後附録《北京街衢坊巷之概略》的内外城十一幅地圖和王華隆《北京四郊詳圖》。

綜合以上所説，這四部小書以記述地名爲主。北京街巷名稱變化極其頻繁，因建置變化，或名實俱亡，或名存實亡。因名實不符，遂多口舌筆墨之失，導致以訛傳訛。也有因朝代更迭，適應政治需要而改者，也有率意更改、故意增減筆劃者，也有將地名雅化者。《舊京考古録》已有論述。《京師地名對》有時故意使用訛名，以便對偶，有些地名在别的文獻中查不到，使用範圍可能非常狹窄。這兩書又新名、舊名混用。我們在校對時，一般衹要查到這個地名，就不再出校。各書記載不同者，一般以原始出處或多數文獻記載爲準，或參考現代地圖所標的地名、今人的論述，這些記載多來自實際考查，甚或言者本人在當地住過，所説地名更符合實際。但也有例外，如《北平市自治區坊所屬街巷村里名稱録》第四自治區第一坊的「小旃壇寺」，「壇」本應作「檀」，因寺内有旃檀（即檀香）佛像而得名，進而成爲地名。但民國以來的各地圖都訛作「壇」，我們衹好因錯就錯，不再出校。畢竟北京地名變化太大，得名原因衆説紛紜，本人才疏學淺，無力分辨，儘管在校勘過程中不敢擅改，但判斷失誤，以致妄改之處恐亦難免，敬請方家批評指正。

楊之峰

二〇一七年二月

總目録

燕京記

燕京記

崑山顧森雲菴氏輯　東莞張江裁次溪氏刊

黄帝都於涿鹿，尚無幽燕之名。至高陽氏始謂之幽陵。帝堯申命和叔宅朔方，曰幽都。境有幽都之山，蓋因其地幽昧故名。在今昌平州西北三十里。亦曰北幽。《大戴禮》：「虞舜以天德嗣堯，布功散德制禮，朔方幽都來服。」《尚書》：「舜流共工於幽州。」又分薊州地爲幽州，因幽都以爲名。夏、殷省幽并冀。殷人南都於亳〔一〕，復舜幽州之名。周人又以幽州兼殷之營州。《禮記》云：「武王克殷反商，未及下車，而封黄帝之後於薊。」《史記》云：「周武王滅紂，封召公奭於北燕。」〔二〕燕亦山名，在薊州東。召公姬姓，周之支族。《帝王世紀》云：「文王庶子。」《尚書正義》云：「文王之子一十六國，無名奭者。」《經典釋文》載：「黄帝姓姬，君奭郳〔三〕其後也。」然則所謂封黄帝之後於薊者，即召公也。燕初封，在北平無終山。即今薊州。後漸强盛，乃併幽州，徙居之。至昭王，繼子噲讓國破亂之餘，卑禮厚幣，築黄金臺以招賢者。鄒衍如燕，昭王擁篲先驅，列弟子座而受業，築碣石宫居之。宫在薊州西三十里，寧臺之東。望諸君奉命擊齊，長驅至國，下齊城七十二，珠玉珍寶盡收入燕。旋築長城，自造陽至襄平。置上谷、漁陽、右北平、遼西、遼東郡。

秦始皇二十一年，王翦破燕太子軍，取燕薊城，燕滅。燕九世稱侯，八世稱公，十世稱王。秦析天下爲四十郡，幽州名上谷郡。二世元年九月，韓廣爲趙略地，至薊，自立爲燕王。楚漢之際，項羽封臧荼爲燕王，都薊。韓信徇〔四〕河北，荼降。高帝五年秋七月，燕王臧荼反。帝自將擊之，荼就擒。八月，立盧綰爲燕王。後分燕置涿郡。十二年，綰降匈奴，復封王子建爲燕王。建薨，吕后誅建子，分燕國之地，置涿郡及廣陽國。文帝元年，徙瑯琊王澤於燕。傳國至孫定國，免。武帝元狩六年，又封王子旦爲燕王。旦立三十八年，謀逆而誅，國除。置十三州〔五〕，改燕國爲幽州，領郡十，理於此。宣帝本始元年，更爲國，以封燕剌王旦子建爲廣陽王，都薊，領縣四。建曾孫嘉，王莽時絶。光武初破邯鄲，誅王郎，召鄧禹夜語曰：「欲北發幽州，諸將誰可使者？」禹以吴漢對。遂命爲大將軍，擊斬幽州牧苗曾。建武二年二月，漁陽太守彭寵反，攻幽州牧朱浮。三年三月，彭寵陷薊城，自立爲燕王。五年二月，被其蒼頭所殺，漁陽平。封叔父良爲廣陽王。十五年，徙王趙，省廣陽，入上谷郡。和帝永元元年〔六〕，復立廣陽郡，幽州刺史與郡同理。光和中，漁陽張純誘遼西烏丸邱力居等叛，劫略薊中，純自號彌天將軍、安定王。朝廷以劉虞威信素著，恩積北方，拜幽州牧。虞到薊，罷屯兵，廣恩信。純走出塞，虞勸督農植，開上谷朝市之利，青、徐士庶避難歸虞者百餘萬。公孫瓚與虞相忤，及與袁紹戰於界橋，軍敗回薊，於大城東南築小城，與虞相近，稍相恨望。虞懼瓚爲變，遂舉兵襲瓚。虞兵無部伍，不習戰，又愛民屋，勑令勿燒，故瓚得放火，因以精鋭衝突。虞衆大敗，奔居庸，旋被瓚擒，盡收幽州之地。瓚以鄒丹爲漁陽太守。虞故吏鮮于輔率州人與丹戰於薊北，大破之，斬丹，持其衆，奉王命。

三國魏明帝太和六年〔七〕，封叔父宇爲燕王。晉太始初，封子機爲燕王。機薨，無子，國除。尋改范陽郡曰范陽國。王浚〔八〕領幽州刺史，謡曰：「幽州城門似藏户，中有伏尸王彭祖。」石勒將圖，復聞之，撫几笑曰：「王彭祖真可擒也。」於是輕騎襲幽州，至薊，叱門者曰：「開門。」先驅牛羊數千頭，聲言上禮，實欲填諸街巷，使兵不得發。勒命甲士〔九〕執浚〔一〇〕，驛送襄國市，斬之。遂置燕郡。穆帝永和五年，慕容儁僭即燕王位。明年，率軍南伐，由盧龍次於無終。石季龍幽州刺史王午棄城走，留其將王他守薊。儁攻陷其城，斬他，因而都之，名其宫曰碣石。初，慕容廆有赭白馬，有奇相逸力，常自乘之。爲石虎圍，將棄衆逃之，以韝此馬，輒蹄〔一一〕齧，不得近，乃止。俄而鄴使至，石虎國有難，徹圍去。至儁光壽元年，此馬四十九歲矣，而駿逸不虧。儁奇之，命鑄銅以圖其像，親爲銘贊，鐫頌其旁。象成而馬死矣。今薊城有銅馬門。又大廳前石函長二尺，高一丈，歷代不敢開，銘曰：「泰建二年造銅馬符。」〔一二〕傿爲苻堅所滅。堅亂，慕容垂得其地，州郡之名如故。建節將軍徐巖叛，驅掠四千餘人，北至幽州。慕容垂勅其將平規曰：「但固守勿戰，吾當自討之。」規違令拒戰，爲巖所敗。巖乘勝入薊，掠千餘户而去。

晉孝武帝太元二十一年八月，魏主珪大舉伐燕，南出馬邑，踰句注，別遣將軍封真等從東道出軍都，襲燕幽州。慕容寶至龍城，垂舅蘭汗拒之。寶奔薊，汗復遣迎寶還龍城，殺之。遂於薊立燕郡，又於郡理置幽州。孝文帝太和二十三年，幽州民王惠定聚衆反，自稱明法皇帝。刺史李肅捕斬之。宣武帝延昌三年十一月〔一三〕，幽州沙門劉僧紹聚衆反，自號淨居國明法王。州郡捕斬之。孝明帝孝昌元年八月，杜洛周反於上谷，號年真王，南圍燕州。二年十一月，攻陷幽州，執刺史王延年及行臺常景。武泰元年，爲葛榮所併〔一四〕。晉泰元年，幽州刺史劉靈助起兵於薊，率衆次安國城。定州刺史侯淵破斬之。孝莊帝永安元年，爾朱榮討葛榮，遺黨韓樓復據幽州反。二年九月，大都督侯淵〔一五〕破韓樓於薊，斬之，幽州平。天興二年八月，范陽人盧溥聚衆海濱，稱使持節征北大將軍、幽州刺史，攻掠郡縣，殺幽州刺史封沓干〔一六〕。十二月，詔材官將軍和突討溥。三年正月，和突生擒溥，傳送京師，轘之。泰常元年，徒何部落〔一七〕庫傉官斌歸馮跋，驍騎將軍延普渡濡水討擊，大破之，斬斌及跋，并幽州刺史漁陽公庫傉官昌、征北將軍關内侯庫傉官提等首，生擒庫傉官女生，縛〔一八〕送京師，幽州平。北齊於幽州置東北道行臺〔一九〕。天保六年，發夫一百八十萬人築長城，自幽州北夏口至恒州九百餘里。後周改置燕、范陽二郡〔二〇〕，兼立總管府於州。

隋開皇三年，廢郡，所領縣復屬州，總管如故。煬帝初廢總管，三年罷州，以其地併入〔二一〕涿郡，治薊。自晉至隋，幽州刺史皆以薊爲治所。大業四年春，詔發河北諸郡男女百餘萬開永濟渠，引沁水南達於河，北通涿郡。七年二月，帝自〔二二〕江都行幸涿郡，駕駐臨朔宫。秋七月，發江淮以南民夫及船，運黎陽及洛口諸倉米至涿郡，舳艫相次千餘里。八年春正月，四方兵皆集涿郡，凡一百十三萬三千八百人，號二百萬，其餽運者倍之。九年春正月，徵天下兵，募民爲驍果〔二三〕，集於涿郡。帝自將擊高麗，不克而還，其器械資儲皆積於涿郡。又臨朔宫多珍寶，諸賊競來侵掠，留守官虎賁郎將趙什住等不能拒，惟雲陽羅藝前後殺賊甚衆，什住等陰忌之。藝宣言激〔二四〕衆，軍還，執什住，陳軍而入。什住等聽命。乃發庫物以賜戰士，開倉庫以賑貧乏。殺不同己者，自稱幽州總管。上谷賊帥王須拔自號漫天，擁衆數萬，入掠幽州，中流矢而死。其亞將魏刀兒〔二五〕代領其衆，自號歷山飛。竇建德襲破之，盡併其地。建德圍幽州，羅藝告急於高開道，乃率二千騎援之。建德懼其驍鋭，引去。時幽州大饑，開道許給之粟。藝遣老弱就食，皆厚遇之。藝悦，不以爲慮〔二六〕，乃發兵三千人、亘數百乘、驢馬二 餘匹請粟，開道悉留之，北連突厥，告絶於藝。

張道源撫輯山東，諭藝降。武德二年，乃上表，以地歸唐。詔封燕王，置幽州總管府。六年，改總管爲大總管，七年，改爲大都督府。孫佺爲幽州都督。五月，北征。李處郁等諫，不聽。出軍門，有白虹垂頭於軍門，其夜大星落於營内，兵將無敢言者。軍行後，幽州界内烏鴉、鴟、鳶並失，皆隨軍去。僅二旬而軍没，烏〔二七〕鳶食其肉焉。開元元年，置防禦大使。二年，置幽州節度、諸州軍管内經略鎮守大使。八年，幽州節度兼本軍州經略大使，并節度河北諸軍大使。十三年，陞爲大都督府。二十年，幽州節度使兼河北採訪處置使。二十九年，幽州節度使領平盧軍節度副使，治順化州。天寶元年正月，置十節度經略使以備邊，改幽州爲范陽郡，幽州節度使爲范陽節度使，經略九軍，治幽州，軍九萬一千四百人。三載三月〔二八〕，以平盧節度使安禄山兼范陽節度使。十五載，安禄山僞即帝位，國曰大燕，以范陽爲大都，署其城東隅私第曰潛龍宫。禄山父子僭位凡三年而滅。至德二載，史思明奉十三郡兵八萬籍歸於朝。乾元元年，復改郡曰幽州。二年正月，思明僭稱大聖周王，四月，更國號大燕，自稱應天皇帝，號范陽爲燕京。其子朝義殺之，僭位，以僞太常卿李懷仙爲范陽節度使。懷仙以薊縣爲節度院。寶應元年，范陽節度使復爲幽州節度使。及平盧陷，又兼盧龍節度使。廣德元年，李懷仙縊死朝義，盡以所管來降。閏月，李懷仙仍故地爲幽州盧龍節度使。大曆三年，朱希彩、朱泚、弟朱滔共斬懷仙，自稱留後。詔領節度。其下李瑗殺之，推朱泚爲留後。泚入朝，以滔爲權知留後，遂領節度。滔以禄山、思明皆起燕，俄而覆滅，惡其名，以冀堯所都，因號冀，僭爲王，改幽州爲范陽府〔二九〕。滔死，軍中推劉怦總軍事。俄詔爲節度副大使。怦卒，子濟嗣節度。濟次子總置毒死濟，即領軍政。詔嗣節度。上疏願奉朝請，且讓節鉞於張宏靖。俄幽州亂，囚宏靖。以劉悟爲節度使，而瀛、冀皆附朱克融，悟不得入。朝廷度幽、薊未可復取，乃拜克融爲幽州盧龍節度使。長慶元年，軍亂，殺克融，次子延嗣領留後。大將李載義殺而代之，敬宗即授盧龍軍節度使。大和四年，爲兵馬使楊志誠所逐。文宗用志誠爲留後，俄推節度副大使。八年，爲下所逐，部將史元忠總留後，明年爲副大使。會昌初，爲行泰〔三〇〕所殺，邀節度，未報。次將張絳〔三一〕殺行泰，武宗用張仲武代之。初仲武爲幽州大都督府長史，回鶻擾邊，東逼漁陽，仲武大破之，前後收其王侯貴族千餘人，降三萬人，表請於薊北立《紀聖功銘》。勑李德裕爲之文。至是用之，俄進副大使〔三二〕。舉動多不法。變起，奔京師，軍中以張允伸總後務，未幾爲節度使。咸通十二年，以疾上節印，詔以子簡會爲副大使，而軍中推張公素爲留後。簡會出奔，詔公素爲節度使。爲李茂勳所襲，奔京師，茂勳入府，衆推主州務。以聞，詔即拜節度使。俄以病，表子可舉代，遂領留後，進節度使。可舉死，衆推李全忠爲留後。光啟元年，拜節度使。未幾卒，子匡威領留後，進爲使。李克用伐王鎔，匡威自將援鎔，其弟匡籌據城自稱留後，天子即授爲節度使。克用攻匡籌，敗之於居庸關，匡籌遁去，幽州地歸克用。劉仁恭入城，封府庫以待。克用悦，留仁恭守之。乾寧二年〔三三〕，表爲盧龍軍節度使。

仁恭子守光，梁開平元年自外將兵入，自稱〔三四〕盧龍節度使，執仁恭而幽之。乾化元年，自稱大燕皇帝，改元曰應天〔三五〕。明年，晉遣周德威會鎮定兵攻燕，三年正月拔燕順州，四月逼幽州。十月，守光率衆五千夜出奔檀州，德威自涿州引兵邀擊，大破之。守光以百騎逃歸幽州。十一月，晉王自詣幽州，攻城，克之，擒仁恭，守光亡去。晉王入幽州，以德威爲盧龍節度使。守光奔滄州，失道，至燕之東境，擒之。晉王以練紼仁恭父子，凱歌入於晉陽。初守光被圍，元行欽牧馬山後〔三六〕，聞警，即率衆赴援，而麾下兵叛於〔三七〕道，推行欽爲幽州留後。盧龍鎮二十八易帥，歷一百四十八年。

明宗天成三年七月，幽州趙德鈞敗契丹於府西。契丹當莊宗、明宗時攻陷營、平二州，及已立晉，又得雁門以北幽州節度管内合一十六州，乃以幽州爲燕京，更其國曰大遼。天顯十三年，以幽州爲南京。開泰元年，改幽都府爲析津府，置都總管府。周世宗末年，大舉以取幽州。契丹聞其親征，君臣恐懼，沿邊城壘皆望風而下，蕃部之在幽州者，亦連宵遁去。車駕至瓦橋關，探邏得實，甚喜，以爲大勳必集，因登高阜以觀六師。頃之，有父老百餘輩持牛酒以獻。世宗問曰：「此地何名？」對曰：「歷世相傳，謂之病龍臺。」世宗默然，遽上馬馳去。是夜不豫，即詔回戈，未到關而晏駕。

太平興國四年六月庚申，車駕北征，丁卯次岐溝，庚午至幽州城南，駐蹕寶光寺。癸未幸城西隅，督諸將攻城。踰旬不下，遂詔班師。永熙既下并州，欲乘勝收復薊門，衆識不一，永熙竟趨幽州，卷甲而還。雍熙三年，詔曹彬、潘美等北伐，敗契丹於固安，破涿州，又破於新城，戰於岐溝關，我師敗績。宣和四年九月己卯，郭藥師以涿州來降，以其軍八千隸劉延慶，爲鄉導。癸未，遼蕭后遣使納款稱臣。蕭容、韓昉在雄州，童貫、蔡攸以其所上表不納土〔三八〕，止納款，麾而去之。昉曰：「納款即納土也。契丹種類雜，未易圖，朝廷當思兩全，無貽後悔。」乃以蕭后表馳奏。御筆賜涿、易八州名，改燕京爲燕山府，又改郡曰廣陽，節度曰〔三九〕永清軍。金〔四〇〕既破契丹，至燕駐軍，約宋自取幽州。十月，童貫、蔡攸爲宣撫使，劉延慶爲將軍，駐兵蘆溝。遼相李儼約降，延慶乃命趙鶴壽等，同郭藥師夜半渡河〔四一〕，銜枚倍道至三家店駐軍。次日郭藥師遣甄五臣〔四二〕領常勝軍五千，雜郊民〔四三〕，奪迎春門以入。大軍繼至，陣於憫忠寺。藥師遣人諭蕭后降，不從，合戰，至晚不解。四軍大王蕭幹亟來救援，藥師敗，奔門，不得出，盡棄馬，縋〔四四〕城而下，還者數百騎而已。是時大軍屯蘆溝，延慶聞燕城復失，求自遁之計，召諸將諭以糧餉不繼，次日燒營及輜重，奔還，師大潰。女真阿骨打圍宋兵潰，以全師自居庸關入，四軍大王奉蕭后由松亭關遁。后行五十里，金兵逼城，左企弓集百官共議未定，統軍副使蕭一信開啟夏門放入。金遣降人韓秉傳示不殺一人，催促文武百僚、耆老、僧道出丹鳳門毬場内投降。阿骨打戎服坐萬勝殿，皆拜服罪，遂亡。

五年夏四月，金人來歸燕京六州，授王安中慶遠軍節度使、河北燕山府路宣撫使，兼知燕山府。又用蔡靖爲大帥，郭藥師副之。七年十二月，斡離不〔四五〕寇燕山，郭藥師率麾下兵四萬，又起涿、易兵三萬，戰於潞縣。藥師大敗，引數騎走，至燕山，伏壯士於後園，擒守臣蔡靖，降於金。燕山諸郡皆陷。金築燕京，改名曰永安，以析津府爲大興府。至海陵煬王天德三年三月，詔尚書右丞張宏浩〔四六〕等增廣燕城四圍七十五里，分門十三，建宮室。四月，詔遷都燕京。貞元元年定都，以燕乃列國之名，不當爲京師號，遂改爲聖都，尋改中都。

元初克燕，爲燕京路〔四七〕總管大興府，太宗七年歸版籍。世祖至元元年改中都，其大興府仍舊。四年，始於中都之東北置今城，方六十里，分門十一，而遷都焉。九年，改大都。十九年，置留守司。至元二十一年，改置大都路總管府。世祖以開平府爲上都，每年四月迤北草青，則駕幸上都避暑，八月草將枯，則駕回大都，每歲往〔四八〕來於兩都間。

洪武元年八月，大將軍、信國公徐達，副將軍、鄂國公常遇春等克元都，師至齊化門，將軍尹堅執長刀突陣，生擒元金虎符〔四九〕兩將，元兵辟易，遂命將填壕，登城而入。順帝已北竄。詔改元都爲北平府，設北平行中書省，并置燕山、大興、永清等六衛，隸兵三萬，命指揮副使孫興祖、華雲龍兼北平行省參知政事，守之。二年九月[五〇]，置大都督分府於北平，尋隸山東，革行省，設承宣布政使司。十二年十一月，燕府營造訖工，繪圖以進，凡爲宮殿室屋八百十一間。十三年三月，燕王之國。建文元年秋七月，燕府靖難兵起，夜攻下九門，都指揮馬宣巷戰不勝，走薊州，俞瑱走居庸關。都督宋忠帥師次居庸，退保懷來。通州衛指揮房勝等各以城叛，降燕。十月，李景隆徵兵諸路，合五十萬，引兵渡蘆溝橋，遂圍北平，築九壘於九門，又結九營於鄭村壩。景隆攻[五一]麗正門，幾破，城中婦女咸上城擲瓦石。景隆令不嚴，驟退，北平守益堅。十一月，景隆遣都督陳暉領哨騎渡白河，燕王率精騎薛禄等逆擊之，暉敗，乃率精鋭攻一營，盡殲之。連攻七營，遂逼景隆。景隆不能支，宵遁。永樂元年正月，以北平爲北京，府爲順天府。四年閏七月，淇國公邱福等請建北京宮殿，備巡幸。十四年十一月，詔群臣議建北京城垣、宮殿。十五年六月[五二]，興工拓南城二千七百餘丈，建廟社、郊祀壇場、宮殿門闕，規制悉如南京，高敞壯麗過之。復於皇城東南建皇太孫宮，東安門外建十王邸，通爲屋[五三]八千三百五十楹，至十八年冬告成。十九年正月朔旦，御奉天殿，乃命禮部正北京曰京師，不稱行在。洪熙元年三月，命諸司在北京者仍加「行在」二字。正統元年十月，命太監阮安等修建九門樓壕橋閘，補前之不逮也。正統辛酉，大赦天下，改給兩京文武衙門印，北京去「行在」二字，南京諸司增「南京」二字。嘉靖三十二年，兵部尚書聶豹等相度京城四面，增築外城約七十餘里，得旨允行。乙丑告廟興工。四月，上慮工費不繼，命嚴嵩詣工所視之。嵩言：宜先築南城，俟財力裕時再成四面之制。遂將現築南面城基東西折轉，接抱東西〔五四〕大城角，計長二十八里，開七門。四十三年六月告成。崇禎十七年三月十九日，流賊李自成陷平則門，入城，思宗崩於煤山。五月初二日，本朝兵敗闖賊，入城撫定臣民，遂定都焉。

附記城郭

五代以前無所攷。遼太宗會同元年十一月，詔升南京析津府，城方三十六里，門八，東曰安東、迎春，南曰開陽、丹鳳，西曰顯西、清普，北曰通天、拱辰，大内在西南隅。宋宣和五年，爲燕山府，城圍二十七里，門八。七年，復没入金。金忠獻王粘罕有志都燕，因遼人宫闕，於内城外築四城，每城各三里，前後各一門，樓櫓池塹一如邊城。每〔五五〕城之内立倉廒甲仗庫，各穿複道，與内城通。貞元元年，改燕京爲中都，自會寧遷都於此，拓其四圍七十五里，門十三，其正門四旁又設兩門，正東曰宣曜、陽春、施仁，西曰灝華、麗澤、彰儀，一曰新益。正南曰豐宜、景風、端禮，正北曰通元、會城、崇智、光泰。元至元元年，於中都東北置京城，城方六十里二百四十步，分十一門，正南曰麗正，左文明，右順承，正東曰崇仁，東之南曰齊化，東之北曰光熙，正西曰和義，西之南曰平則，西之北曰肅清，北之西曰健德，北之東曰安貞。四年，徙都之。九年，改曰大都。

明洪武元年滅元後，改爲北平府，大將軍徐達命指揮華雲龍經理元都，新築城垣，南北取徑直，東西長一千八百九十丈；又令指揮張焕度故元皇城，圍一千二百六丈；又令指揮葉國珍計度南城，周圍五千三百二十八丈。南城，故金時舊基也，在今城西南，唐幽州藩鎮及遼金故都城也，隋之天寧寺舊在城中，今在彰儀門外矣。憫忠寺有《唐景福元年重藏舍利記》，其銘曰：「大燕城内，地東南隅，有憫忠寺門臨康衢。」此寺舊在城中東南，今在城外西南僻境矣。九年，大將軍徐達經理元都，縮其城之北五里，廢東西之北光熙、肅清二門，改安貞門爲安定門，健德門爲德勝門，餘俱仍舊。永樂元年建爲北京，改北平府爲順天府。十五年六月〔五六〕興工，拓其南城二千七百餘丈〔五七〕，計城周圍四十里，爲門九，南曰麗正、文明、順城〔五八〕，東曰齊化、東直，西曰平則、西直，北曰安定、德勝。十八年冬告成，乃命禮部正北京爲京師，不稱「行在」。正統初，更麗正爲正陽，文明爲崇文，順城爲宣武，齊化爲朝陽，平則爲阜成，餘四門仍舊。然至今土人尚呼齊化、平則等名。嘉靖四十三年，築重城成，包京城南一面，轉抱東西角樓止，計二十八里，爲門七：南曰永定、左安、右安，東曰廣渠、東便，西曰〔五九〕廣寧、西便。東西便門北向。國朝因之。

又有寶昌門、南順門、廣陽門、清夷門、阿婆門、《河洛春秋》載係幽州東門。啟夏門、燕京正南門。宣和門，東門。以上俱燕京城門，今無所考。

附各門路徑去向

外城七門：西向者廣寧門，即彰儀門〔六〇〕。西行三十里蘆溝橋，過橋西南四十里即良鄉縣，爲各省陸路進京之咽喉。東向者廣渠門，俗呼沙窩門。東南行六十里張家灣，爲水馬頭，水路進京於此上岸。沿河有路，共程二百四十里，至天津府。南向正中永定門。出城數里即抵海子墻。其東即左安門，俗呼姜叉門〔六一〕，乃村莊之路。其西爲右安門，俗呼南西門。城外豐臺乃種花之地，有小道，由固安縣通山東較近，然道路隘狹，多宵小，只可徒步者行耳。其東西便門俱北向，即大城城根下路。東便門外，向東有小路，可至通州。

大城除前三門爲外城所包，其東向之南爲朝陽門，今尚呼齊化門，外有朝日壇，東南行四十五里至通州，俱石砌大道，粮艘抵通交卸，此陸運進京之道也。由州東南十五里即張家灣，内城仕宦出京亦有從此路下船者。通州東北行，即往關東大路。東之北名東直門，亦村莊之路。西向之南名阜成門，今仍呼平則門。外有夕月壇〔六二〕，西行十餘里即抵西山之麓。西之北西直門。外有河道直通萬壽山。城外有高粱橋，十五里至圓明園，亦抵西山而止。

北向之東安定門，外有地壇。天壇在前門外。東北至順義縣，出古北口，及熱河、木欄、各蒙古等處。北之西名德勝門。城外有大教場，武鄉、會試，跑馬、較射於此。西北行九十里至昌平州，再三十里出居庸關，大同、宣化等處之孔道也。

崑山顧雲菴先生《燕京記》作於乾隆二十一年，今春余始得此稿於琉璃廠通學齋。適余續編《京津風土叢書》遂校而印之。東莞張江裁記。

校勘記

〔一〕亳，底本作「毫」，據道光本改。《尚書注疏》卷七、《史記》卷三皆曰「湯始居亳」，《日下舊聞考》卷二曰「殷人南都河南之亳」。

〔二〕北燕，《史記》卷四作「燕」。（宋）范處義《詩補傳》卷二十九作「北燕」，（清）顧炎武《日知録》卷三十一、《（嘉慶）大清一統志》卷八同。

〔三〕即，《經典釋文》卷十三作「蓋」。

〔四〕狥，底本作「絢」，據（宋）樂史《太平寰宇記》卷六十九《幽州》改。

〔五〕十三州，底本作「十二州」。《漢書》卷六載，元封五年，「初置刺史部十三州」。《日下舊聞考》卷二曰：「後置十三州。」據此修改。

〔六〕永元元年，底本作「永安元年」，據（宋）樂史《太平寰宇記》卷六十九、《日下舊聞考》卷二改。漢和帝無「永安」年號。《後漢書》卷四則曰,永元八年九月,「復置廣陽郡」。

〔七〕太和六年,底本作「太和元年」,據《三國志》卷二十、《日下舊聞考》卷二改。

〔八〕王浚,底本作「王復」,據《晉書》卷三十九、《日下舊聞考》卷二改。王浚,字彭祖。

〔九〕甲士,底本作「甲土」,据道光本改,《晉書》卷一百零四、《日下舊聞考》卷二同。

〔一〇〕浚,底本作「復」,據道光本改。《晉書》卷一百零四、《日下舊聞考》卷二同。

〔一一〕蹄齧,底本作「啼齧」,道光本同,據《太平廣記》卷四百三十五、《日下舊聞考》卷四十八改。

〔一二〕銅馬符,《日下舊聞考》卷二轉引《郡國志》作「銅虎符」。(清)吴士鑑《晉書斠注》卷一百一十轉引《郡國志》作「泰建二年造銅虎符」,又曰:「《寰宇記》同。案:慕容氏無泰建年號,恐有訛文。」

〔一三〕十一月,底本作「八月」,據《魏書》卷一百零五、《北史》卷四、《日下舊聞考》卷二改。

〔一四〕「武泰元年,爲葛榮所併」,此九字錯簡,誤放在下句「斬破之」之後,據《北史》卷四、《日下舊聞考》卷二改回。

〔一五〕侯淵,底本作「侯深」,道光本同。《魏書》卷十作「侯淵」,(唐)李延壽《北史》卷五避唐高祖李淵之諱改爲「侯深」,《日下舊聞考》卷二引《北史》則改回「侯淵」。今仿之。

〔一六〕封沓干,據《魏書》卷二等改。《(光緒)順天府志》卷六十七引《通志》作「封沓千」。

〔一七〕徒何部落,底本作「徙何部落」,據《魏書》卷三、《日下舊聞考》卷二改。

〔一八〕縛,底本作「時」,據《魏書》卷二、《日下舊聞考》卷三、《(光緒)順天府志》卷六十七改。

〔一九〕東北道行臺，底本作「北京道行臺」，據《隋書》卷三十、《資治通鑑》卷三十八、《日下舊聞考》卷二改。

〔二〇〕二郡，底本作「一郡」，據《通典》卷一百七十八、《太平寰宇記》卷六十九、《（光緒）順天府志》卷二改。

〔二一〕入，底本作「八」，據《太平寰宇記》卷六十九、《（光緒）順天府志》卷三十五改。

〔二二〕自，底本作「目」，據道光本改。《隋書》卷三、《資治通鑑》卷一百八十一、《日下舊聞考》卷二同。

〔二三〕驍果，底本作「饒果」，據道光本改。《隋書》卷四、《日下舊聞考》卷二、《（光緒）順天府志》卷六十七同。

〔二四〕潡，底本作「潵」，據道光本改。《資治通鑑》卷一百八十三、《日下舊聞考》卷二同。

〔二五〕魏刀兒，底本作「魏刁兒」，據《舊唐書》卷五十四、《日下舊聞考》卷二改。《隋書》卷四有時作「魏刀兒」，有時作「魏刁兒」。

〔二六〕盧，《舊唐書》卷五十四、《日下舊聞考》卷二作「虞」，皆通。

〔二七〕烏，底本作「鳥」，據道光本改。《太平廣記》卷一百三十九、《日下舊聞考》卷二同。

〔二八〕三載三月，底本作「三十一年」，據《資治通鑑》卷二百一十五、《日下舊聞考》卷三改。天寶年號祇有十五年，天寶三載正月改「年」爲「載」。

〔二九〕府，底本作「郡」，據《新唐書》卷二百一十二、《日下舊聞考》卷三改。

〔三〇〕行泰，《新唐書》卷二百一十二、《日下舊聞考》卷三作「偏將陳行泰」。

〔三一〕絳，底本作「絳」，據道光本改。《新唐書》卷二百一十二、《日下舊聞考》卷三同。

〔三二〕俄進副大使，《日下舊聞考》卷三在此文前有「大中初卒，子直方襲節度留後」，《新唐書》卷二百一十二在此文前有「子直方以右金吾將軍襲節度留後」。

〔三三〕乾寧二年，底本作「乾元元年」，據《新唐書》卷二百一十二、《日下舊聞考》卷三改。

〔三四〕自稱，底本缺「自」字，據道光本補。

〔三五〕改元曰應天，底本作「改曰元應天」，據道光本改。《新五代史》卷三十九、《日下舊聞考》卷三同。

〔三六〕牧馬山後，底本作「領牧馬山後」，「領」字衍，據《新五代史》卷四十八、《日下舊聞考》卷三删。（明）邵經邦《弘簡録》卷八十作「方牧馬山後」。

〔三七〕於，底本作「干」，據《新五代史》卷四十八、《日下舊聞考》卷三改。

〔三八〕土，底本作「上」，據道光本改。《三朝北盟會編》卷十、《日下舊聞考》卷四同。

〔三九〕曰，底本作「日」，據道光本改。《宋史》卷九十、《日下舊聞考》卷四同。

〔四〇〕金，底本缺，據道光本補。

〔四一〕渡河，底本作「清河」，據《三朝北盟會編》卷十一、《日下舊聞考》卷四改。

〔四二〕甄五臣，底本作「甄王臣」，據《三朝北盟會編》卷十一、《日下舊聞考》卷四改。

〔四三〕郊民，底本作「郊氏」，據《三朝北盟會編》卷十一、《日下舊聞考》卷四改。

〔四四〕 緺，底本作「從」，據《契丹國志》卷十一、《日下舊聞考》卷四改。

〔四五〕 斡離不，底本作「幹離不」，《日下舊聞考》卷四作「沃哩布」，《東都事略》卷一百二十五作「斡里雅布」，據《宋史》卷二十二改。

〔四六〕 張宏浩，據《金史》卷五《海陵紀》卷八三《張浩傳》，《歷代宅京記》卷十八《幽州》，俱作「張浩」。《日下舊聞考》同。

〔四七〕 燕京路，底本作「燕市路」，據《元史》卷五十八、卷九十和《日下舊聞考》卷四改。

〔四八〕 往，底本作「住」，據道光本改。

〔四九〕 金虎符，底本作「金金虎符」，據（明）陳建《皇明通紀法傳全録》卷四、（明）范景文《昭代武功編》卷三、《日下舊聞考》卷四删一「金」字。

〔五〇〕 二年九月，底本作「九年九月」。《日下舊聞考》卷四曰：「二年九月，大將軍徐達改故元都安貞門爲安定門，健德門爲德勝門。是月置大都督分府於北平。十月，以北平府隸山東。（《明太祖實録》）……九年，革行省，設承宣布政使司。（《春明夢餘録》。）」《（光緒）順天府志》卷三十五同，據此修改。《明史》卷二作洪武元年九月，《（光緒）順天府志》卷七十五作「洪武元年」。

〔五一〕 攻，底本作「攻一」，據道光本改。（明）雷禮《皇明大政記》卷五、《明史》卷一百六十一、《日下舊聞考》卷四同。

〔五二〕 十五年六月，《日下舊聞考》卷三十八引《明成祖實録》作「十七年十一月」。

〔五三〕屋，底本作「至」，據道光本改。《明史》卷六十八、《日下舊聞考》卷四同。

〔五四〕東西，底本作「東南」，據道光本改。《（光緒）順天府志》卷一曰：「今擬將見築正南一面城基，東折轉北，接城東南角，西折轉北，接城西南角，並力堅築，可以刻期完報。其東西北三面，候再計度以聞。報允。（《日下舊聞考》引《世宗實録》。）重城包京城南一面，轉抱東西角樓，止長二十八里。」

〔五五〕每，底本作「安」，據（宋）張師顔《南遷録》、（清）顧炎武《歷代帝王宅京記》卷十九、《日下舊聞考》卷三十八改。

〔五六〕十五年六月，《日下舊聞考》卷三十八引《明成祖實録》作「十七年十一月」。

〔五七〕二千七百餘丈，底本作「二千八百餘丈」，據《日下舊聞考》卷三十八改。

〔五八〕順城，《日下舊聞考》卷三十八作「順承」，《明史》卷四十作「順城」。

〔五九〕曰，底本作「日」，據《大明會典》卷一百八十七、《日下舊聞考》卷三十八改。

〔六〇〕彰儀門，底本作「張儀門」，（明）劉若愚《酌中志》卷十六曰：「廣寧門俗稱彰義門。」（明）吕毖《明宫史》卷二曰：「廣寧門即俗稱彰義門。」（清）李虹若《都市叢載》卷四曰：「彰儀門即廣安門。」據此修改。

〔六一〕姜叉門，底本作「姜乂門」，（明）劉若愚《酌中志》卷十六作「礤」，（明）吕毖《明宫史》卷二作「礓礤門」，《（光緒）順天府志》卷十四作「江擦門」，據字音改。

〔六二〕夕月壇，底本作「月夕壇」，據（清）孫承澤《春明夢餘録》卷十六、《日下舊聞考》卷九十六改。

京師地名對

目録

杏芬女史《地名對》題詞七絶四首辛丑九月三十日作

令暉賦茗擅清才，詠絮還聞道韞來。京口女郎追鮑謝，更傳巧製出妝臺。

鍼黹餘閑手自編，春明隨侍幾經年。靈心慧業今無匹，不數鍾陵寫韻篇。

女中鄉約紀樫花，陝西王小村方伯夫人楊氏，其同鄉京官眷屬群呼爲「女鄉約」，見《樫花館文集》。記室於今又柏家。子澄水部姓柏氏。奇絶死期同弱妹，女史歿於丁酉六月廿七日，即其妹芸芬亡日。佛天先後證龍華。

一生家計太操勞，心太聰明志太高。無徑河翁求作傳，青蓮大筆寓深褒。丹徒李亞白爲作傳。

襄平郭錫銘子新稿，丹徒吴保齡佑之書

《京師地名對》乃杏芬大妹生前所輯，年逐條略注數語，出以付梓，家君用前韻再題四律

猶幸瓜分局未成，救時何必定紛更？黄圖三輔仍劉氏，皁帽千秋獨管生。興替即今徵世運，是非從古繫公評。玉河兩岸淪殊域，新起層樓瞰帝京。

數椽何幸獲安居，多少豪門付子虚。矢志中原期祖逖，借材異地緬由余。欲修漢史無奇筆，難得秦灰有賸書。東望一隅猶未失，神州那便陸沈如？

東海成田已種桑，輭紅塵起接仙鄉。豺狼肆虐猶當道，燕雀忘危共處堂。縱撲燎原將息燄，難求醫國不傳方。憂時屢作豐年夢，安得千倉與萬箱？

先知輸與我兒身，多難幾難脱劫塵。庚子之變，年隨侍家君困處危城中，並未出國門一步。詩唱鮑家應有鬼，書傳龍女獨無人。九京路隔香車杳，一卷家藏敝帚珍。入地如何仍嗜讀，夢中傾聽淚沾巾。今年八月十六夜，家君夢見大妹形容慘淡，讀書窗下，其聲音極悲。

辛丑九秋上澣，男彭年録於來蜨軒中

李恩綬序

人之心思愈瀹愈靈。陸魯望《小名録》後，有繼之者，然皆未對偶。國朝南海何澹如茂才有《春秋地名對》，極工，近曲園俞先生亦取材盲左，所對較何君尤勝。如無棣、有莘，姑棼、女栗，鵲岸、狼淵，老桃、小穀，坎窞、離城，寧母、戲童，桐汝、柏人，東圉、西闈，百濮、三夷，豚澤、蚡泉，黑壤、黄厓，以至上陽下陽、大别小别等聯，皆工力悉敵，簇簇生新。然止五十有七條，計蒐尋已罄，或難增益也。

燕京爲王會之區，坊市及各衚衕地極繁，名亦最夥。同里延子澄水部有愛女杏芬，心穎慧，嘗舉街衖雅俗名戲爲比儷，積之成小帙。一旦怛化，子澄悼惜之，爰重加釐訂，别類分門，約得五百餘條。將付築氏傳之，索余弁言。

余老矣，游興尚勃然，儻能重入都門，與二三舊雨畫壁旗亭，一展此帙，駕輕就熟。昔阮文達公居揚州，至垂老時，有不識兜兜巷軼事，吾與子澄庶知免夫。抑對語者，家塾發蒙計也。杏芬入寺字闈中，寂寥獨處，聊借此以自遣。今殯宫悽然豐臺左右間，來年寒食，棠梨杯酒，子澄其取此藁和陌錢焚之，以酹地下之靈魂否也。丁酉小雪前二日，落葉如雨。余恐海舶有滯，爰挑燈伸紙，書數語還之。

訥盦李恩綬識於鐵甕城西古臙脂嶺之南軒

張寶森序

愁霖積旬，病骨盈把，藥臼方設，瑶華忽來。發而誦之，則鐵君水部爲其亡女杏芬女史乞序書也。掌上明珠，溘若朝露，毫端碎錦，麗於秋雲。蓋女史隨侍京邸，輯有《京師地名對》一卷，水部君將付手民以傳焉。

夫以女史蕙蘅其姿，冰雪其質，善心爲窈，婉德曰嫕，譚詩共婢，問字呼爺，閒繙阿母之經，戲弄乃兄之筆。謝家道韞，詳於臨川之編；白氏金鑾，見於長慶之集。於是訪輦下之名區，效塾中之幼課，金鼇玉蝀，摭拾無遺，虎圈豹房，爬羅殆徧。仿儷白妃青之體，運裁紅翦翠之思。映雪晨鈔，然脂暝寫。每獲絶對，如逢珍珠之船；乍聞新名，似贈錦繡之段。狐腋集而成珍，雞蹠多而益善。遠取吴長元《宸垣識略》，近採陳聖湖《郎潛紀聞》，分門别類，各有部居，配宫諧商，無傷聲病。錦官堂有此家學，玉合子居然天成。是則不櫛進士，遂其性靈，女中相如，輸兹巧慧者矣。

向使天假之年，學卒其業，則續史金匱，豈讓班昭；迴文璿圖，詎慙蘇蕙？宣文君爲韋逞母，諸生受隔幔之經；衛夫人作右軍師，妙筆擅簪花之格。三絳可誇考綽，六宫齊拜蘭英。豈非藝苑之美談，閨幃之嘉話哉！而乃曇花一現人間，玉蕊旋歸天上，彩雲易散，好月偏沈。絳襦紅袖，遽還忉利之宫，滄海青山，不種返魂之藥。豈白玉樓作記，不須長吉，碧雲碑題篆，專待芳卿耶？嗚呼傷已！

水部君乘粉署之餘閒，檢璇閨之殘藁，零縑斷楮，祇益辛酸，琢玉截金，無嫌瑣屑。當仙蜨花階之日，憶飛龍藥店之宵，值風摇蠟淚之時，尋雪印鴻泥之迹。欲存才名於清照，猥索弁語於士安。

僕泠宦養疴，散材耽隱，形癯似鶴，性嬾於鷗。祇因元白之交，强學王盧之派。猶憶三年秋士，兩度春官，子猷造安道之廬，徐穉假陳蕃之榻。韓孟有時聯詠，膺融本屬通家。久聞《女誡》之傳，曾覩閨房之秀。今即藕絲早斷，蘭蕊先摧，悵紫玉之成煙，無飛瓊之入夢。然而才齊鮑照，猶傳香茗之詞；名謝徐陵，謬作玉臺之序。水部君見之，其或者破涕爲笑也乎。

丁酉仲冬，丹徒張寶森撰

鮑心增序

《京師地名對》一卷，紫丞水部哀其女公子杏芬之不壽，爰取其生平所編輯，爲次第以存之者也。京師建四方之極，經涂九軌，闤井鱗布。明張爵有《坊巷衚衕集》，《光緒順天府志》亦立坊巷專門，於其間叢祠第宅，以至瑣聞軼事，靡不甄録，覽古者資考鏡焉。若乃驅策康莊，組織衢術，東部分而有位，出清新於無窮，斯亦地志中之巧製也。

或謂女公子存日秉庭闈之訓，貞靜閑婉，四德罔缺，其不徒以此編重也，審矣。然余觀《輟耕録》載閨秀孫蕙蘭，詩詞清雅，每有作，輒毁其稿，曰：「詞翰非女子事也。」歿後，其家人卒掇拾破碎，刋爲《緑窗遺稿》，迄今蕙蘭之節行德度，與其遺稿俱永。蓋作者初不自表，而其父子兄弟之思，往往藉所自著以彰其令名，而舒夫骨肉之痛。情之至極，古今人無二致也。况是編裒然成帙，視蕙蘭之零篇斷句，不已多乎！以兹壽諸棗棃，固足與研京鍊都之製並重藝林矣，水部之悲亦庶可少釋也夫。

丁酉除夕前二日，邑人鮑心增書於宣南旅寓

延清序

《京師地名對》，係長女杏芬生前所輯，零星手録，積有歲年，久置巾箱，深虞散佚，因命年兒檢出，彙爲一編。其中有字面欠工，與夫俚鄙太甚者，刪而弗存。復於《日下舊聞》《宸垣識略》各家書内，擇其名字新鮮，足以豁人耳目，爲之摘出百數十條，一併增入。計分二十類，每類次序一依詩韻編之，共得五百餘條，以視梁茝鄰《巧對録》、繆蓮仙《文章游戲》所載加多。至於覓對之工，取材之富，分類之精，用心之苦，較前書殆有過之，無不及也。杏芬雖死，得此書以傳，杏芬不死矣。友人恿慫付刊，其意可感。爰書數語，綴之簡端，以志厓略。

丁酉九秋上澣，鐵君記於錦官堂之來蜨軒

又題七律四首

録中巧對信天成，叢稿蒐羅歲幾更。豈料曇花歸一現，空留因果證三生。舊聞竹垞資探討，軼事蘭閨付品評。比似彩鸞工寫韻，追隨應許住瑶京。

廿載長安不易居，能襄阿母計盈虚。垂髫好學偏憐汝，繞膝承歡獨慰余。廚下佐供師友饌，燈前求授女兒書。過庭頗喜聞詩禮，兄妹當時愧弗如。

海東烽火燭扶桑，聞警紛紛去帝鄉。數口亦將趨樂土，一身偏不捨高堂。緣慳壻少乘龍選，病劇醫無扁鵲方。恨負吾兒賫志殁，殘箋零落壓脂箱。

清白蓮花是化身，託根豈肯住紅塵。追蹤地下尋三妹，含笑牀前别二人。四德兼全貽閫範，一編什襲當家珍。那堪午夜挑燈讀，回首悽然淚滿巾。

小春初旬，鐵君再識

京師地名對例言

昔者青楊名士，標才俊於齊編，白下都亭，閲瑣言於沈史。烏衣小謝，曁穎華簪，馬糞諸王，騰馨戚畹。古之著録，閭左亦以流芬，昔有達材，里乘因而不朽。其源蓋出於《外傳》之紀桐門右師，逮至范書，亦闡通德鄭氏。過尚冠之里，結想唐賢，瞻光德之坊，景行裴令，固不獨陸君《吴地》之記，朱氏《日下舊聞》之不遺衢巷也。

杏芬女史以刻翠裁紅之暇，運駢四儷六之才，可謂生面獨開，文心極幻。第取京師者，因隨侍所最久也。謙與澄翁爲總角交，曩於里門見女史於文裓中，比來問訊，已返蓬島。索其平日吟詠，澄翁乃示讀此册。都寓岑寂，焚香夜坐，爲之區分門類，料檢前後，計得例言十則。往者江寧顧石公學博作《蓋山志》，吾鄉馮夢華太史爲作敘例，今此兩人身名俱泰。覆誦是稿，不禁老淚濽然矣。

一　是編必分類者，以多至五百餘條，若拉雜録之，難於檢尋，因分二十類。閲者欲知某地在某處，可依類求之。

一　每類中之次序一依詩韻編之，先後不至舛錯。

一　每一地名下略注數字，俾人知某地在某城内外，取簡明也。

一　內廷宮殿諸名載於《日下舊聞》《宸垣識略》各家書內，班班可攷，是編不盡採入者，懼褻也。惟人所共知及常見邸鈔者，間登一二。

一　庵觀寺院，每一胡同皆有之，若逐一臚陳，恐南朝四百八十寺，猶未見其多也。是編所載，殆十之三四。

一　各類所列不盡地名，如衙署，如寺院，下至著名鋪面，果有可採，亦俱列入。惟昔存今圮、舊缺新增者，必一一注於各條之下。

一　城內外地名多有雷同者，如羊肉胡同、椿樹胡同，及觀音寺等名，計有五六處之多，是編僅注其最著者，餘不徧注。

一　是編以京師名，自不應旁及他郡，如桃花峪、馬蘭峪、九龍峪、清風店、明月店、絳雪齋等類，雖非隸於京師，然皆澄翁於役所經，歸爲家人述之。杏芬取其名字新鮮，不忍割愛，間登一二，亦紀程之所資也。

一　地名確有本字具載各書，惟日久傳訛，致忘出處。是編雅俗並載，所有沿襲名字一概編入，必有所本，非同杜撰。

一　各類中有彼此互載者，應注之字具載於前，以免重複。

光緒二十四年戊戌閏三月上浣，丹徒茅謙肺山甫識於都門旅次

卷上

蒙古巴哩克杏芬女史輯

一、天地總類

地藏寺 廣渠門内東南角，今地藏寺街，名尚存，寺已圮。

天妃宮 東四牌樓北馬大人胡同，又朝陽門外沿河往南。

天聖寺 東直門内北新橋三條胡同。

地祇壇 永定門内迤西，先農壇内垣外東南之神祇壇。神，天神。祇，地祇。

摩偷地 京西清漪園西大報恩延壽寺，見乾隆御製碑。

小有天 京西暢春園思永齋東别院爲小有天齋。

地藏殿 萬壽寺塔北有池，左殿，又右安門外九蓮慈蔭寺後殿。

天師庵 東安門外北夾道草廠胡同，元時天師宮之俗稱，今圮。

天喜廟 皇城外西北隅。

地安門 皇城正北門，俗稱後門。

地藏洞 京西萬壽寺閣後假山，上爲大士殿，下爲地藏洞。

天神壇 注見上。

歡喜地 京城内外，凡寺廟牆壁皆貼「登歡喜地」四字。

色空天 京西海淀明米萬鍾勺園内有色空天諸景，後爲鄭親王園邸。

天齊廟 朝陽門外，元建，以祀東嶽天齊仁聖帝，有趙孟頫《道教碑》。

地藏庵 正陽門外迤西排子胡同，又宣武門外西草廠，又京西蕭家河。

二、天文時節類

雹子胡同。西四牌樓北明漢經外廠也。正紅旗官學在北。

雲兒胡同。廣寧門大街。

雪洞京西玉泉山之東，甕山頂屋曰雪洞，今大報恩延壽寺地。

烟郊京東三河縣西五十里，有行宫。

煙閣廣寧門内，即南北燕角，今訛爲煙閣。

月牆正陽門東西二洞子門外至正陽橋，形如扇面，列肆居之，皆有夾道。

甘露殿西苑内。

太陽宫左安門内法藏寺西，順治年建。祀太陽日君。今羽士居之。

雲神廟東華門外北長街凝和廟，雍正八年敕建，以祀雲神。

斗姥宫正陽門外天橋西，康熙年建，地以宫名，有高詹事士奇所書碑。

冰窨東華門外南池子，景山西雪池，地安門外十刹海，其餘城外甚多。

雪池注見上。康熙時賜蔡升元第，飭内府司員水雪〔一〕施工於此。

甘雨胡同。燈市口迤南鑲白旗蒙古都統署在焉，又作乾魚。

朝陽胡同。燈市口西頭。

夏甸〔二〕京東。

春亭〔三〕西苑北海内白塔東面。

霞公府東安門外南夾道，即理藩院後胡同，左翼節孝祠在焉。

斗母宫西便門外白雲觀有斗姥閣，額曰「大至寶光」，爲聖祖御書。

白雲觀注見上。祀元長春真人邱處機。正月十九，都人游此，名燕九節。

碧霞宫京西陳府村紫竹林。

嘯風室明西苑内，見《明故宫考》。

印月池京西圓明園映水蘭香。

妙雲寺京西静明園宫門外。

靈雨祠京西昆明湖玉帶橋西。

拂雲岫注見上。

棲月厓京西静宜園内，距厓半里許設石樓門，鐫題曰「雲闕厓」。

雲夢館〔四〕崇文門外迤西閻王廟前街。

露香齋圓明園九州清晏殿東，天地一家春西。

雲深處東便門内蟠桃宫南觀音庵舊名，乃康熙時某宦家别業改建。

月盛齋〔六〕户部前羊肉鋪，五香醬羊肉最有名。

拜斗殿西安門内街南，爲前明遺址，乾隆間重修，以奉斗母，地因以名。

觀星臺崇文門内東城根，隸欽天監，臺上陳儀器。今俗呼觀象爲觀星。

延暉閣大内。

翳月池阜成門外白石莊。

垂雲石宣武門外保安寺旁有奇石，梁敦書寓寺前，移置庭院，名垂雲。

濯月漪京南南苑内珠源寺，爲團河龍王廟，拂雲岫西臨河房名。

月河寺朝陽門外迤南，即月河梵院。

雲闕厓注見上。

白雲寺崇文門外炕兒胡同〔五〕增福寺前。

絳雪齋天津書鋪名。

秋香館明南苑内，似即東安門内南箭亭地，今圮。

春耦齋西苑内。

甘露寺京西，即香山寺，本金刹，在静宜園瓔珞巖之西。

遠風臺右安門外，地近豐臺。元王惲《寒食韓氏南莊詩》，南莊即此。

雲集觀左安門内。
月張園阜成門内傍城垣下，明冉都尉别業。
雨神廟西華門外北長街，即時應宫。
風氏園宣武門外南下窪封氏園，一作「風氏」，與龍泉寺相近，今無知者。
碧雲寺京西香山寺，有小石幢，本當時賣地券，末云「賣與中丞阿里吉」。
絳雪軒大内萬春亭南。
曉煙榭京西暢春園迎旭堂後回廊，折而北。
春雨軒圓明園杏花春館。
日知閣西苑内。
雲繪軒京西清漪園。
夕照寺廣渠門内，殿壁書畫皆名人筆。余三妹芸芬柩曾寄此。彭年記。
朝陽門京城正東日朝陽門，元爲齊化，明正統改今名，俗猶稱齊化門。

雲居寺正陽門外糧食店路西。
日涉園在西山麓。
澄秋閣宣武門外騾馬市大街路南字畫鋪。
暢春園西直門外十二里海淀，本明李偉故園址，改建，聖祖賜名。
清風巷正陽門外煤市街西。
古月軒乾隆時所燒五彩鼻煙瓶均署此三字。
尋雲榭圓明園涵虚朗鑒。
聽雪軒靜明園勤政殿前。
香露寺靜明園西宫門外。
正陽門即前門。月城二門，爲官民出入。外門設而不開，惟大駕由之。
霞標磴靜宜園二十八景之一。
日精門大内。

水月寺 東四牌樓五條胡同。

櫺星門 安定門大街東府學胡同聖廟。

朝陽閣 正陽門東洞子門外城根龍王堂，每歲暮僧人募緣捨粥於此。

夕月壇 阜成門外西郊，遇丑、辰等年親詣行禮，餘每歲秋遣官致祭。

雹報局 崇文門外迤西喜鵲胡同。

雷神壇 永定門内天壇，每大祀日，奉日、月、星、辰、雲、雨、風、雷神位從祀。

風神廟 東華門外北長街宣仁廟，雍正六年敕建，以祀風神。

雷公橋 德勝門内。

明月店 定州〔八〕。

正陽橋 正陽門外跨城河爲石梁三，其南綽楔金書「正陽橋」清漢字。

慈雲寺 西安門内街北，又崇文門内東城根，又朝陽門外。

快雪堂 西苑北海内。

煙夢舫 廣寧門大街教子胡同趙氏寄園，吴穀人昔曾居此，齋名。

月華門 大内。

大雲寺 廣寧門内，即北魏尉使君寺，則天改今名。

朝日壇 朝陽門外東郊，遇甲、丙等年親詣行禮，餘每歲春遣官致祭。

風煙里 京西海淀明米萬鍾勺園内，有色空天諸景，今爲鄭親王園邸。

日月壇 注見上。

水月洞 静宜園裂帛湖光。

金星山 東陵、西陵正南大紅門外。

冠霞閣 京西長春園〔七〕。

規月橋 圓明園廓然大公雙鶴齋西北。

噓雪室 明西苑内，見《明故宫考》。

嗅霜皋 静宜園。

景星殿西苑。

香雪堂正陽門内東棋盤街桂林軒。

法雲寺京西西山妙高峰。

古雪堂宣武門内豬毛胡同，即遖東承恩寺之故址。

延春閣大内。

涵秋堂圓明園四宜書屋無邊風月之閣西南。

通雲殿元禁苑，見《元掖廷記》及《故宫考》。

就日坊崇文門内大街，俗稱東單牌樓。

瑞雲寺圓明園〔一〇〕。

香雪廊圓明園濂溪樂處。

排雲殿京西頤和園。

捧日亭工部署内，亭額相傳爲嚴分宜書。

海雲寺德勝門外土城，今圮。

天星堂順天府署後内空洞。

分涼閣西苑北海内。

迎旭堂暢春園純約堂右河廳。

耀電室明西苑内，見《明故宫考》。

瞻雲坊宣武門内大街，俗稱西單牌樓。

載月舫暢春園船隖停泊御舟，有日月洹〔九〕、吉祥舟、載月舫諸名。

堆雲坊明西苑内，見《故宫考》。

大煙洞西華門外南長街，「洞」俗訛作「筒」。

清風營崇文門外大街。

遮風嶺京西翠峰山。

敲雲亭西長安門外米氏湛園。

雪峰寺京西香山寶相寺又西一里。

雲岑亭圓明園碧桐書院，其西巖石上。

靈雨室明西苑，見《明故宫考》。

惠風亭大内建福宫後。

涵春室西苑内。

生秋庭圓明園勤政親賢殿又北。

明霞館地安門内馬神廟舊額，乾隆年間御書也〔一三〕。

寶月樓西苑内。

慶雲殿西苑内。

喜雨樓正陽門外大街東，今圮。

雲涯館暢春園内。

日下樓德勝門内高廟日下第一樓，額爲甘泉董尚書醇所書。

青陽館〔一二〕正陽門外西南隅施家胡同。

白雲亭刑部署内。

清風店易州西南。

寶月亭東安門内。

香霧窟静宜園内。

寶雲樓京西長春園内。

翠雲館大内重華宫後。

緑雨樓陸文裕深舊邸也，在正陽、宣武二門之間，今失其處。

清暉閣圓明園九州清宴殿迤西。

朝爽樓西長安街雙塔寺後，今圮。

雷音殿清漪園大報恩延壽寺有羅筏雷音殿。

雲光樓大内。

仙露寺 廣寧門内大街北。金俘宋室子女置寺中，即增壽寺。又見後注。

暢風樓 静宜園正凝堂北。

慶雲巷 正陽門外東河沿。

遠風樓 長春園内〔一三〕。

披雲徑 圓明園廓然大公。

聽雨樓 宣武門外南半截胡同，相傳爲嚴分宜别墅，曰東樓，即怡園。

雲機廟 西安門内巧機營，今圮。

雨香樓 地安門外煙袋斜街慶雲樓之西。

岫雲寺 京西，即潭柘寺。

海月庵 崇文門大街，今無考。

慶雲閣 東單牌樓迤北街西香蠟鋪。

甘露庵 正陽門内户部街。

雨香館 静宜園。

雲蔭樓 西安門内迤北旃檀寺。

福星店 正陽門外楊梅竹斜街。

吉雲樓 大内慧曜樓之西。

朝陽洞 西安門内迤南。

慶雲樓 地安門外煙袋斜街。

陶春室 南苑内新衙門。

絢秋林 静宜園内。

雲罩寺 京東盤山極高處，乾隆御定「内外八景」，寺即外八景之一。

霧明庵 京西香山大悲寺東南，原名普照寺，松檜夾徑，里許始入寺。

緑雲舫 静宜園内。

蒼雪庵 京西海淀青龍橋西北，即寶藏寺觀音殿之旧名。

當月處部院各衙門滿漢司員值宿處。

卧雲庵崇文門外上四條胡同。

祈雨地京西北三十里金山西黑龍潭，又祈穀壇西，皆祈禱雨澤之地。

摘星巖宣武門外南半截胡同口怡園，毛奇齡有「行過摘星巖畔望」句。

雲霞舒卷圓明園濂溪樂處樓名。

煙月清真圓明園四宜書屋樓名。

水雲榭明西苑内，見《順天府志》。

池月巖西直門外樂善園宫門内，含清齋對河敞宇。

雨鈴風磬宣武門外保安寺，劉嗣綰移寓寺中，序云云〔一四〕，見《尚絅堂集》。

月地雲居圓明園殿名，前殿方式，四面各五楹。

三、地理宫室類

山老胡同。安定門内迤南南蓊子巷。

井兒胡同。地安門外南鑼鼓巷。

水母胡同。舉場西，即水磨胡同之訛。

牆兒胡同。崇文門外西南三里河橋東，腔兒胡同之訛。

廟市逢三日土地廟市，逢七八日護國寺廟市，逢九十日隆福寺廟市。

窑臺右安門内，夏間搭涼棚，設茶具，重陽後葦花摇白，亦城南一勝地也。

疊道胡同。正陽門外東珠市口街南。

靠山胡同。三里河路北。

無甸京南南苑内，凡内監有過，發遣此處。

廊房正陽門外廊房，永樂初建，蓋賃居商民。今頭條、二條胡同猶仍此名。

堂子胡同。東單牌樓北有東西堂子胡同，又德勝門内。

院兒胡同。西四牌樓迤南。

堂子東長安街中有祭神殿，南向，前爲拜天圜殿。元旦，上必恭詣行禮。

觀兒天壇内神樂觀，俗謂之觀兒。

水竇德勝門西。

沙灘東華門外北長街。

闖道胡同。地安門内黄瓦門迤北。

穿堂胡同。宣武門内東城根。

大市崇文門外精忠廟。

高房地安門内有東西高房。

高廟 德勝門内積水潭，又正陽門外打磨廠南。

下岡 西單牌樓北，又有上岡，阮文達公蜨夢園在焉。見《揅經室集》。

海淀 西直門外十里，即明戚畹李偉別業清華園也〔一五〕，在今頤和園東。

江亭 右安門内迤東，江郎中藻建，取白詩「與〔一六〕君一醉一陶然」句，名陶然亭。

大川淀 正陽門内兵部窪迤北，又右安門内南横街西。

團河宫 京南南苑黄村門内六里，宫前後殿額曰璇源堂〔一七〕，曰涵道齋。

法源寺 右安門内。

太液池 西苑内。

高麗館 正陽門内東城根。

昆明湖 京西萬壽山前，石幢勒「萬壽山昆明湖」六字，今習水操於此。

當街廟 西四牌樓北。

滴水厓 京西仰山村西。

響閘 地安門外月橋，又正陽門外西河沿，此外甚多，不能盡載。

團城 西苑北海内。

小市 德勝門。

深溝 正陽門内打磨廠。

文源閣 京西圓明園水木明瑟之北稍西。

韻石淙 圓明園廓然大公啟香亭又西稍南。

仰山寺 東四牌樓大市街之西，今無考。

高水湖 京西静明園南宫門外，東西朝房左右二罩門前。

綿山寺 廣寧門内憫忠寺。

蘇州街 京西暢春園萬壽街，居人稱爲蘇州街。

進水閘 圓明園北有閘三，進水閘一，出水閘二。

涵漪齋 静明園清涼禪窟之北。

石帆室圓明園安佑宮。

淵鑑齋暢春園大東門土山北，循河岸之西。

護國寺德勝門内。

拜郊臺右安門外。

滚水壩玉河繞城曰護城河，康熙三十五年濬之，築隄建滚水壩。

旋波臺西安門内街南，亦作旋坡臺。

淨土寺地安門外北鑼鼓巷。

清漪園圓明園西二十里萬壽山之麓。

海波寺宣武門外迤東，今呼爲海波寺街。

沙土園正陽門外琉璃廠路南。

水精域西苑北海内殿名，又圓明園澹泊寧静多稼軒西池南。

山字門元大内，在興聖宮後，延華閣之正門也，見《元故宮考》。

觀瀾榭暢春園藥善堂蘂珠院北埠上層室。

點石齋正陽門外琉璃廠書鋪，後改爲韻石齋，今圮。

海會寺廣寧門外一里，即大慈觀音寺，又名海會禪林。

郊勞臺京西南良鄉縣南三里，乾隆二十五年建。

慈源寺正陽門外東河沿。

曲水園東城明萬駙馬園，今圮。

廣源閘西直門外七里，於此易舟入昆明湖。

安瀾園圓明園四宜書屋西宇。

畫峰室西苑北海内。

寫流軒静明園聖因綜繪西。

海潮寺德勝門内銀錠橋南灣，又南城外金魚池北。

池水村西便門外玉河鄉。

團河泊南苑團河之源，舊稱團泊，在黃村門内六里許。

方澤壇即安定門〔一八〕外北郊地壇，形方象地，每歲夏至日大祀。

崗子路左安門内，其地有法藏寺。

土兒山西安門内街南，見後兔兒山注。

泉宗廟京西丹稜沜南萬泉莊，乾隆年建，祀龍神像。

海子橋德勝門内十刹海三座橋舊名。

嵌巖室西苑北海内。

界湖橋清漪園玉帶橋迤南。

塔兒店右安門内南横街西南。

泡子河崇文門内東城根，舊有白氣竟丈，夜游水面，或曰水掛也。

暖閣廠東安門内北河沿關帝廟有鐘一，鑄「暖閣廠」等字，康熙年間造。

涼水河河由南苑西北入，東南出，經馬駒橋，東行至張家灣，入潞河。

清水寺京西妙峰山大覺寺，即金章宗清水院，又名清水寺。

妙峰山京西山，有娘娘廟，每四月初一至十五，晝夜香客不斷。

鏡瀾榭圓明園長春仙館藻園内。

繡漪橋清漪園隨安室。

香山寺京西寺，本遼中丞阿里吉所捨，又云寺即金章宗之會景樓。

臭水河宣武門内石駙馬大街南。

過街塔京西静宜園北天寶山。

受水河即臭水河，注見上。

分水嶺京西四十五里。

仰山窪德勝門外演礮處。

清水院注見上。

古峰亭京西長春園獅子林。

香巖寺 靜宜園妙高寺前。

臭水塘 崇文門外大街西。

水紋淀 京西淀名，九十九淀之一。

巒景亭 西苑北海内，與古遺堂相對。

鎮海館 東安門外南夾道小甜水井。

望湖亭 地安門外鼓樓西斜街，又昆明湖。

香水院 京西妙高峰下舊有法雲寺〔二〇〕，金章宗香水院即其此也。

影山樓 圓明園廓然大公。

香界寺 京西翠微山杏子口，舊名平坡寺。

影湖樓 靜明園南宫門西南。

淤泥寺 即西單牌樓城隍廟南鷲峰寺，唐貞觀間張公謹、敬德監造。

積水潭 德勝門内。

觀瀾榭 暢春園東樂善堂蘂珠院北。

冠峰亭 靜明園聖因綜繪、福地幽居〔一九〕後。

臺基廠 崇文門内迤西，東交民巷稍東迤北。

街道廳 正陽門外東珠市口大街路南。

尊漢閣 正陽門外琉璃廠字畫鋪。

騎河樓 東安門内北河沿。

嵩祝寺 東安門内北河沿，爲章嘉胡圖克圖焚修之所，本明番漢經廠。

泰和樓 正陽門外大柵欄酒樓，今圮。

悲田院 宣武門内捨飯寺，唐時禁丐者，廩之於此，故名。

義井庵 廣寧門外天寧寺西十里，即大井村。

平坡寺 京西翠微山，本元故刹，在山巔，一目千里。

滴水巖 西山萬山中，出磨石口，至三家村。

飛淙閣靜明園清淙禪窟之西。

掛瀑檐同上，又稍南。

福巒祿渚西華門外旋波臺，明時有牌坊二，曰福巒，曰祿渚。

帶水屏山靜宜園東宫門外一曲精廬，有瀑泉東注，至是匯爲池。

甜水井苦水井甜水井，東安門外迤南。苦水井，皇城外東北。

大石橋小石橋大石橋，崇文門内迤東。小石橋，舊鼓樓大街。

方壺勝境圓明園四宜書屋之東臨池樓宇。

福地幽居靜明園聖因綜繪迤西門，仿西湖行宫景得名。

神洲寶地西苑内闡福寺前坊四座，東曰震旦香林、神洲寶地。

瀛海仙山圓明園蓬島瑶臺東南平島有亭，爲瀛海仙山。

四、人倫類

五老胡同。崇文門内。

千兒胡同。西珠市口大街南，「千」亦作「阡」，又作「拴」。

抱子胡同。西四牌樓北。

拴兒胡同。注見上。

丞相胡同。即宣武門外繩匠胡同。

秀才胡同。西直門内南小街。

將軍廟圓明園宫門外達官村觀音庵俗稱，以有二將軍侍立像也。

處士祠廣寧門内慈仁寺，道光朝平定張穆建屋數楹，祀崑山顧炎武。

皇姑寺阜成門外顯應寺，本保明寺，明英宗敕封御妹女僧吕姑所建。

太保街安定門内東城根，《八旗通志》有之。

秀女胡同。地安門外皇城西城根。

愚兒胡同。即地安門外南鑼鼓巷魚兒胡同。

教子胡同。廣寧門内大街南。

鞠兒胡同。地安門外北鑼鼓巷。

王爺廟宣武門内西單牌樓東北，有前後之別。

丞相祠正陽門外鮮魚口抄手胡同(三二)吉安會館，即文信國祠。

王府井東安門外。

祖家街阜成門内北溝沿。

皈子廟正陽門外櫻桃斜街。

宴賓齋宣武門外騾馬市大街果子巷酒飯館，今圮。

帝王廟 皁成門内，殿名景德崇聖之殿，廟祀經康熙、乾隆諭旨釐定。

賢士臺 東直門外，燕昭王爲郭隗築，在幽州燕王故城中，亦稱招賢臺。

官窑廠 朝陽門外，其地有元道士吴全節所建白虎廟。「場」今訛爲「廠」。

帥府園 東單牌樓北，今呼爲帥府胡同，又西四牌樓北。

聖人府 衍聖公第，舊在東安門外，今第在太僕寺街，即明英宗所賜。

君子軒 圓明園平湖秋月橋之東北，與藏密樓近。

宗師府 廣寧門外天寧寺西北別院額，寺僧謂即姚廣孝所居也。

達官村 圓明園樹村南，村之東北即大有莊，並見上「將軍廟」注。

聖安寺 右安門内牛街東。

皇恩橋 東安門内，俗呼曰忘恩橋，以中官既富貴，必讐其所生也。

太僕寺 元明舊署在今太僕寺街，雍正三年移置正陽門東城根。

明倫堂 安定門内迤東國子監内。

聖母廟 京西圓明園宫門外泰山聖母廟。

皇姑園 朝陽門内北小街，即聖姑寺，久廢。

四王府 京西香山，甜醬暨小菜甚佳。

三友軒 大内。

天將廟 西四牌樓南兵馬司胡同，即顯靈宫舊名，内祀薩真人、王靈官。

海王村 正陽門外琉璃廠。

窮漢市 西珠市口亦稱補折市，「折」或作「陳」。又崇文門外南小市。

貴人關 東四牌樓報房胡同，又地安門外西城根。

國子監 安定門内東南成賢街，即元之舊學，明永樂間改爲國子監。

宫人斜 皁成門外五里許慈慧寺後，古葬宫人之所。

棲流所 五城地面皆有。

育嬰堂 五城地面皆有。

忠臣廟崇文門内迤西，即昭忠祠。

大軍倉疑即朝陽門内北小街海運倉。北新倉，見《順天府志》。

施醫院東單牌樓北路東。

育賢坊安定門大街東府學。

老公觀西直門内。

回子營西長安門外路南，乾隆間以投誠回衆集營於此，編設佐領。

三不老胡同。德勝門大街。

五定侯〔二二〕胡同。阜成門内錦什坊街。

規子廟即觙子廟，見前。

望兒樓京西望兒山上。

佑聖寺德勝門大街。

居賢坊東直門内北新橋。

王公廠宣武門内西南隅，自明天啟災後乃改建，廠曰「安民」。「公」又作「恭」。

校尉營正陽門外西珠市口大街，有前後之别。

内官監地安門内，監今廢，其地猶名内官監胡同。

外郎營正陽門外李鐵拐斜街路南胡同。

將軍廟注見上。又順天府治中有勑建劉猛將軍廟，其祀專主蝗蝻。

巡捕廳阜成門内街南，右翼前鋒統領衙門在北。

兵將局地安門外東城根，今胡同即以是名。

聖賢庵〔二三〕

五、性情人事總類

福海 京西圓明園，亦稱東湖。

平臺 西苑紫光閣，明時又名平臺。

滿井 安定門外東行五里許，清泉突出，冬夏不竭，常漫溢四野。

宜園 安定門内大興縣東冉駙馬園中，有松化石。

文廟 安定門大街府學胡同。府學，故報恩寺也，建於明初，即元柴市。

景山 北上門内，一名萬歲山，爲大内之鎮，山上有亭五，俱供佛。

光彩 胡同。宣武門内溝沿西。

陰涼 胡同。西直門内南小街，又宣武門内西單牌樓北。

安福 胡同。西長安門外迤南。

吉祥 胡同。地安門内街東。

退谷 京西，西山退翁亭在谷中，東上則石門巍然，曰煙霞窟。

怡園 宣武門外南横街西，康熙間大學士王熙别業，或謂即嚴分宜舊居。

戲館 胡同。東四牌樓北十景花園東口迤北。

勾欄 胡同。燈市口迤北，與演樂胡同相近，蓋前明之北里也。

勤惱 胡同。即安定門内秦老胡同之訛。

嬾眠 胡同。即廣寧門大街爛麵胡同，有乾隆間大學士史貽直故宅。

敬禮 胡同〔二四〕。東單牌樓北帥府胡同迤北。

高方 胡同，阜成門内錦什坊街〔二五〕。

安樂 胡同〔二六〕。地安門内。

太平 胡同。東安門外夾道。

慈慧寺阜成門外明刹也，北殿後行人射倒影於殿内，俗稱倒影廟。

壽康宮大内壽康門内。

迎祥館西苑萬壽殿後迤東。

建福宮大内。

慈壽寺東直門内北新橋路西，本明惠明寺，國朝改建。又阜成門外。

顯靈宮西華門外北長街路西。

仁威觀正陽門外琉璃廠。

雍和宮安定門内迤東，世宗潛邸也。

中正殿大内。

妙高峰京西西山後。

延慶寺崇文門外纜竿市〔二七〕。

放生池左安門内萬柳堂。

德壽寺京南南苑内永慕寺之東，寺内御碑二，寶鼎一，在殿前。

慈寧宮大内。

集祥閣北上門内壽皇殿後。

儲秀宮大内。

永光寺宣武門外清廠迤西，元爲萬壽寺。

靈佑宮正陽門外先農壇北，仁壽寺東。

智化寺朝陽門内禄米倉東。

靈清宮皇城外西南隅。

妙緣觀舊鼓樓大街西大石橋北真武廟，明景泰間建，國朝重修。

安隱幢京西圓明園接秀山房尋雲樓稍東佛室。

闡福寺西苑北海内。

昭忠祠見前「忠臣廟」注：「祠祀本朝三公八巨官員之全忠盡節者。」

勤政殿 西苑内,又京西園囿俱有之。

奬忠祠 東華門外,祀郡王銜大學士謚文襄福康安,春秋致祭。

憫忠寺 宣武門外爛麵胡同西,唐憫東征死士葬此,宋謝枋得亦死此。

旌勇祠 地安門外西皇城根,祀誠嘉毅勇公謚果烈明瑞等,春秋致祭。

壽時寺 德勝門内鼓樓斜街。

賢良祠 地安門外西城根,雍正年敕建,祀王公大臣之有功國家者。

武英殿 西華門内熙和門西殿,制與文華殿同。

文選司 吏部。

明教寺 崇文門外東南閻王廟街,明成化年建。

慎刑司 西華門外北長街,掌内府之刑罰。

仁應殿 京西圓明園日天琳宇瑞應宫前。

福興居 正陽門外觀音寺飯館。

淑清院 西苑内。

忠孝祠 左翼在王府大街,右翼在武定侯胡同。

歸義寺 宣武門外西南善果寺西,遼刹也。

褒忠祠 地安門外之西,嘉慶十一年建,以祀領侍衛内大臣額勒登保。

文華殿 東華門内協和門東殿,深廣五楹南嚮。

武選司 兵部楊椒山先生祠在焉,王士禎有《謁祠詩》。

清化寺 崇文門外三里河有清化寺街。

考功司 吏部。

隱寂寺 京西西山龍王堂東大悲寺,康熙年間賜名。

平安居 安定門内迤東雍和宫内。

仁昌號 正陽門外西河沿金店。

義勝居 宣武門外教場頭條胡同飯館。

隆福寺 東四牌樓大市街，明景泰時建，雍正年重修，逢九、十日有廟市。

廣和居 宣武門外北半截胡同飯館。

崇恩觀 崇文門外上四條胡同。

淨業湖 德勝門内，成親王府在湖北，係明珠宅。

仁壽寺 正陽門外，先農壇北。

興隆街 崇文門外。

清祕閣 琉璃廠西門内南紙鋪。

太平街 地安門内，又宣武門内溝西。

大高殿 景山西南。

賢孝牌 東直門内大街，又〔二八〕西四牌樓西南隅。

緐清館 京西海甸泉宗廟内。

藏拙齋 京西暢春園中路，與養愚堂對面。

安佑廟 南苑内晾鷹臺北六里許，廟祀安禧司土神像。

太平湖 宣武門内西南隅，貝勒喀爾楚琿宅，今爲醇親王府。

能仁寺 安定門内。

景德街 阜成門内帝王廟。

賢良寺 東安門外金魚胡同，本怡賢親王故邸，捨地爲寺，賜名賢良。

富貴街 正陽門内户部、吏部之間。

逍遥市 元西苑内探芳徑旁，見《元故宫考》。

買賣街 京西暢春園東路二宫門外西穿堂門。

妙高寺 京西静明園玉峰塔影之後北峰上。

虛朗齋 京西静宜園，相傳即永安村，齋前石渠爲流觴曲水。

華滋館 静明園「翠雲嘉蔭」即華滋館門額也。

朗潤齋 京西長春園内，見《御製蒨園八景詩》。

延禧觀 東皇城根弓弦胡同。

致美齋 正陽門外煤市街酒飯館。

清音閣 西苑内閣，與雲繪樓相通。

廣樂園 金大内，世宗曾於重五幸此園射柳。按，園當在廣寧、右安門外。

吉安所 地安門内景山東北，國朝宫眷薨逝，殯於此，又稱吉祥所。

歡喜園 京西静宜園來青軒西南[29]。

功德寺 西山東麓，舊名護聖，元主游樂更衣處，或曰看花釣魚臺也。

静明園 京西玉泉山之陽，康熙年建，初名澄心，後易今名，有《十六景詩》。

給孤寺 正陽門外西珠市口。

放生園 宣武門外賈家胡同。

端凝殿 乾清門内，殿三楹，西嚮，與懋勤殿相對。

静憩軒 北海内塔山悦心殿東。

懷新館 圓明園長春仙館西南門迤西藻園内。

茹古齋 正陽門外琉璃廠南紙鋪。

哀忠墓 西便門外迤西，相傳唐太宗葬隋煬帝征遼所亡將士於此。

樂善園 西直門外，北向，内跨小溪，南爲穿堂，舊爲康親王園亭。

宛委藏 長春園内朗潤齋南角門别院。

圓明園 京西掛甲屯之北，距暢春園里許，世宗藩邸賜園。

崇效寺 右安門内白紙坊，唐劉濟捨宅爲寺，王士禎、朱彝尊俱有題詠。

静宜園 京西香山，聖祖臨幸，乾隆十年重修，有《御製二十八景詩》。

無逸殿 明西苑内，嘉靖時建，翼以豳風亭，取《詩》《書》義以重農務。

有容軒 明隆德殿左曰有容軒，右曰無逸齋，見《明故宫考》。

怡神殿 明大内。

得性軒 北海内緑意廊北。

保吉巷宣武門外果子巷內。

延禧門大內延禧宮前。

宏德殿大內昭德殿西。

啟祥門大內嘉祉門西。

振武廠安定門內車輦店胡同，廠係虎神營振武隊齊集隊兵之所。

崇文門正陽門東，元爲文明門，即哈達門，明正統間改今名。

資福寺安定門外雙黃寺西北，建十方院爲飯僧所，聖祖賜名。

引祥橋明西苑省斂亭南，見《明故宮考》。

澄虛榭圓明園澡身浴德，福海西南隅。

宛轉橋暢春園東路純約堂〔三一〕河廳之西。

得閒室大內粹軒南。

知樂濠京西靜宜園香山寺前石橋下方池。

報恩寺東直門內羊館胡同，元危素投井處，又翰林待制黃尋殉節所。

齊化門見前「朝陽門」注。

同文館東單牌樓北東堂子胡同總理各國事務衙門內，同治初年設。

宣武門正陽門西，元爲順承門〔三〇〕，明正統間改今名，俗呼爲順治門。

澄清閘地安門外橋西海子閘。

冷淡泉崇文門內，今圮。

朗吟閣圓明園天然圖畫樓北。

醉眠橋崇文門內，今圮。

祈年殿永定門內天壇內。

捨命橋西直門大街安濟橋，瀕危，俗呼爲捨命橋。

宣仁廟東華門外北長街。

通惠河東便門外。

橫秀館靜宜園勤政殿後西邊。

養愚堂京西暢春園中路佩文齋之東北隅。

大成殿安定門内迤東國子監内。

至公堂崇文門内東城根貢院内堂之匾，相傳爲嚴嵩所書。

吉祥所见上「吉安所」注。

安樂堂地安門内街東，舊傳爲内官養病之所。

華嚴寺地安門内織染局。

慶會堂東四牌樓觀音寺胡同飯莊。

廣惠寺宣武門外老牆根。

同仁堂正陽門外大栅欄藥鋪。

增壽寺見前「仙露寺」注。康熙時居民掘地，得遼藏舍利佛牙〔三三〕並石匣。

廣仁堂宣武門外爛麵胡同。

武備院東華門外北長街。

文明河即崇文門外迤西南三里河。

平安院圓明園上下天光左右各有六方亭後。

樂壽堂京西清漪園勤政殿後迤北宜芸館西。

抱沖室西苑延佳精舍迤北。

延壽堂大内慈寧宫前。

法華寺東西牌樓南報房胡同。

清祕堂翰林院内。

光明殿西安門内街南。

福壽堂東安門外金魚胡同，又正陽門外東河沿。

清虚觀德勝門内舊鼓樓。

際會堂宣武門外米市胡同客店。

妙光閣宣武門外下斜街。

明照坊東安門外報房胡同，今圮。

延壽寺正陽門外迤西街名，遼金巨刹，有童貫、蔡攸碑，宋徽宗曾寓此。

發祥坊西四牌樓。

晏安殿〔三四〕京西圓明園日天琳宇和感殿後。

仁壽坊東四牌樓。

圓通觀宣武門外南横街。

健鋭營京西香山。

洪光寺京西香山寺西北，本古刹，明璫鄭同修。寺據山頂，十八盤指此。

妙相亭北海内。

接待寺宣武門外炸子橋，有明尚書閔珪碑，劉蕺山先生曾讀書寺中。

婆娑亭廣寧門内，元馬文友别墅也，内有飲山亭，今圮。

慈善寺地安門外鼓樓大街路東。

靖恭坊地安門外南鑼鼓巷。

集祉衛〔三三〕阜成門内錦什坊街。

敷文坊正陽門内東交民巷西口。

高明殿東便門外二閘東。

技勇營此營兵丁係由八旗步營内挑選，隸於此營。

吉祥寺即順天府西千佛寺。

忠孝營德勝門外。

承光殿西苑北海内團城上。

聚景亭東安門内。

報恩寺注見上。又東四牌樓南驢市胡同，又阜成門外甘家口。

齊政樓即地安門外鼓樓　都城之麗譙。

武學衛〔三五〕朝陽門内南小街武學胡同，明時教諸衛武臣之子孫於此。

文華樓東四牌樓南首飾樓。

翊教寺西直門内北溝沿普安寺東。

同和樓東四牌樓北飯館。

敬思殿西華門内焕章殿後。

遐矚樓西苑豐澤園内。

暢音閣大内寧壽宫東閣，與閲是樓相對。

悦性樓西苑内循池東岸而北，集瑞館西。

大悲閣廣寧門内街南，額爲虞世南書，即遼太祖夢神人令送石郎處。

極樂林安定門外二里許。

慈慧殿地安門内迤東，見後「茨姑殿」注。

清涼庵西安門内養蜂夾道，又正陽門内西城根。

永思殿神武門外景山垣内，即列聖苫廬處。

延趣樓大内遂初堂後。

崇文閣即國子監彝倫堂舊址。

閲武樓西直門外。

承恩寺東四牌樓北八條胡同，又宣武門内西南隅有承恩寺街。

廣德樓正陽門外大柵欄戲園。

昌化寺西山，殿壁繪阿羅漢五百尊，明吴偉小仙筆，有世宗御書額。

廣和樓正陽門外肉市戲園。

性音塔圓明園西大覺寺旁。性音，住持方丈，康熙年圓寂〔三六〕。

功德林德勝門外土城西北里許養濟院，雍正元年奉勅重修。

極樂寺安定門大街東，又西直門外距高梁橋三里，寺内海棠極盛。

大悲庵阜成門外甘家井。

保安寺 地安門外宛平縣東，又宣武門外米市胡同東。

聞喜庵 正陽門外西河沿西頭。

大弘廟 正陽門外排子胡同。

高古庵 即地安門外趙府街之高公庵。

如意館 大内，凡供奉内廷畫師皆隸於此館。

太和庵 京西西山圓通寺右，泉水源於此，有亭據其上，傍多烏椑、文杏。

長齡寺 京西香山寶諦寺東。

永感庵 香山梵音寺舊址。

貯清書屋 圓明園長春仙館藻園内曠然堂後。

接秀山房 圓明園四十景之一，在福海東隅，正宇三楹。

精忠廟 正陽門外東小市西，康熙年建廟，門外鑄秦檜夫婦跪像。

大隱庵 正陽門外西河沿鐵廠北口。

善因殿 北海内，殿後即白塔，其下爲藏信礮之所。

延壽庵 西華門外羊房夾道路西，明司禮監經廠之佛堂，西即經板爲。

福祥寺 地安門外南鑼鼓巷蓑衣胡同。

慈悲庵 宣武門外黑窑廠西南。

光明性海 長春園之東法慧寺四面延樓。

安樂佛堂 西華門外羊房夾道路西延壽庵，有前明鐘一，上鑄四字〔三七〕。

澹泊寧靜 圓明園日天琳宇田字式殿，北樓正宇，四十景之一。

正大光明 圓明園殿名，東西有配殿，後爲壽山殿。

六、身體類

乾面胡同。東單牌樓北，今又作乾麵。

臭皮胡同。西四牌樓北。

抄手胡同。北新橋南街東。

忘皮胡同。注見上。

肉市正陽門外橋之東南。

毛園阜成門内。

裱背胡同。東單牌樓南街東。

鑲牙胡同〔三九〕。宣武門内太平湖南。

爛面胡同。注見上。今稱爛麵胡同。

穿心胡同。騾馬市大街。

藍面胡同。廣寧門内大街南，即爛麵之訛。

黄皮胡同。即正陽門外糧食店忘皮胡同。

蹄子胡同〔三八〕。東安門外王府井迤北。

腔兒胡同。三里河橋東。

頭髮胡同。宣武門内街西。

髮毛胡同。宣武門内。

大耳胡同。正陽門外西河沿。

剛腸胡同。即缸廠之訛。

皮市胡同。正陽門内西棋盤街迤北。

背陰胡同。西單牌樓東北。

翅膀胡同。正陽門外東河沿，長巷三條、四條胡同之間。

心尖胡同。西單牌樓東北興隆街。

養心殿大內養心門內。

丫髻山京東山，有娘娘廟，每四月初一至十五香火極盛。

三角淀京西南永定河，有石景山。

八面槽東安門外丁字街迤北。

紅眼寺廣寧門內街南醋張胡同宏衍寺，俗呼爲紅眼寺。

素心堂京西圓明園杏花春館之西。

褃背巷注見上。此以巷名，見《春明夢餘録》，云于少保祠在褃背巷。

原心亭翰林院五雲多處〔四一〕。

金脊殿元泰定八年作中宮，見《元故宮考》。

水心亭元大內殿，在歇山殿池中。

窩心館正陽門外迤西北火扇，又朝陽門外路南茶飯館俗稱。

門頭村京西香山南門，爲西山門徑，有朝陽庵，明刹，又有十方院。

觀心殿明時射箭處，在今皇史宬之西，見《明故宮考》。

畫眉山京西金山口黑龍潭即其地也。石黑色，金時宮人用以畫眉。

心香室安定門內迤東，柏林寺西，雍和宮〔四〇〕行宮殿中額。

眼鏡河京南南苑內河，泡形，見《南苑圖》。

旗手衛正陽門內迤西通政司署後。

篦頭房東安門內光禄寺街南，見《明故宮考》。

四眼井宣武門外西南下斜街。

六角亭東安門內北箭亭北。

拏頭殿元大明殿，俗呼拏頭殿。見《元故宮考》。

洗心亭京西靜宜園正凝堂迤北碧雲寺後。

傳心殿東華門内三座橋西南。

轉角樓圓明園日天琳宇有東西轉角樓。

中心閣地安門外舊鼓樓大街北城牆。

秀頭庵阜成門内。

燈市口東安門外東北。

歌筵頭崇文門内東南隅,「歌筵」係「溝沿」之訛。

化皮廠西直門内右翼礟局,一名馬皮廠,又名樺皮廠。

擡頭庵宗人府署迤北,又正陽門外觀音寺街後胡同。

七、古迹類

吴老胡同。崇文門内蘇州胡同東頭前胡同，「吴老」係「五老」之訛。

魏兒胡同。西四牌樓北。明璫魏忠賢義兒最多，當時某居此地，因以名。

劉海胡同。德勝門内大街。

孟端胡同。阜成門内錦什坊街。

王佐胡同。地安門外鼓樓東北。

謝家胡同。安定門内。

肅府正陽門内迤東中玉河橋東。

查樓正陽門外肉市，明巨室查氏所建，今廣和樓戲園即其地也。

姚家井宣武門外南下窪。

謝公祠廣寧門内爛麪胡同西，祀宋謝文節公枋得，在憫忠寺北。

劉井翰林院署内。

馮園右安門外，花木甚多，近時士大夫每擕酒往游焉。

阮府胡同。東安門外王府街北。

施家胡同。正陽門外糧食店西。

崔府胡同。朝陽門内東四牌樓，俗傳明崔呈秀居此。

魏家胡同。地安門内，又東四牌樓北，又西四牌樓北。

秦老胡同。地安門外迤東南鑼鼓巷。

魏閹胡同。騾馬市大街，今訛爲魏染。

羅家井宣武門外南下窪。

趙府街地安門外鼓樓迤東。

關張廟 左安門内五虎廟，祀蜀漢五虎上將，俗呼爲關張廟。

蘇米齋 騾馬市大街南潘家河沿，翁方綱居此，邀同人作《蘇米齋詩》。

李閣老 胡同。西長安門外迤北，因明李東陽賜第得名。

石大人 胡同。東單牌樓北，明石亨宅在焉，今改爲寶源局。

呂祖閣 正陽門内迤西半壁街。

孫公園 正陽門外琉璃廠南，相傳爲孫退谷别業，今有前後之别。

滕公寺 京西香山之麓，即静妙庵。

祖氏園 右安門外草橋，水石亭林，擅一時之勝，漁洋有《祖將軍園亭〔四二〕》詩。

臺基廠 崇文門内西北中玉河橋東。

哈達門 即崇文門之俗稱，哈達大王府在門内，故名。

呂公洞 京西玉泉山西二里觀音寺，亦曰觀音洞，相傳呂仙昔曾憩此。

孫侯村 東直門外東北五十里，舊有望京村，今訛爲孫侯屯。

鮑家寺 京西香山演武廳西北延壽寺。

燕王臺 東直門外，見前「賢士臺」注。

牛排子 胡同。東安門外弓弦胡同。

馬狀元 胡同。皇城根西北。初，滿漢分榜狀元麻勒吉居此，「麻」後訛「馬」。

曹公觀 西直門内崇元觀，明璫曹化淳建，俗稱曹老公觀。

梁家園 正陽門外西南，引涼水河入其中，王阮亭諸君泛舟於此，今圮。

陳人淀 京西淀名，九十九淀之一。見《順天府志》。

方家園 朝陽門内南小街。

天師府 阜成門内，即明時朝天宫。

海王村 注見前。

周橋寺 即右安門外迤西三里清勝寺之俗稱，宋宣和七年建。

佟峪村 京西西山普覺寺西南里許。

王恭廠明火藥廠，今圮，有前後廠之別，並見前「王公廠」注。

李廣橋明弘治時，太監李廣以符籙獲幸，橋或廣所造。見法式善文集。

魏村社左安門內三里河濱圓覺寺，有金井，永樂駐蹕，飲而甘之，今圮。

潘家窑左安門內東南隅，余大妹杏芬、三妹芸芬柩均厝於此，彭年記。

金太監胡同。東直門內，寺今廢，其地猶仍舊名。

石老娘胡同。西單牌樓北街西，又宣武門內迤東。

劉鑾塑西安門內元都勝境，有元劉鑾手塑三清像。乾隆有御製詩。

蔣養坊德勝門內，即漿家房之訛，明宮人年老有罪發此。客氏即死此。

王府井注見前。

趙家樓朝陽門內南小街東。

廣寧伯胡同。宣武門內北鬧市口，明廣寧伯劉榮故居在焉。

太平侯胡同。西四牌樓。

蒯徹墓廣渠門外八里莊古阜，高可四尺，墓前有井一。

婁兜橋京西暢春園，本明李武清清華園，北有橋曰婁兜，一曰西勾。

張禿子胡同。西直門大街。

宋姑娘胡同。東直門南小街。

呂祖洞京西靜明園〔四三〕竹爐山房真武廟後。

韋公莊左安門外迤東魏村社韋公寺，俗呼韋公莊。

肅寧府安定門內交道口路西，相傳即明魏忠賢府〔四四〕。

高麗營京北大鎮店，屬順義縣。

遂安伯胡同。東單牌樓北無量大胡同，明陳志居此，或作歲柏胡同。

武定侯胡同。錦什坊街，明武定侯郭英後培民，甲申城陷，死於其第。

齊女淀京西淀名，九十九淀之一。

高公庵地安門外鼓樓東北，明太監高勳所建。

遼刹金刹　京城内外遼金時古刹甚多，見《順天府志·寺觀門》。

顧祠閻祠　顧祠，注見前。閻先生若璩祠，在宣武門外皮庫營太原館。

張相公廟　正陽門内兵部窪東北，又宣武門外延旺廟街南頭。

石駙馬街　宣武門内，鑲紅旗滿洲、蒙古、漢軍三都統署俱在街北。

唐古忒學　正陽門内迤西碾兒胡同。

安達公街　宣武門内西城根，亦作諳達，蒙古語火伴也。

俄羅斯館　正陽門内東江米巷，明會同館故址也，今爲俄國使館。

利瑪竇墳　阜成門外稍北白石橋西。按：西洋利瑪竇乃歐羅巴修士。

楊椒山故宅　宣武門外炸子橋松筠庵，即忠愍故宅，内有諫草堂。

朱竹坨舊居　宣武門外槐市斜街。

李皇親夾道　崇文門内。

王寡婦斜街　注見前，即王廣福之訛。

曹老公觀　注見上。

文丞相祠　安定門内府學東。

魏忠賢墓　京西碧雲寺金剛寶座塔即墓址，康熙中御史張瑗奏毁。

王廣福街　正陽門外迤西觀音寺南。

楊國公寺　西單牌樓，今圮。

李將軍園　宣武門外，今圮。

金太監寺　注見上。

鐵平章橋　西直門内有鐵平章宅，高梁河由鐵平章橋流入玄武池。

王二姐大木　廣渠門外神木廠，大木上刻有「王二姐」「張點頭」等字。

竇十郎故居　竇燕山故居在城西，今城北靈椿坊疑是十郎舊里。

瑪玲噶喇廟　東華門外南長街，舊名普度寺〔四五〕。

耶律楚材墳　京西甕山南，乾隆間命立祠宇，有御製詩碑。

八、鬼神仙佛釋道類

梵香寺 西山梵音寺，乾隆間命飭而新之，改今名。

仙樂宮 明大内，後更名千樂宮。

三清殿 京南南苑小紅門内，元靈宮凝始殿，奉三清四皇像。

五聖祠 地安門内。

盧師寺 京西盧師山，以昔有神僧名盧者得名，即今清涼寺。

吕祖祠 正陽門外琉璃廠，祠籤甚靈驗，香火頗盛，祠前即廠甸。

伏魔寺 宣武門外繩匠胡同。

啟聖祠 安定門内國子監。

老爺廟 京城内外關帝廟，俗皆稱爲老爺廟。

真君祠 朝陽門外東嶽廟旁，見明趙世延《昭德殿碑》。

雷神廟 西華門外北長街。

斗姥宮 注見前。

吕祖閣 注見前。

于公祠 崇文門内裱背胡同〔四六〕，祀明于忠肅公謙。

邱祖殿 西便門外，見前「白雲觀」注。

吕仙祠 注見上。

老君廟 廣寧門内大街，廟與韋馱庵相近。

聖母祠 阜成門外甘家口有天仙聖母祠。

壽佛寺 正陽門外西南梁家園。

先賢祠 正陽門外西珠市口有越中先賢祠。

千佛寺 地安門外鼓樓東，又德勝門八步口，即今之拈花寺。

四神祠 大内瓊苑西門内。

府君廟 暢春園中路淵鑑齋東，小山口北。

河神祠 廣寧門外西南二十五里盧溝橋側。

玄女廟 京西百花山下。

祕魔厓 京西西山半大石嵌空，幾二丈，有證果寺，傳爲祕魔禪師所居。

三皇廟 即太醫院内先醫廟。

五岳壇 安定門外地壇内。

先醫廟 注見上。

太歲壇 先農壇内東廡爲春秋月將，西廡爲夏冬月將。見《明神祇壇考》。

風神廟 注見前。

雷公橋 注見前。

城隍廟 地安門外，又宣武門内。

土地祠 正陽門外琉璃廠。

遊仙洞 明西苑内有洞三，上曰龍壽，中曰玉華，下曰遊仙。見《故宫考》。

繡佛居 西長安門外明米萬鍾(四七)湛園，今圮。

關侯廟 宣武門外延旺廟街韃子營，曾文正昔與錢公振倫同寓廟内。

孔聖門 即長安門外之公生門。

佑聖寺 注見前。

先農壇 永定門内迤西。

神樂觀 永定門内天壇内迤西，設提點、知觀，教習樂舞生，演樂於此。

鬼門關 東四牌樓南豹房胡同，今改爲貴人關。

龍王廟 京西玉泉山麓，又德勝門内新街口，此外廟甚多，不能枚舉。

牛郎橋 東華門外南長街。

皇姑寺 注見前。

織女橋 西華門外南長街。

大佛寺 東四牌樓西北，竇文靖公鋆居在寺之後身。

老君堂 朝陽門内南小街，又北小街，又宣武門外斜街土地廟舊稱。

藥王廟 地安門外迤西。

蕭公堂 正陽門外打磨廠。

靈官廟 東便門外，又安定門内。

大佛堂 地安門内内官監胡同。

祖師殿 地安門内西夾道魏家胡同，明建萬法寶殿額名。

羅刹坑 朝陽門大街。

卧佛寺 即西山普覺寺，唐爲兜率寺，又名壽安寺，卧佛，俗稱也。

迎仙亭 西華門外，即旋坡臺，見《明故宫考》。

怡神殿 明大内。

念佛橋 京西西山洪福寺，松蘿俱古，度橋即寶珠洞。

關帝廟 正陽門内月城西，相傳帝像係明熹宗手塑，廟籤極靈。

吕公堂 崇文門内東城根泡子河。

馬神廟 地安門内景山東，即明御馬監馬神舊祠也，其地名馬神廟街。

龍王堂 京西萬壽山南，又西山寶珠洞山右，此最著者。

神仙洞 崇文門内東城根。

羅漢堂 京西碧雲寺。

財神廟 廣寧門外有五顯財神廟，每正月初二香火極盛。

利市營 廣渠門内大街，有東西之别。

千佛殿 西苑内。

萬仙亭 明西華門外，見《明故宫考》。

三官廟 地安門外鐘樓東，又南玉河東，又三里河。

萬佛樓 西苑北海内，又雍和宫。

石佛寺 西四牌樓南劈柴胡同，寺以掘得石佛得名，元代安御容之所。

天仙庵 宣武門外棉花九條胡同，又京西四王府東北普陀山。

真武廟 西四牌樓大木廠内，又地安門外帽兒胡同，又天橋西。

準提庵 正陽門外石頭胡同。

普陀寺 東便門内。

彌勒庵 西直門内十方禪院俗稱，又即蘆溝橋北五里福生寺。

喜神廟 崇文門外西南三里河東精忠廟旁，伶人所祀也。

古佛庵 宣武門外潘家河沿晉陽寺〔四八〕，有唐銅佛，黎秘書隸書「古佛庵」字。

竈君廟 崇文門外花兒市。

爐聖庵 廣渠門内，係山西冶行所建，以祀老君。

仙游館 廣寧門大街南七井胡同，係福建仙游邑館。

佛照樓 天津紫竹林客棧。

玉皇閣 西單牌樓北西斜街。

石佛庵 即石佛寺，注見上。又崇文門外景福寺名。

觀音廟 正陽門内月城東，明崇禎建，以祀洪承疇，後聞洪降，改祀觀音。

無量庵 崇文門外中四條胡同。

彌陀寺 廣渠門内霍家橋，俗呼白塔寺。

維摩庵 朝陽門内南小街小啞叭胡同。

五顯廟 見上「財神廟」注。

三教庵 西直門外萬泉莊。

安佑廟 京南南苑内。

大悲庵 平則門外甘家口〔四九〕。

二郎廟 東四牌樓南燈市口，又永定門外西南，鎮江義園在焉。

三聖庵 宣武門外南横街東黑窑廠。

火神廟 地安門外橋西，每歲夏季月下旬遣官致祭。又琉璃廠東。

水仙庵 宣武門内西城根象房橋西。

校勘記

〔一〕水雪，（清）戴璐《藤陰雜記》卷四載：「西華門内雪池，康熙中賜蔡升元，飭内府司員水雪施工，尅期告竣。」《（光緒）順天府志》卷十三引《藤陰雜記》，「水雪」改作「冰雪」。

〔二〕夏甸，《（光緒）順天府志》作「夏店」，卷三十八曰：「夏店在三河縣治西三十里，爲通州東界之東數里。」

〔三〕春亭，即見春亭，見《國朝宫史》卷十六、《（光緒）順天府志》卷二等。

〔四〕雲夢館，即雲夢會館，《（光緒）順天府志》卷二載：「閻王廟前後街，有三晉、宜黄、雲夢諸會館。」下文某某館多爲會館。

〔五〕炕兒胡同，底本作「坑兒胡同」，據《日下舊聞考》卷五十六、《（光緒）順天府志》卷十四改。

〔六〕月盛齋，底本作「日勝齋」。（清）李虹若《都市叢載》卷五曰：「醬羊肉　月盛齋在前門内户部街路東。」據此修改。

〔七〕長春園，底本作「暢春園」，據（清）吴長元《宸垣識略》卷十一、《日下舊聞考》卷八十三、《（光緒）

順天府志》卷四改。

〔八〕定州，底本作「易州」。《（雍正）畿輔通志》卷四十二《定州》、《（嘉慶）大清一統志》卷五十六《定州直隸州》曰：「又明月店，在州南三十里。」據此修改。

〔九〕日月波，底本缺「日」字，據《（光緒）順天府志》卷四補。

〔一〇〕圓明園，此處有誤。《（萬曆）順天府志》卷二記載兩座瑞雲寺，一在内城西北角的日中坊，一「離城百里」。《（光緒）順天府志》衹記載一處，卷四曰：「瑞雲寺，古刹也，在觀音山菩薩頂下。」卷一百二十九曰：「《重修瑞雲寺碑》，存，沙門雪成撰，正書，至正十年。在宛平觀音山瑞雲寺，俗稱百家寺。」

〔一一〕青陽館，即青陽會館。《（光緒）順天府志》卷十四曰：「施家衚衕，有青陽、廣德會館。」（清）李虹若《都市叢載》卷三曰：「青陽會館，在施家胡同路南。」

〔一二〕「乾隆年間御書也」，記載有誤。《（光緒）順天府志》卷十六曰：「馬神廟，在地安門南，其地名馬神廟街，即明御馬監馬神舊祠也。廟基舊在街之稍北，乾隆二十年移建，有碑。其廟殿舊額曰『明霞館』，爲聖祖御書也。」

〔一三〕長春園，底本作「暢春園」，據《日下舊聞考》卷八十三、《（光緒）順天府志》卷四改。

〔一四〕序云云，（清）劉嗣綰《尚絅堂集》卷三十一《蕭寺集》小序曰：「辛酉秋，移寓保安寺。砌花數種，綴以小闌，雨鈴風磬，間出韻語，爲軟紅中闢一清涼界也。」本無序名。

〔一五〕清華園，底本作「華清園」，據《日下舊聞考》卷七十九、《（光緒）順天府志》卷四改。

〔一六〕與，底本作「共」，據《白氏長慶集》卷六十七、《全唐詩》卷四百五十七改。《日下舊聞考》卷六十一、《（光緒）順天府志》卷十四作「共」，（清）吴錫麒《有正味齋集》卷十四、（清）吴長元《宸垣識略》卷十、（清）吴慶坻《蕉廊脞録》卷三引文作「與」。

〔一七〕璇源堂，底本作「珠源堂」，（清）吴長元《宸垣識略》卷十一、《日下舊聞考》卷七十五改。

〔一八〕安定門，底本作「地安門」，據（清）吴長元《宸垣識略》卷十二改。

〔一九〕福地幽居，底本作「福地仙居」，據《日下舊聞考》卷八十五、《（光緒）順天府志》卷四改。

〔二〇〕法雲寺，底本作「法聖寺」，據《（光緒）順天府志》卷十七改。

〔二一〕抄手胡同，底本作「鈔手胡同」，據《（光緒）順天府志》卷十四改。

〔二二〕五定侯，《（光緒）順天府志》卷十三、卷六十二作「武定侯」，並加按語：「《明史・功臣世表》，武定侯郭英，洪武十七年封，傳爵至培民，崇禎甲申城陷死。其居第疑當在此。」下文「忠孝祠」注有「武定侯胡同」。

〔二三〕底本此處下爲墨釘，尚未作注。據《（光緒）順天府志》卷十四，廣安門内盆兒胡同華嚴寺，俗稱聖賢菴。

〔二四〕敬禮胡同，《（光緒）順天府志》卷十三作「禮敬胡同」。

〔二五〕錦什坊街，底本作「什」，據《（光緒）順天府志》卷十三補。

〔二六〕安樂胡同，《（光緒）順天府志》卷十三作「安樂堂胡同」。

〔二七〕纜竿市，底本作「纜竿寺」，據（清）吳長元《宸垣識略》卷九改。

〔二八〕又，底本缺，據《（光緒）順天府志》卷十三，「賢孝牌」有兩處，故補「又」字。

〔二九〕南，底本缺，據《宸垣識略》卷十一、《日下舊聞考》卷八十六、《（光緒）順天府志》卷四補。

〔三〇〕順承門，底本作「承順門」，據《宸垣識略》卷七、《日下舊聞考》卷四十九改。

〔三一〕純約堂，底本作「純明堂」，據《宸垣識略》卷十一、《日下舊聞考》卷七十六、《（光緒）順天府志》卷四改。

〔三二〕舍利佛牙，底本缺「牙」字，據《日下舊聞考》卷五十九、《（光緒）順天府志》卷十六補。

〔三三〕集祉衛，（明）張爵《京師五城坊巷胡同集》作「濟州衛新房」，《（光緒）順天府志》卷十三作「機織衛胡同」。清代又稱「集祉街」。

〔三四〕晏安殿，底本作「宴安殿」，據《日下舊聞考》卷八十一、《（光緒）順天府志》卷四改。

〔三五〕武學衛，（明）吳寬《匏翁家藏集》卷三十四《武學設廟像記》曰：「京師有武學，所以教諸衛武臣之子孫將世其官者。」《日下舊聞考》卷六十五、《（光緒）順天府志》卷十三引文同，其名中原無「衛」字。

〔三六〕「康熙年圓寂」，記載不確。《（光緒）順天府志》卷十七曰：「寺旁有僧性音塔。按：性音住持方丈在康熙五十九年，未幾圓寂，其徒建塔於寺側。」據《雍正上諭内閣》卷五十一等，性音圓寂於雍正四年(1726)。

〔三七〕「上鑄四字」,《日下舊聞考》卷四十一曰:「庵内有嘉靖六年鐘一,上鑄『延壽庵』及『内府安樂堂佛堂永遠供奉』等字。」《宸垣識略》卷四、《(光緒)順天府志》卷十六引文相同。

〔三八〕蹄子胡同,《(光緒)順天府志》卷十三作「梯子胡同」。

〔三九〕鑲牙胡同,《(光緒)順天府志》卷十三作「象牙胡同」,本書下卷「鳥獸鱗介昆蟲類」同。

〔四〇〕柏林寺西雍和宫,底本作「雍和宫西柏林寺」,據《日下舊聞考》卷五十四、《宸垣識略》卷六改。

〔四一〕翰林院五雲多處,底本作「圓明園五雲深處」,據《日下舊聞考》卷六十四、(清)鄂爾泰《詞林典故》卷六下,原心亭在翰林院,亭楣牓曰「五雲多處」。

〔四二〕祖將宣園亭,底本作「宿祖將軍園」,據(清)王士禛《帶經堂集》卷二十改,《宸垣識略》卷十三引文相同。

〔四三〕静明園,底本作「静宜園」,據《宸垣識略》卷十一、《(光緒)順天府志》卷四改。

〔四四〕魏忠賢府,(清)震鈞《天咫偶聞》卷四曰:「交道口西有巷曰肅寧府,明魏良卿封肅寧伯,居此。至今巷口大石獅一巋然尚在,第則不可問矣。」魏良卿,河間肅寧(今屬河北)人,魏忠賢之侄。

〔四五〕普度寺,底本作「普慶寺」,據《日下舊聞考》卷四十、《(光緒)順天府志》卷十六改。

〔四六〕裱背胡同,底本作「表背胡同」,據《(光緒)順天府志》卷十三、(清)震鈞《天咫偶聞》卷二改。

〔四七〕鍾,底本作「鐘」,據《宸垣識略》卷七、《(光緒)順天府志》卷十三改。

〔四八〕晉陽寺，（清）李虹若《都市叢載》卷三作「晉陽寺」，《日下舊聞考》卷六十一、《宸垣識略》卷十一、《（光緒）順天府志》卷十六等皆作「晉陽庵」。

〔四九〕甘家口，底本作「甘家井」，據《日下舊聞考》卷九十六、《宸垣識略》卷十三、《（光緒）順天府志》卷十四等改。

卷下

蒙古巴哩克杏芬女史輯

九、禾稼蔬果草木類

茶葉胡同。西直門内翠花街東，又宣武門内。

花枝胡同。大興縣東。

槐市宣武門外。

柳湖即右安門内牛街聖安寺，今圮。

蒜市廣渠門内。

瓜園西直門内迤南。

菜市宣武門外。

花園正陽門外打磨廠深溝口。

蓮子胡同。即正陽門内新舊簾子胡同之訛，又崇文門内大街。

鞠兒胡同。地安門外北鑼鼓巷。

米市東單牌樓北燈市口南大街，兩旁皆是。

槐街即宣武門外上下斜街。

松垞京西海淀明米萬鍾勺園内，今爲鄭親王邸第。

栗園西便門外白雲觀西南。按：《遼史》，南京有栗園，某家奴嘗典之。疑即此。

演藥胡同。東四牌樓南。「藥」本作「樂」。今又作「眼藥」。

鉤蘭胡同。東四牌樓南，與本司、演樂胡同，皆明教坊所居，故舊名勾欄。

椶帽胡同。即宣武門内髪毛胡同。

榆錢胡同。西單牌樓白廟北。

柴市安定門内府學胡同，宋文信國公祠在學宫前。

草橋右安門外十里，衆水所歸，種水田者資以爲利，居人多以蒔花爲業。

椿樹胡同。東華門外北長街，又燈市口南。

棉花胡同。德勝門内護國寺，又南鑼鼓巷。

黄米胡同。東安門外迤北弓弦胡同内。

翠花胡同。東安門外北皇城根。

柳巷西直門草廠地，又彰儀門外村名。

槐廳國子監内，又翰林院内。

諫果廠阜成門内北溝沿，又作「揀果」。

蟠桃宫東便門内橋南太平宫俗名，每歲三月初一至初三日有廟市。

韭菜胡同。西珠市口大街。

桃條湖同。安定門内北剪子巷迤西。

桐梓胡同〔一〕。琉璃廠東。

芝蔴胡同。崇文門内蘇州胡同内。

松樹胡同。宣武門内迤東。

蔴花胡同。德勝門内大街西。

花市崇文門外，又東四牌樓。

葦坑德勝門内德勝橋西。

草廠胡同。崇文門與隆街，又宣武門外迤東。

花廳胡同。東單牌樓北石大人胡同内。

火藥局右安門内，日有工部駐班司員監視造藥，濯靈庫座官兵守護。

玉芝宫地安門内内官監，明時建。見《順天府志》。

柳樹井神武門外迤東，又正陽門外西珠市口。

蓮花池西便門外西南。

潭柘寺京西青龍潭，上有柘樹。祖師開山，龍避去，潭平爲寺。遼金時建。

土穀祠翰林院内。

紫竹院阜成門外數里許，本白雲觀下院。

青梅居正陽門外大街東回回飯鋪。

松竹寺即東安門内北河沿嵩祝寺之訛。

柳蓮居東便門外河北三塊板東，爲買茶之所。

柏木殿明西安門内，見《明故宫考》。

桃花隄京西暢春園春暉堂内，瑞景朝西隄外别隄名。

蓮花寺宣武門外爛面胡同内。

棗樹街[三]宣武門外迤東。

馬蘭峪東陵。

魚藻池崇文門外西南，見後「金魚池」注。

晾果廠皇城外東北隅，亦作晾穀。

惜薪司西安門内，明内廷及外衙門、山陵等處所用柴炭，於此關支。

雙松寺[二]朝陽門内南小街十方院西頭小胡同。

五柳居正陽門外琉璃廠路北，乾隆時書肆，舊書甚多，最爲有名。今圮。

松江館正陽門外鮮魚巷蔣家胡同。

草廠湖宣武門外西草廠胡同，每夏令積水難行，俗呼爲草廠湖。

桃花寺京東薊州東，東陵正南，寺在山半，有行宫。

松樹畦京西頤和園北宫門外迤北。

長椿寺宣武門外土地廟斜街。

老萊街宣武門内溝西。

桃花隖 京西圓明園武陵春色。

松樹街 德勝門内。

柳河館 京北，與牛山館、通天館〔四〕皆係自燕京至中京北門徑路。

槐市街 宣武門外迤西斜街。

嘉禾館 明西苑内乾祐閣〔五〕下，見《明故宮考》。

小菜街 廣寧門内大街南聖安寺街，「菜」或作「寺」。

蘭祕室 暢春園東路樂善園蘊真堂西南。

竹香齋 京西圓明園茹古涵今茂育齋西。

交蘆館 西苑内春及軒左。

修竹齋 皇城外東北隅那公清安宅内，又琉璃廠筆鋪。

金華館 崇文門外西南三里河橋東蘇家坡。

石竹齋 正陽門外紙巷子南紙鋪。

黄木廠 即皇木廠之訛，在通州南張家灣，設滿漢監督二人，事隸工部。

翠花街 西直門内東南隅。

橄欖市 崇文門外，「橄欖」係「纜竿」之訛。

櫻桃街 正陽門外迤西。

竹林寺 宣武門外菜市口西南筆管胡同，今圮。

菜市街 宣武門外。

蓬萊院 院址似在北海内，見《金故宮考》。

蘭藻齋 暢春園中路淵鑑齋迤北。

菱香沜 京西長春園内湛景樓東。

梓文齋 琉璃廠刻字鋪。

蓬萊號 安定門大街喜轎鋪。

松竹齋 琉璃廠南紙店。

晾穀廠 見上「晾果廠」注。

看花臺 西山吕公厓。

藥王廟 地安門外迤西。

米家園 即明水曹郎米仲詔〔六〕北淀别業，都人稱曰米家園。見上「松垞」注。

芍藥市 京城四月間芍藥開時，賣花者到處成市。又見後「豐臺」注。

葡萄園 皇城門内大街迤北宫門口，質郡王、果親王府均在其左近。

杏花園 朝陽門外，元董宇定手植杏千株，虞集《風入松》詞即賦於此。

荷葉廠 宣武門外南横街東頭路南小胡同。

生藥庫 太醫院内。

刺梅園 右安門内近黑龍潭，爲士大夫游讌之所，朱竹垞有詩，今圮。

觀蓮所 暢春園春暉堂内，鳶飛魚躍亭稍南。

抒藻軒 圓明園彙芳書院仙宇涵遠齋前。

柏王寺 金廢劉豫爲河南道行臺，傳送燕京，因於柏王寺。見《舊聞考》。

芥子園 宣武門外迤東韓家潭，即李笠翁漁故居，今爲廣東會館。

芭蕉岡 京西南。岡，俗呼爲「港」。

苜蓿園 朝陽門外迤南。

松竹閣 護國寺街南裱畫鋪。

蘆葦園 正陽門外三里河東。

神木廠 廣渠門外二里許，又名皇木廠，俗謂京城東方甲乙木即此。

御花園 大内坤寧門外。

蓮花社 德勝門内水關西。

蘆草園 崇文門外三里河，前明積草之地，其北草廠諸胡同皆以是名。

就松室 暢春園觀德處承露軒後廈。

觀稼軒 圓明園淡泊寧静多稼軒東。

竹桿巷朝陽門内南小街。

桂林軒正陽門内棋盤街香粉店。

青草市正陽門外天橋北。

黄花門地安門内，又名黄瓦門。

荷葉殿元大内殿，在方壺亭前，見《元故宫考》。

杏花村圓明園杏花春館春雨軒西。

白米寺地安門外。

青菰村京西南盧水，其北村名，入谷里許有何將軍別業。

拈花寺德勝門内。

祈穀壇永定門内。

棗花寺右安門内，即崇效寺，以王士禎有《訪雪隝禪師看棗花》詩得名。

荷葉山京西玉泉山西南，俗以其形名之，疑即孫承澤所稱聚寶山也。

賓竹室西苑〔七〕。

浴蘭軒西苑〔八〕。

梅隝殿大内養心門内。

蕉園門北海内。

花神廟圓明園濂溪樂處之南，爲彙萬總春之廟，以祀花神。

豆兒屯右安門内大街西土阜迤西，少東爲櫻桃園。

梓潼廟地安門外帽兒胡同，即文昌廟，每歲春秋遣官祭祀。

槐房村南苑内。

旃檀寺西安門内迤北。

社稷壇大内天安門内。

採芝徑圓明園廓然大公綺吟堂北。

約花欄西直門外樂善園北。

芙蓉殿京西靜明園玉泉山麓，舊傳有金章宗芙蓉殿址。

桑苎橋京西清漪園鳳凰墩西隄之北。

花兒閘東便門外運河閘名。

笮子橋宣武門外。

菜市汛廣寧門大街刑人之所。

麥莊橋西直門外萬壽寺西。

江米巷正陽門内東西皆是。

國花堂見前「極樂寺」注，以海棠極盛得名。

焙茶隖西苑蠶壇北。

摛藻堂大内御景亭山之東。

如松館正陽門外觀音寺酒館，舊有匾，相傳爲嚴嵩所書。今圮。

壽椿堂宣武門外騾馬市大街藥舖。

桂香館東安門内迤南，明時建，似與南内相接，爲今南箭亭地。

藜光橋即李廣橋，注見前。蒙古法祭酒式善居距橋不數武，詩龕在焉。

小草廠東安門外迤北。

高粱橋西直門外半里，爲玉河下游，玉泉山諸水注焉。「高梁」俗作「高粱」。

松柏室暢春園。

菖蒲河東華門外南河沿。

竹香館大内倦勤齋西廊外。

萱壽堂大内福宜齋西。

浣花墅宣武門外官菜園上街。

諫草堂堂舊稱亭，僧心泉募建，石刻「諫草」嵌壁，又見前「楊椒山故宅」註。

九蓮閣宣武門外下斜街長椿寺内，明李太后、劉太后像俱存寺中。

萬柳堂左安門内，即拈花禪寺，爲本朝馮相國溥別業，今無一柳矣。

花兒市崇文門外。

豆格莊京城東,「格」亦作「角」。

善果寺廣寧門内,舊名唐安寺,創於南梁,明代復建,世祖時臨幸焉。

靈椿坊安定門大街迤西。

松柏閘暢春園内。

蓬萊坊東安門外皇城東北隅。

松林閘德勝門外城河北閘,水由玉泉山發源,至此分爲二。

菜户營右安門外西三里,有廣恩寺,古刹也。

茨姑殿〔九〕即地安門内慈慧殿之訛,見《順天府志》。

棗子營崇文門外花兒市大街。

柹子店宣武門外教場胡同西南。

匏瓜亭東便門外,今圮。

樺皮廠西直門内大街南,右翼正黄、正紅兩旗礮廠,今呼爲化皮廠。

豆角莊注見上。

北柳巷正陽門外西南。

南薰坊南玉河橋。

豆芽菜胡同。東直門内南小街,又宣武門内西單牌樓。

核桃瓤胡同。西四牌樓甎塔胡同西南。「瓤」又作「釀」,見《順天府志》。

果子巷宣武門外。

花枝營崇文門内東交民巷路北。

紫檀殿元大内大明寢殿西,見《元故宫考》。

紅蘂亭暢春園樂善堂山口臨河。

話蘭室琉璃殿書坊,今圮。

觀稻亭德勝門内東偏三聖庵東。

龍華寺德勝門内迤西。

蝦菜亭德勝門内水關西。

桑乾水即涇水，發源於渾源州，經保安境，與盧溝河通。

藻韻樓南海内，又作藻思樓，暢春園澹寧居。

黄梅館正陽門外東草廠五條胡同。

紫竹林正陽門外三里河精忠廟南，俗稱擔子市，又京西陳府村。

椒園廠阜成門内。

松林庵圓明園西功德寺側，久廢。

蒲葛市燈市口。

松筠庵見前笞子橋，即楊椒山故宅。

蕙馨芝采京西香山洪光寺後門外坊二座名。

菊秀蘭蕤圓明園涵虚朗鑒福海南座宇名。

竹竿巷朝陽門内南小街。

藤花廳吏部長官治事之所，藤花係明吴寬手植。又工部，不傳爲誰植。

沈香殿元大内隆福殿〔一〇〕東，見《元故宫考》。

寶相樓大内慈寧宫内。

柏林寺國子監東。

蓮花庵德勝門内積水潭。

曇花寺廣寧門内崇效寺西。

大樹庵京西華家屯。

杏樹裄薊州西北盤山下村名，游山者往往取道於此，買肩輿以登。

蓮花巖暢春園東路無逸齋北角門外，板橋東對河即松栢閘。

蒲城會館宣武門外校場五條胡同。

槐市斜街宣武門外。

蕙風荷露〔二二〕西苑内愛翠樓石門外亭名。

蓼渚蘆灣西苑内瀛臺三面臨水，臺南蓼渚蘆灣，即南海也。

南柳巷北柳巷正陽門外琉璃廠西門外，韓慕廬曾送客巷口。

東華門西華門紫禁城東西二門。

楊椒山故宅注見前。

朱竹垞舊居注見前。

東荷苞巷西荷苞巷正陽門外東西月牆。

南蘆草園北蘆草園崇文門外。

十、鳥獸鱗介昆蟲類

蠟庫 地安門内迤東。

鼇峰 國史館。

蠅子 胡同。西單牌樓北乾石橋。

鷂兒 胡同。正陽門外西珠市口。

蜼子 胡同。旵成門内，即錐子之訛。

燕兒 胡同。西四牌樓南。

石虎 胡同。西單牌樓。

金魚 胡同。東安門外。

孔雀 胡同。宣武門外下斜街，舊有孔雀寺，故名，今名二廟胡同。

鯉魚 胡同。崇文門内貢院東。

豹子 胡同。西四牌樓，今作報子。

猴兒 胡同。崇文門内蘇州胡同迤北。

蟻子 胡同。崇文門内西城根。

魚兒 胡同。南鑼鼓巷。

馬館 西長安街迤北。

蠶池 西安門内。

喜鵲 胡同。崇文門外打磨廠，又東單牌樓麻線胡同。

乾魚 胡同。東單牌樓北。

蚊子 胡同。即宣武門内迤北粉子胡同。

驢駒 胡同。宣武門外騾馬市大街果子巷南，或作「驢珠」。

狗尾胡同。西單牌樓東北。

驢蹄胡同。朝陽門内大街迤南，又西四牌樓北當街廟。

馬市皇城外有東西馬市。

牛街右安門内。

羊圈西華門外南長街。

鹿園京西藍靛廠，舊爲金章宗鹿園。

水獺胡同。崇文門内西城根。

金貓胡同。正陽門外鮮魚口内。

牛尾胡同。崇文門外南蘆草園。

羊毛胡同。西交民巷兵部窪，又南横街南。

騾圈東安門内北河沿。

鳳河南苑外東南。

羊肉胡同。東單牌樓。又西四牌樓，又宣武門外果子巷。

牛蹄胡同。阜成門内翠花街。

石雀胡同。安定門内北新橋。

銀蝸胡同〔一三〕。東單牌樓羊肉胡同内。

鹿圈南苑。

蠶壇西苑北海内。

鳥市宣武門月城東，又護國寺，又隆福寺，又鼓樓東。

虹橋西直門内。

馬尾胡同。地安門外。

猪毛胡同。安定門内街東。

魚眼胡同。西直門内南小街。

象牙胡同。宣武門内太平湖南。

鸞慶胡同。正陽門外打磨廠。

馬香胡同。西直門大街。

驢市胡同。東西牌樓南。

豹房胡同。東四牌樓南。

燕翦胡同。正陽門外大街西珠市口，有大小之別，又作演箭。

羊牀胡同。西直門内大街。

翔鳳胡同。正陽門外東河沿打磨廠。

養羊胡同。正陽門外西珠市口。

猪市東四牌樓，又西四牌樓。

虎城西安門内迤北，又西華門外南池子内，又暢春園觀德處。

聳鶴胡同。錦什坊街松鶴胡同之訛，地有松鶴庵。

臥牛胡同。崇文門外西南三里河橋東。

牛穴胡同。即牛血胡同之訛。

羊房胡同。德勝門大街。

馬廠海甸南。

鷹房德勝門外。

雞爪胡同。東直門南小街。

羊腸胡同。錦什坊街。

羊館胡同。東直門北小街。

馬棚胡同。東直門北小街。

蠍虎胡同。崇文門内石大人胡同。

狗鷹胡同。地安門内西板橋。

玉蝀西苑。

銅牛京西昆明湖東岸上，注見後。

牛市右安門内。

龍潭即黑龍潭。

鮮魚巷崇文門内鎮江胡同東口外小街。

老虎嵛[一三]阜成門内，又景山東。

變驢子胡同。宣武門内西單牌樓西北。

賣羊兒胡同。崇文門内，「兒」一作「肉」。

鹿頂廟元大内，有鹿頂殿三間。

雞頭池德勝門内積水潭。

翔鸞閣西苑内。

飲鹿池南苑内雙柳樹，在海子居中之地，有水一道，崑崙石在池西。

馴象所明錦衣衛有馴象所，專管象奴及象隻。又見下「演象所」注。

釣魚磯京西圓明園映水蘭香東南。

翔鳳閣西苑。

巇鸞宫明大内，凡先朝有無名封妃嬪宫眷所居養老處。

蜘蛛塔阜成門外慈慧寺爲塔舊址，以昔有蜘蛛來聽經立化去得名。

蟾蜍峰京西靜宜園，峰北稍東即松隖雲莊，又名蝦蟆石。

石虎廟廣渠門大街迤南。

金魚池崇文門外西南畜養金魚，以供市易，都人夏日多轟飲於此。

龍華寺德勝門内水關。

魚藻池即金魚池。

烏蠻市東安門外王府街會同館，今圮。

白馬祠地安門外。

龍王廟注見前。

豹子街西單牌樓迤西。

牛横淀京西九十九淀之一。

象來街宣武門内西城根。

燕昌閣金時建，見《順天府志·金故宫考》。

鸘集厓静宜園絢秋林觀音閣額。

鴻文局正陽門外琉璃廠石印書局。

龍光齋正陽門外楊梅竹斜街刻字鋪。

儀鸞局元西華門南，掌宫門管鑰、供帳燈燭，見《元故宫考》。

聚燕臺京南采育東南有高阜，秋燕辭巢，各將雛聚此，然後分飛而去。

蜈蚣衛西單牌樓路東。

螞蟻墳南苑内西北隅，歲清明日，蟻集成邱，竟日乃散去，土人故名。

鷲峰寺宣武門内城隍廟南街名。

龍海軒西長安街西頭茶社。

紅鸞殿元大内〔一四〕，今圮。見《順天府志·元故宫考〔一五〕》。

白鹿巖〔一六〕香山西北。

鳳祥館明大内，見《明故宫考》。

龍吉齋明大内，見《明故宫考》。

演象所宣武門内西城根象房，凡象初至京，先於射所演習故名。

晾鷹臺南苑内，本元仁虞院〔一七〕，凡大閲，例於此臺舉行。

養狗處東華門外南池子。

釣魚臺阜成門外三里河西北，金主游幸處，有乾隆年間御書三字。

龍威閣琉璃廠書肆額爲曾文正公書。

蜨夢園阜成門内上岡阮文達公舊居，因有仙蜨來，故名。見《揅經堂集》。

龍光殿西苑。

鳳彩門大内宏德殿之右，西出者爲鳳彩門。

鸜鵒石　朝陽門外月河寺内，聚石爲假山峰寺，石即一也。

鳳凰門　遼禁城内，見《遼故宫考》。

牛山館　見前「柳河館」注。

鹿圈村　南苑。

御馬圈　東華門外南池子。

先蠶壇　西苑内東北隅。

龜頭屋　元西苑内，即石假山上香殿，后妃多居焉，見《故宫考》。

牛角灣　崇文門外花市大街，有增福寺。

馬道廟　西便門外迤西三里許。

牛欄山　即京北牛郎山。

狼兒澗　京西香山東四里許，明謝榛有《狼兒澗歌》。

鶴子山　京西。

騾馬市　宣武門外南大街，一名黎明市。

鳳凰墩　頤和園内繡漪橋北，湖中圓島山名。

鳳翔館　宣武門外迤東青廠。

龍到村　安定門土城外，其地有華藏寺。

獅子館　崇文門外西南。

狗兒灣　玄武門西南至蓮華門，有巷爲狗兒灣，見《明故宫考》。

猪毛廠　西直門内西溝沿。

牛肉灣　西單牌樓。

蠍子廟　正陽門外北火扇胡同，即七聖祠。

牛郎山　見上，有税務局。

龜子廟　正陽門外櫻桃斜街，即皈子廟。

兔兒山　西安門内迤南，明時九日，宫眷即此山作爲登高之所。

白虎廟西單牌樓路西。

青龍橋京西，在甕山北五里，元明白浮河之上流也，其西通金山口。

上駟院東華門內。

飛龍橋東華門外南長街，「龍」又作「虹」。

鶺鴒市東四牌樓燈市口。

鴛鴦橋景山西門外迤南。

天龍寺崇文門外鍋腔胡同。

神虎橋阜成門外雙林寺西，橋四石虎，萬曆間一虎夜逸，遂名三虎橋。

虮蜡廟左安門內，又順天府署東北。

蜈蚣橋西苑內。

蝦蟆岸廣寧門內憫忠寺前岸，內有古槐，今無考。

螞蜂橋德勝門太平橋南八里許，俗呼馬糞橋，又曰敞廠口橋。

龍泉寺宣武門外南下窪。

虎坊橋正陽門外西珠市口迤西，明虎坊遺址也。「坊」亦作「房」。

鴻臚寺正陽門內兵部街迤南。

象房橋宣武門內西城根，舊有年羹堯賜第，額書「邦家之光」，今圮。

羊坊店西便門外白雲觀。

馬市橋阜成門外。馬市橋當在阜內，今阜成門內大街與趙登禹路交界之路口附近。

鸚鵡冢宣武門外陶然亭東北。

駱駝橋東直門外迤南。

獅子府阜成門內西溝沿，元天師府也，今圮。

馬駒橋南苑東紅門外，即涼水河所經也，橋南有碧霞元君廟。

烏衣庫阜成門內錦什坊街西，或作「武衣」。

馬糞橋注見上。

九龍峪即西陵興龍峪之舊名。

三虎橋見前「神虎橋」注。

獅子廟西便門外崇壽寺，土人呼爲鐵獅子廟。

烏兒窪地安門外鼓樓東。

鴨子廟錦什坊街内，祀關帝。廟前有太平橋。

龍王堂正陽門東洞子門外。

横翠殿金建，在瓊華島。

倚虹堂西直門外橋西，御駕臨幸京西各園，由此乘舟。

蠶神殿先蠶壇内。

鴿子房西安門街北。

玉龍洞京西金山寺，山有玉龍洞，出泉，甃石爲暗渠，引水入西湖。

銅馬坊西直、德勝二門之間，今圮。

鴻陞店正陽門外楊梅竹斜街。

鴨步橋地安門外東西二橋便是。

聽鸝館京西清漪園大報恩寺三層樓西。

馴鹿坡静宜園迤西有龍王廟，下爲雙井。

前馬廠地安門外舊鼓樓大街。

後牛窪〔一八〕西單牌樓迤北溝東。

龍興寺即廣寧門内大雲寺，今圮。

燕喜堂正陽門外孝順胡同飯莊。

鴻吉號東安門外乾魚胡同米碓房。

鶴年堂宣武門外菜市口藥店。

趕驢市宣武門外橋東。

拴馬莊宣武門内東城根路北。

白馬寺宣武門外爛麵胡同。

黄牛岡京西仰山村西。

五虎廟左安門内。

二龍坑西單牌樓迤西。

貂皮巷正陽門内東城根。

象鼻坑東四牌樓觀音寺胡同。

雞鵝市東四牌樓東。

羊馬營宣武門内北鬧市口，又名養馬營，俗訛羊毛營。

打狗巷東四牌樓北隆福寺，又崇文門大街西。

殺猪營崇文門外大街西茶食胡同。

望蟾閣清漪園鑑遠堂東北。

招鶴亭京西静明園采香雲徑稍北，折而東。

龍頭井德勝門内定府大街。

虎皮牆阜成門外迤西。

馬皮廠注見前。

猪尾坑宣武門西城根象房橋西，亦稱猪尾胡同〔一九〕。

迎翠殿明西苑太液東西行殿二，池西東向者曰迎翠，見《明故宫考》。

鬬雞坑東安門内北箭亭北。

鹿頂殿注見前。

羊毛營注見上。

猪羊市東四牌樓東馬市街有猪市、羊市。

鵝鴨城采育，明移山東西民於此，雖有恒産，但以畜爲賦，舊有鵝鴨城。

馬蘭鎮京東遵化州境，在東陵迤東。

蝦菜亭德勝門内迤右衛西，水部戴氏園建，今圮。

濯鱗沼 圓明園映水蘭香，即印月池東北。

垂虹亭 西苑南海仁曜門東。

鷺濤室 西苑内同豫軒後，鑑古堂〔二〇〕前，山下室。

龍澤亭 西苑太液池水中有亭，面臨北海者爲五龍亭，中曰龍澤。

迴龍觀 東安門内北箭亭北。

棲鳳樓 崇文門内東單牌樓北路東。

猪毛市 即正陽門外珠寶市之訛。

燕角樓 廣寧門内西南隅，今圮。

招鶴磴 圓明園澹泊寧靜水精域西偏。

聽鴻樓 西苑内樓，與春耦齋隔池相對。

親蠶殿 西苑北海親蠶門内。

洗馬溝 靜明園前，相傳光武北巡，洗馬於此，即銚期奮戟處也。

浮雞淀 京西九十九淀之一。

湧翠亭 明西苑，李賢記亭曰臨水擁翠，又作湧翠，則御駕登龍舟處。

雙馬市 廣寧門内大街南，與馬道相近。

五龍廳 地安門内西夾道西。

龍頭觀 城南，今圮。

雁翅樓 景山後兩邊皆是，又見後「東樓西樓」注。

雙魚巷 正陽門外琉璃廠火神廟西夾道曰雙魚胡同，又名雙魚巷。

五鳳樓 紫禁城正門，即午門也，上覆重樓，俗稱爲五鳳樓。

鳳陽館 正陽門外排子胡同。

龍源樓 正陽門外西河沿飯鋪。

狗兒廟 俗傳有中途失金，返尋之，見犬覆金甃草中，或云即義犬庵。

獅子林 京西長春園玉玲瓏館之北。

白馬廟 地安門外迤西。

黑龍潭 潭有三：一京西畫眉山，一房山縣，一宣武門外黑窑廠。

仙鹿閣 宣武門外果子巷香店。

野鳧潭 永定門内祈穀壇西北，積水四時不竭，有野鳧游泳其間，故名。

鮮魚市 正陽門外大街東。

義犬庵 京南采育蕃署，庵犬搏鄰雞，僧執置阱中，後頂禮化去，故名。

鳳河泡 南苑團河匯五海子水 東南流爲鳳河。北人讀泡爲朳聲。

龍泉庵 西長安街雙塔寺東，庵前有井，即明大學士范公景文殉節處。

鳥兒市 注見前。

獅子巖 京西山麓。

山龍海馬 西華門真武廟有古玉鉢，山龍海馬，雕鏤極巧，名玉鉢庵。

玉蝀金鼇 西苑内橋立二坊，西曰金鼇，東曰玉蝀。又圓明園橋。

黑羊淀 京西九十九淀之一。

白龍潭 京北密雲縣東，潭上有龍神祠。

雞鵝館 東交民巷。

龍鳳庵 西城帥府胡同。

馬家堡 永定門外三里許，其地爲火車往來停駐之所。

雀兒庵 京西潭柘寺後山，金章宗幸此，彈雀彈發不虛，喜以爲庵。

青龍閘 即海甸青龍橋。

白鹿巖 香山西北。

鐵老鸛廟 正陽門外十間房，廟祀關帝，鴟吻上安鐵鸛以驅鳥雀。

石駙馬街 見前。又克勤郡王府暨固山恪僖貝子府俱在街之南北。

蠶壇繭館 北海闡福寺，本先蠶壇繭館也，乾隆年間改建。

鹿苑雞園〔三二〕 清漪園大報恩延壽寺，有雞園〔三三〕、鹿苑。

十一、服飾用物總類

冰盞胡同。東單牌樓大街北。

煙筒胡同。西皇城根。

簾子胡同。見前「蓮子胡同」注。

帽兒胡同。地安門外迤東。

轎子胡同。廣寧門内迤南。

箱兒〔二三〕胡同。安定門内。

椅子胡同。貢院西北，又東安門内北河沿。

鞍兒胡同〔二四〕。宣武門内街東。

褲子胡同。錦什坊街南頭迤西。

鉤兒胡同。阜成門内街北西溝沿。

表背胡同〔二二〕。東單牌樓南。

鍋腔胡同。鐘樓東北。

繩匠胡同。宣武門外菜市口。

緣兒胡同。舊鼓樓大街。

桶子胡同。琉璃廠東。

盆兒胡同。廣寧門内迤南。

織子胡同。西單牌樓東北。

甎兒胡同。正陽門外虎坊橋迤南。

車子胡同。西單牌樓白廟北。

碾兒胡同。地安門内黄花門，又前門内迤西。

梯子胡同。崇文稿門外四條胡同。

炭兒胡同。正陽門外楊梅竹斜街。

筆管胡同。東四牌樓十景花園。

羅篩胡同。正陽門外鮮魚市。

錢串胡同。西四牌樓迤南街西。

鑰匙胡同。阜成門内街北。

草帽胡同。西長安街迤南。

蓑衣胡同。地安門外迤東。

皮褲胡同。西單牌樓北，有神機營兵廠。

頂銀胡同。崇文門内貢院北。

燈市東四牌樓南燈市，始於宋，盛於明，今圮，其地猶有燈市口之名。

甕山海淀西，今名萬壽山，土色紺盧，其南麓若洞而圮〔三六〕者，少鬲仙室也。

報子胡同。注見前。

扒兒胡同。注見前。

絨線胡同。西單牌樓迤南。

胭脂胡同。正陽門外虎坊橋。

官帽胡同。東單牌樓觀音寺胡同。

衛衣胡同。西四牌樓北。

傳版胡同〔三五〕。北新橋南，又西珠市口，又崇文門内。

挈壺胡同。東單牌樓北石大人胡同，今訛爲「蠍虎」。

船隝西直門外。

鑑園德勝門内恭邸花園名，又京西長春園内師善堂後。

箭桿東安門内北河沿。

弓弦胡同。東安門外北城根。

口袋胡同。西安門内街北，又東安門外南夾道。

毛窩胡同。西安門街北。

雙碾胡同。東安門外。

千張胡同。錦什坊街溝沿迤東。

高底胡同。宣武門内東城根，「底」又作「低」。

扁方胡同。錦什坊街。

紙巷正陽門外煤市橋。

槽坊〔二八〕光禄寺署内。

扁担胡同。西安門内，又兵部窪。

高枋胡同。阜成門内錦什坊街，「枋」又作「方」，與屯絹胡同相近。

手帕胡同。崇文門外迤東。

頂棚胡同。西四牌樓西南溝沿。

柳罐胡同。崇文門内東城根。

麻刀胡同。廣寧門大街。

弓背胡同。西直門内南小街。

鉞牙胡同。阜成門内錦什坊街北，「鉞」亦作「月」。

馬勺胡同。西四牌樓南迤西〔二七〕。

羊肽胡同。西直門大街迤南。

板廠胡同。西安門外街南。

牌坊胡同。崇文門内東城根貢院迤北。

鍼綫胡同。東直門北小街。

錢糧胡同。東四牌樓迤北。

喇叭胡同。西直門南小街。

鈴鐺胡同。舊鼓樓大街迤西。

鉤帳胡同。東交民巷中玉河橋東。

取燈胡同。正陽門内西城根，又東安門外北夾道。

麻綫胡同。宣武門内。

花鍼胡同。正陽門外東河沿。

方巾巷東單牌樓觀音寺北。

裂帛湖京西玉泉山龍王廟下。

磁器庫東華門内南池子東。

沙鍋居西四牌樓南白肉館。

武彝庫〔三一〕錦什坊街。

文寶齋琉璃廠南紙店。

鑄鐘廠舊鼓樓大街迤西。

旋磨臺西安門街南。

紗帽胡同。正陽門外。

緯纓胡同。宣武門内。

錢桌胡同〔二九〕。地安門外西城根。

秤鉤胡同。地安門外西城根〔三〇〕，有大小之異，「鉤」或作「溝」。見《八旗通志》。

韃皮作東華門外北長街路西，甲庫、氈作、韃皮作鞍庫等，皆備御用。

扇面湖京西圓明園迤南，湖水環抱，形似扇面，故名。

車輦店安定門内街西。

棋盤街正陽門内東西皆是。

細瓦廠正陽門内兵部窪。

方壺齋宣武門外西茶食胡同迤南，本戲館，今廢，其地猶仍舊稱。

藏舟浦北海内東岸，明時有船屋，乃冬日藏龍舟之所，今重建。

舞劍臺京東盤山萬松寺前，唐李靖舞劍於此，御製外八景之一。

蠟燭寺 宣武門内單牌樓北，即法光寺之初名也，今爲捨飯寺。

馬鞍山 京西西山，有萬壽寺戒壇、活動松，皆有聖祖御製詩文碑。

方甎廠 地安門外。

乾石橋 西單牌樓北，橋北有東西斜街。

鑼鼓巷 地安門外迤東。

褡褳坡 德勝門外西北，其地係旗緑營操演鉛丸之所。

經香閣 琉璃廠書肆。

練影堂 京西靜明園〔三三〕。

旛杆寺 東安門外雙碾胡同。

褡褳坑 北新橋迤東。

磨盤院 西單牌樓。

香爐營 宣武門外，商盤《質園詩》「僦居曾記香爐營」即此，有撫州會館。

裟衣寺 地安門外迤東。

畫石橋〔三二〕正陽門内西城根。

心香室 注見前。

眼鏡河 注見前。

雙旗桿 崇文門内關帝廟。

三柱香 地安門内景山西北隅，又名三座廂。

尋詩徑 京西清漪園惠山園就雲樓之東。

看畫廊 西苑北海内。

簾子庫 地安門内，庫在慈慧寺東南，事隸工部。

帽兒棚 正陽門外。

口袋市 東單牌樓北米市。

皮褲營 宣武門外金井胡同南。

響鼓寺 虎坊橋粉房琉璃街南。

巧機營 西安門内。

欄杆市 見前，即纜竿市。

喇叭營 安定門内交道口。

草帽店 東珠市口大街南。

藤牌營 阜成門内錦什坊街。

打磨廠 正陽門外東河沿。

回香亭 永定門外，又京西妙峰山。

響鈴寺 德勝門内迤西。

抱甕亭 西長安門外，今圮。

旗纛廟 永定門内先農壇東，今圮。又見後「五軍營」注。

桔槔亭 地安門外十刹海。

鍼工局 地安門内迤東，今名爲胡同，與皮房、紙房、梓潼廟相近。

弓匠營 阜成門内青塔寺外。

畫禪室 靜宜園虚朗齋前，流觴曲水南。

車子營 宣武門外教場胡同南。

官書局 正陽門外虎坊橋東。

皇史宬 東安門内南池子。

分鑑曲 靜明園鏡影涵虚南。

濯纓亭 東便門外，與三忠祠近。

治鏡閣 清漪園暢觀堂。

流杯亭 西苑内。

香扆殿 西苑内。

暢襟樓 京西圓明園蓬島瑶臺正殿前之東。

遠帆閣西苑北海内碧照樓之左。

澄練樓圓明園接秀山房尋雲樓之東南。

兵仗局西華門外萬壽興隆寺即明季兵仗局，有米漢雯重修碑記。

梵香樓京西長春園含經堂西。

柵欄店通州北門外旅店，爲往來要衝。

瓔珞巖靜宜園香山寺東，其上爲緑雲深處。

舊簾子新簾子胡同。正陽門内兵部窪迤北。

大帽兒小帽兒胡同。阜成門内北溝沿。

織染局地安門内，舊在嵩祝寺後，嗣移於萬歲山之西。

梳妝樓西苑瓊華島俗傳有遼金后梳妝樓。

纜竿市注見前。

鐘鼓樓地安門外。

磨盤大院西單牌樓北迤西。

煙袋斜街地安門外。

南剪子巷北剪子巷安定門内交道口東南。

東棋盤街西棋盤街正陽門内。

十二、珍寶類 五行八音類附

玉帶 胡同。西四牌樓迤南街西。

銅鐘 胡同。東馬市神路。

石虎 胡同。西單牌樓路東。

銀獅 胡同。崇文門内東城根，即銀絲胡同之訛。

鐵匠 胡同。西單牌樓路西。

銀娃 胡同。即銀椀胡同之訛，見上。

鐵路 永定門外馬家堡。

瑶臺 宣武門外東南黑窑廠，又福海中央。

瓊島 西苑内瓊華島，「瓊島春陰」即指此。

玉泉 西山泉，味甚甘，天下第一，「玉泉趵突」即「燕山八景」之一。

銀椀 胡同。東單牌樓羊肉胡同内，俗傳嚴嵩抄家後持銀椀行乞於此。

石碑 胡同。西長安門外西南。

石雀 胡同。注見前。

金魚 胡同。東安門外。

鐵廠 正陽門外西河沿，洪北江寓戴刑部寓齋即此，又有前後鐵廠。

金臺 永定門外東南三里許，巋然上阜，有亭勒御書「金臺夕照」四字。

銀閘 東安門内北河沿，有真武廟，即明御馬監裏草闌舊址。

鐵門 崇文門内東交民巷路北，又虎坊橋迤西，蓋前朝虎圈地也。

石槽 胡同。東單牌樓北乾面胡同。

寶鈔 胡同。鼓樓迤東。

鋼叉 胡同。東馬市神路街。

玉蝀 注見前。

銅牛 頤和園内昆明東岸，有乾隆朝御製銘。

浮金館 東安門内河東，蓋明之南城離宫，今圮。

擁翠宫 明西苑内，疑即擁翠亭，注見前。見《明故宫考》。

金華館 東安門外爐肉坊，又三里河小市。

玉虚宫 廣寧門内礶兒胡同。

金殿廠 地安門内内官監，明時有金殿廠，今圮。見《順天府志》。

水村居 京西昆明湖北岸之西，蠶神廟北，織染局後。

寶源局 老局崇文門内石大人胡同，新局崇文門内迤東泡子河。

珠潮街〔三四〕宣武門外南横街。

珠市 正陽門外。

瑶亭 密雲縣東行宫在要亭莊，「要」又作「遥」，《蔣祥墀年譜》作「瑶亭」。

水罐 胡同。德勝門内街西。

金鉤 胡同。崇文門内東城根。

金鐘廟 即精忠廟之訛。

鐵柱宫 正陽門外打磨廠内，祀許真君，江西會館也。

鐵牛廟 舊燕城東南有土埋鐵牛露脊，不知起於何時。

金魚池 注見前。

金絲套 德勝門内。

鐵香爐 崇文門外花兒市大街。

寶禪寺 西直門内北溝沿。

石丈齋 西長安門外米萬鍾湛園，今圮。

翠玉館東安門内。

黄金臺朝陽門外東南。

碧峰寺德勝門内小石橋胡同。

金水村京西南三十里，清河泛溢，夾岸白沙如雪。

水月寺東四牌樓五條胡同。

金星山東陵大紅門外。

金缸寺「缸」係「剛」字之訛，見後「金剛寺」注。

玉帶橋京西清漪園。

大金廠注見上。

小石橋京城内外以大小石橋名其地者甚多，小石橋在舊鼓樓大街。

金山寺京西玉泉山，又東便門外。

玉河橋注見前。

石佛寺見前「石佛庵」注。

金王墳阜成門外，國初敬謹親王尼堪戰歿湖南，賜以金頭面，葬此。

金缸塔京西五塔寺有金剛塔，俗呼爲金缸塔。

水磨村德勝門外中鄉土城門關外，又圓明園東垣外隙地舊名。

小金廠順天府署迤西，舊名金廠，今有大小之分。

大銅山安定門内東北隅。

寶珠洞西山。

甘石橋見前，「甘」又作「乾」。

鐵欞閘德勝門西里許水關，以防人之出入，而無礙於行水。

銀錠橋德勝門内十刹海。

翠巖寺京西西山寺，不甚宏敞，具山林之致。後有石路百級，泉可煮茗。

金海橋西苑内御河橋，明代舊名。

鐵山寺正陽門外三里河。

金水橋大内太和門前，環以金水河，跨石梁五，即金水橋。

寶泉局南廠錢糧胡同，東廠四條胡同，西廠北鑼鼓巷，北廠北新橋。

金水河注見上。

紫金寺宣武門外迤南，今圮。

白石莊阜成門外，駙馬都尉萬公莊也，莊在白石橋稍北。

玉虚觀廣寧門内礶兒胡同。

金城坊地安門外鼓樓東〔三五〕。

玉皇廟廣寧門内西南盆兒胡同，又舊鼓樓大街東。

鐵匠營地安門内迤東。

金頂廟廣寧門内大街南盆兒胡同迤南，關帝廟之俗稱，今圮。

水心亭注見前。

絡絲局清漪園湖岸北織染局後，西爲蠶户房，環植以桑。

化石橋注見前。

瑶池殿崇文門外金魚池上，今圮。

石板房西安門内惜薪司内，又德勝門内大橋迤西。

玉龍洞注見前。

銅馬坊注見前。

瓊華島注見前。

錦石坊即錦什坊街。

水會局京師九城皆有。

火器營京西藍靛廠有外火器營。

翠雲館大内重華門内。

金露亭西苑北海内，見《元故宫考〔三六〕》。

金剛寺 德勝門内迤西，積水潭抄手胡同，又名般若菴。

玉延亭 崇文門内，今圮。

銷金廠 即小金廠，見前。

積水潭 德勝門内迤西，上有鎮水觀音庵，今名匯通祠，有御詩碑。

金甎廠 正陽門外琉璃廠，又通州，事隸工部。

玉鉢庵 西華門外西南真武廟，明御馬監舊址，玉鉢本朝移置禁中。

金鼎廟 東單牌樓三條胡同西口。

石鐙庵 即宣武門外猪尾胡同〔三七〕吉祥寺，因掘得石鐙得名。

迎翠殿 西苑河東。

漾金亭 東安門内。

金閣寺 盧溝橋，石景山。

玉淵潭 即京西玉河鄉。

金公墓 東直門外六里，明金公鉉甲申殉節葬此，今墓碣猶存。

鐵佛庵 宣武門内迤西四元井，鐵佛像現在庵中。

金臺書院 崇文門外西南，本洪文襄公賜園，乾隆朝改爲書院。

鐵路公司 見前「鐵路」注。公司辦事所今設於崇文門内總布胡同。

十三、飲食類 薪煤爐竈附

茶食胡同。有二，東在崇文門外大街西，西在宣武門外大街東。

菜帮胡同。西單牌樓北。

饊子胡同。德勝門内。

煙兒胡同。地安門外十刹海。

炒豆胡同。南鑼鼓巷。

劈柴胡同。西四牌樓南。

米市 崇文門内燈市口南街之東西皆是，又廣寧門内大街。

煤山 即景山，又名萬歲山，相傳係煤堆成，明崇禎縊死於此。

茶葉胡同。阜成門内北溝沿。

麻花胡同。德勝門内大街。

包子胡同。崇文門外花兒市大街，竇子胡同之訛。

醋兒胡同。舊鼓樓大街。

黄麵胡同。即黄米胡同。

粉絲胡同。東安門外，即本司胡同之訛。

粥廠 城内外皆有。

湯山 京北昌平州東三十里，山下有温泉，行宫在焉。

粉綫胡同。崇文門大街。

湯鍋胡同。德勝門内。

燒酒胡同。東安門外北夾道。

姜茶胡同。崇文門内鮮魚巷路東，即江擦之訛。

油邵胡同。東安門外燈市口大街，爲油勺胡同之訛。

醋張胡同。廣寧門内爛面胡同北頭路西。

菜廠胡同。東安門外南夾道。

糖房胡同。廣寧門大街。

熟肉胡同。廣寧門大街。

灌腸胡同。東安門外錫拉胡同。

乾麵杖胡同。安定門内東直門角樓左近，又錦什坊街。

大煙筒胡同。西華門外南長街。

捨飯寺注見前。

惜薪司注見前。

良醞署光禄寺署内。

謊糧臺朝陽門外六里，舊傳唐太宗東征，虚設囤倉以誑敵人，故名。

鹽庫光禄寺署内。

膳房大内。

米市胡同。宣武門外騾馬市大街。

油房胡同。宣武門内街東。

油勺胡同。注見前。

飯瓶胡同。崇文門内蘇州胡同南。

米糧庫地安門内街西。

豆腐池地安門外鼓樓東。

嘉蔬署正陽門外打磨廠官地，栖止貧民，見《魏貞庵年譜》。

小菜街廣寧門内大街南聖安寺街，「菜」或作「寺」。

奶茶鋪東華門外。

官菜園宣武門外南横街西官園，本非持蔬圃，後以名街，鎮江館在焉。

施茶處 正陽門外騾馬市大街。

進膳門 大内〔三八〕。

御藥庫 庫在東華門内三座門，門内東首。

步糧橋 地安門外有東西步糧橋。

尚膳庫 光禄寺署内。

和羹堂 光禄寺署内。

生藥庫 注見前。

香蕎房 光禄寺署内。

大煙洞 見前「大煙筒」注。

御藥房 大内日精門南。

官柴庫 地安門内街西。

禄米倉 注見前。

白米寺 注見前。

黄花門 注見前。

豆腐巷 東安門外燈市口。

饅頭村 即門頭村之訛，注見前。

漿民巷 即交民巷。

酒仙橋 東直門外東北，見麟見亭河帥《鴻雪因緣》。

珍羞署 光禄寺署内。

苦酒房 光禄寺署内。

焙茶隖 注見前。

煮筍房 光禄寺署内。

炭墼庫 宣武門外教場五條胡同。

漿家房 西安門。

酒醋局 西安門内，又地安門内，又鼓樓大街。

菜湯棚 陽門月城内。

竈王廟 騾馬市大街虎坊橋東東甎兒胡同，今圮。又作「竈君廟」，注見前。

厨子營 永定門内天橋西。

十四、數目類

五老 胡同。注見前。

千兒 胡同。注見前。

五閘 東便門外，俗名裹漕河。本朝康熙、乾隆間有《御製閱五閘詩碑》。

三山 京西。

八寶 胡同。崇文門内蘇州胡同。

千張 胡同。錦什坊街溝沿迤東。

三忠廟 東便門外。

萬壽宫 廣寧門内，又西安門内大光明殿。

萬善寺 安定門内迤東半館胡同。

三忠祠 東便門外大通橋東，又宣武門外上斜街。三忠詳《順天府志》。

三庫 户部。

九門 京城内門。

二閘 東便門外五閘之一。

雙橋 東便門外路南二十里。

雙寺 舊鼓樓大街北大石橋。

五城 京城分東西南北中，謂之五城。

萬壽寺 西直門外長河。

雙忠祠 崇文門内石大人胡同，合祀一等伯謚襄烈傅清、壯果拉布敦。

三官廟 宣武門外。

五聖祠 地安門内蠟庫胡同。

三元店正陽門外李鐵拐斜街。

萬福居正陽門外酒館。

雙塔寺西長安街廣壽寺内，相傳爲安禄山、史思明所造，明改爲射所。

百泉溪府西南十里麗澤關。

三元井正陽門内刑部東北。

萬壽街京西萬壽寺西。

五顯廟正陽門内迤西，明張居正賜第即在廟前。又見前「財神廟」注。

雙佳齋京西圓明園坦坦蕩蕩萃景齋西北。

三大殿大内太和、中和、保和三太殿也，每歲糊飾，事隸工部。

四平臺京西西山。

百家寺京西觀音山菩薩頂下瑞雲寺之俗稱。

三座門神武門外迤東。

千斯壩東便門外壩河，亦名阜通七壩，千斯即其一。見《元史·河渠志》。

六必居正陽門外糧食店醬坊，匾相傳爲嚴分宜所書。

十方院朝陽門内南小街。

半壁街正陽門内迤西。

九蓮閣注見前。

萬柳厓〔三九〕《日下舊聞録》云在府南，即今左安門内。

百斛廟〔四〇〕宣武門内鬧市口。

五斗齋正陽門外西河沿迤南。

雙林寺阜成門外二里，明大璫馮保營葬地時建。雙林，馮之别字也。

半畝園東安門外迤北牛排子胡同，原係李笠翁手葺，後爲麟見亭宅。

九空閘南苑小紅門之西。

雙橋門、南苑東北門。

五塔寺西直門外正覺寺，以有浮圖五得名，即金剛塔也。

三家村京西南村，盡出渾河厓八里過軍莊。

三皇廟太醫院内。

五岳壇注見前。

四夷館見下「四譯館」注。

千佛山京西觀音山瑞雲寺東，山有顯光寺，内有千佛閣。

萬明寺正陽門外，元水浙庵也，在香廠，寺後即虎坊橋東街。

百望山海甸青龍橋北。

五道廟虎坊橋東北，地爲正陽、宣武二門龍脈交通之地，廟有交龍神。

三座橋地安門外迤西。

半藏寺地安門外迤西，元僧義佛駐錫之所，人羨其道行，故名。

三轉橋見前，即三座橋。

雙峰寺廣寧門外，今圮。

十里村阜成門外迤北(四二)。

十刹海地安門外，即淨業湖，相傳舊有十古刹，故名。

雙泉山府西四十里。

一號殿明一號殿在大内履順門内，見《明故宫考》。

三臺山南苑内。

三家店京北順義縣西，有行宫一。

八道灣德勝橋東。

九龍峪注見前。

三虎橋注見前。

三教寺京西四王府南，有康熙年大學士李天馥重修碑記。

萬寧橋鼓樓南，即後門橋。

三角淀京西南石景山。

八面槽東安門外椿樹胡同西口外。

一得閣正陽門外琉璃廠墨汁店，近年最有名。

三希堂養心殿西暖閣有室曰三希堂，石刻即嵌堂之四壁。

雙松寺注見前。

萬柳堂注見前。

三塊板見前「柳蓮居」注。

十間房正陽門外，嘉慶間定總兵每人輪住南城十間房半月，即此。

三聖寺崇文門外三里河旃檀寺西。

六郎莊西直門外，海甸南。

萬巖寺德勝門内，今圮。

千步廊正陽門内棋盤街。

四川館宣武門外四川營。

三里河崇文門外迤東大街，又阜成門外。

三通館西華門内武英殿北，乾隆時改皇子居爲三通館。

百善堂宣武門外迤西皮袴營，施粥惜字之所。

三元寺京西青龍橋南里許，西方稍南。

五福堂大内。

五虎廟左安門内。

雙馬莊即西直門外拴馬莊，相傳爲楊六郎拴馬處。

九天廟阜成門外，又名三聖殿。

八里莊朝陽、阜成二門外皆有之。

雙馬市廣寧門内大街，與南馬道相近。

二龍坑注見前。

千佛寺　廣寧門内棗林街，又宣武門外南横街，又德勝門内妙緣胡同。

五軍營　德勝門外西紅廟，爲明代五軍營祀旗纛神處也。

三眼井　正陽門外西河沿迤南，又地安門内。

八角亭　京西頤和園内，與銅牛近。

百鳥市　東四牌樓東馬市街。

五龍廳　注見前。

三塔寺　阜成門外馬家溝，明宣德年建，俗呼三座塔。又見後「西域寺」注。

四牌樓　内城有東西兩處四牌樓。

四王府　京西静宜園，其地有游擊、千總署。

三聖庵　注見前。

萬寧寺　地安門外鼓樓東偏，元刹也。

三笑庵　西直門外萬壽寺西，過此爲麥莊橋，乃明代舊刹。

半壁店　京西。

四川營　宣武門外虎坊橋西，相傳秦良玉勤王至京，駐師於此。

八蜡廟　注見前。

五龍亭　西苑北海内。

三學寺　城南，今圮。

一間樓　正陽門内棋盤街路南縧帶店。

四譯館　正陽門内東城根。

三元庵　地安門外煙袋斜街南口，又崇文門内蘇州胡同。

五里店　京西良鄉縣界，每五里築墩堡，宿兵十名，故名。

三山庵　阜成門外迤北。

四元井〔四二〕京城内外四元井甚多，以下斜街路東祁文端故居爲最著。

三教庵　見前，又西單牌樓磨盤大院。

三仙洞 正陽門外西珠市口，與牛血胡同近。

七聖庵 同上。

五華寺 京西卧佛寺西。

一莖庵 即廣寧門内下斜街妙光閣。

十五、方位類

北淀 京西海淀，有米萬鐘勺園。

西湖 即昆明湖。

裹館 東交民巷達子館。

中街 正陽門内迤西。

南苑 永定門外，俗呼爲南海子。

北山 京北。

北苑 見《金故宫考》，意即今之北海。

南場 南苑廡甸南。

海北寺 見前「海波寺」注。

山西街 宣武門外西草廠胡同，山一作「陜」。

後閘 宣武門内石駙馬大街。

前街 宣武門外延旺廟街西兵馬司。

北海 西苑三海之一。

西山 京西，來自太行，連岡疊嶂，上干雲霄。「西山晴雪」即「燕山八景」之一。

高廟 德勝門内積水潭。

下坡 東安門内河沿。

南府 西華門外南長街，内官演戲，教之於此，事隸内務府。

北城 五城之一。

關東店 東安門外迤北奶子府，又朝陽門外。

陜西街 注見上。

南小市三里河東，又名東小市。

北長街東華門外北池子，又西華門外北池子。

南泉寺三里河橋北。

西苑門西華門外南海子門。

東嶽廟朝陽門外。

北宮門京西各園門，凡嚮北者皆謂爲北宮門。

南下窪南橫街南，北音讀「窪」作「穵」。亦稱窯窪，有東嶽廟、都城隍廟。

北上門神武門外。

外國府正陽門内東交民巷中玉河橋東西皆有之。

前門橋即正陽門外石橋。

西馬市西四牌樓。

東麟堂正陽門外櫻桃斜街飯莊，承辦文武鄉會試場差供給。

西大院阜成門外茶社。

北小街朝陽門内。

西草市〔四三〕宣武門外街東。

南薰門即右安門，今訛爲南西門。

西域寺阜成門外馬家溝，俗呼爲三塔寺。

北樓門京西圓明園正北曰北樓門，爲關三，乃出水進水之所。

北極寺德勝門外北頂。碧霞元君廟即在寺之東。

東皋村左安門外迤西，村有隆禧寺，明璫李興建。

東小市見前「南小市」注。

北新橋東四牌樓北。

北柳巷琉璃廠西門外。

南薰坊正陽門内玉河橋。

平西府京北，距上清河十二里。

崇北坊崇文門外。

粵東館右安門内南横街。

安南營正陽門外。

南極廟左安門内。

北京城即京城，又俗傳地安門外石橋甕内有「燕山北京城」五字云。

南臺寺左安門内。

北極庵宣武門外迆東，庵祀玄帝。

裏館外館裏館見前，外館在安定門外。

前門後門即正陽門、地安門。

南海北海西苑内。

東樓西樓景山後，内務府三旗放餉之所。

内官監地安門内街西。

外郎營〔四四〕正陽門外李鐵拐斜街。

内務府衙署在西華門内武英殿後，有果房〔四五〕、冰窖、造辦處。

前鋒營統領衙門，左翼在燈市口本司胡同，右翼在阜成門内巡捕廳。

北火扇正陽門外廊房頭條胡同迆西。

南箭亭東安門内南河沿，每鄉會等試，閲看八旗士子馬步箭於此。

湖南會館宣武門外爛面胡同。

海北寺街宣武門外。

東廟西廟東廟即隆福寺，逢九十日市。西廟即護國寺，逢七八日市。

南窑北窑崇文門外，工部設三廠，曰北窑、南窑、鐵廠，主範金合土事。

南小市北小市南市崇文門外，北市德勝門外。

東斜街西斜街西單牌樓迆北。

東夾道西夾道 地安門内，又正陽門外梁家園。

上斜街下斜街 宣武門外迤西。

南柳巷北柳巷 注見前。

東華門西華門 注見前。

南煙閣北煙閣 見前「煙閣」注。

東月牆西月牆 正陽門甕城外。

南剪子巷北剪子巷 注見前。

東棋盤街西棋盤街 注見前。

東草廠西草廠 東草廠在正陽門迤東，西草廠在正陽門迤西。

南花園北花園 西華門外南長街。

南鬧市北鬧市 崇文門内迤東，宣武門内迤西。

左安門右安門 永定門左右二門。

東珠市西珠市 正陽門外。

南箭亭北箭亭 東安門内南北河沿。

東荷苞巷西荷苞巷 注見前。

南蘆草園北蘆草園 注見前。

十六、干支類

乙閣 明楊覺山給事築於寓居之旁，葉映榴有詩，今不知其地所在。

丁沽 天津有七十二沽，丁字沽，其總名也。

辛寺 胡同。東四牌樓北。

未英 胡同。宣武門内東城根，即緯纓之訛。見《順天府志·坊巷門》。

丙字庫 亦西十庫之一，明時掌貯絲綿布疋。

丁家池 阜成門外玉河鄉，有元郡人丁氏故池，今圮。

乙字庫 亦西十庫之一，明時掌奏本等紙及各省所解胖襖。

丁香隄 京西暢春園内東西兩隄，東曰丁香隄，西曰蘭芝隄。

簾子庫 注見前。

組甲街 即祖家街。

甲庫 東華門外武備院。

午門 爲紫禁之正門，在端門之後。

丁字庫 西安門内西十庫之一，明時掌貯油漆等物，今改貯硝黃。

未央宫 明大内，後改名啟祥宫。見《明故宫考》。

長辛店 京西南一大鎮市也，糧店最多。

正乙祠 正陽門外西河沿内，祀財神，爲錢行公所。

寅賓里 朝陽門内大街，元太廟即在是地，今之思城坊也。

丁字街 東安門外。

蠍子廟 注見前。

鰍甲街 即宣武門外邱家街。

回子館 西華門内方略館之北。

拱辰門 遼京城名，見《順天府志·遼故宫考》。

奶子府 注見前。

掛甲屯 西直門外，相傳爲楊六郎掛甲處。

甲字庫 亦西十庫之一，明時掌貯銀米、黄丹、烏梅、藤黄、水銀諸物。

寅清堂 太常寺。

盔甲庫 崇文門内東城根，今圮。

彈子房 東安門内東河邊，見《順天府志》。

拱辰闕 金遼時名，其北門曰拱辰門。

繳甲坑 〔四六〕正陽門外騾馬市大街魏染胡同西後身，「甲」乃「家」字之訛。

達子館 東交民巷河西。

幼丁營 南苑神機營營盤之一。

規子廟 注見前。

長庚門 大内凡放夫匠淘溝及修造，皆開此門以便出入。《明故宫考》。

太乙觀 太乙集仙觀，在京西馮家里。

長庚橋 玄武門外迤西。

丁家井 西直門内。

西山堂 琉璃廠書鋪。

戊字庫 亦西十庫之一，明時掌貯盔甲弓箭等物。

寅賓坊 元北平府設，二十坊屬大興，十三坊屬宛平。寅賓，二十坊之一。

撫辰殿 廣德門内。

達子營 西安門内。

幼丁隊 左廠在東安門内銀閘，右廠在西安門内大街北，隸神機營。

回子營 注見前。

幼丁廠見上注。

多子亭京西圓明園魚躍鳶飛迤南山口。

十七、卦名類

大井 胡同。騾馬市大街。

新豐 胡同。西皇城根。

豫府 即東單牌樓北三條胡同豫王府。

豐臺 右安門外八里〔四七〕，居民皆以藝花爲業，豐臺芍藥最著名。

豐泰 琉璃廠土地祠内照相館。

鼎恒 兵部街金店。

節慎庫 工部内，舊有金銀元寶各一，高於人，刻「永樂九年」字，蓋鎮庫物。

乾清宮 乾清門内，南嚮，宮廣九楹，深五楹。

先師廟 安定門内，建於元，明時因之。本朝改爲大成寶殿，春秋致祭。

忠節祠 即崇文門内東裱背胡同〔四八〕于忠肅公祠，又見前。

聚泰 東四牌樓綢緞店。

同豐 東四牌樓北錢鋪。

豐盛 胡同。西四牌樓南。

鼎盈 胡同。見前「頂銀」注。

三益 正陽門内户部街金店。

四恒 即東四牌樓恒源、恒利、恒和、恒興四錢鋪。

臨武殿 金章宗曾擊球於此，又於殿前試護衛。見《金故宮考》。

咸安宮 西華門内。

觀音寺 正陽門外，又東單牌樓。

節孝祠 左翼在理藩院署後，右翼在按院胡同。

永豐觀 朝陽門外迤北燒酒胡同。

甘井碑 阜成門外慈慧寺。

恒利號 見前四恒之一。

鼎和居 正陽門外觀音寺胡同飯鋪。

泰鈞殿 西華門外宏仁寺西天慶宫前殿名。

恒壽齋 大内武英殿。

咸若館 大内。

頤和園 京西。

瀓觀堂(四九)西苑内闡福寺東。

保泰門 大内。

隨安室 養心殿寢宫西曰隨安室。

履順門 大内。

清泰寺 朝陽門内南小街東小啞叭胡同。

慶豐司 西華門外北長街路西。

臨芳殿 金大内,見《金地理志》。

萃景齋 京西圓明園坦坦蕩蕩光風霽月堂又東北。

泰山巷 正陽門外迤西延壽寺街西小胡同名。

豐澤園 西苑内,康熙年間建,有田數畝。聖祖嘗親臨勸課農桑。

交泰殿 大内乾清宫後。

翊坤門 大内。

觀德殿 神武門外,北上門内山後。

履和門 大内。

乾祐閣 明萬歲山下,見《明故宫考》。

咸和門 大内。

綏咸殿大内延寧閣後。

同豫軒西苑内，軒後爲鑑古堂。

開泰寺京城南，今圮。按：遼於開泰寺鑄銀佛像，見《日下舊聞考》。

聚豐堂東安門外菜廠胡同飯莊。

敬節會宣武門外兵馬司後街，凡貧苦嫠婦報名，會所月有帮助。

同豐堂正陽門外李鐵拐斜街飯莊。

永泰寺西直門内高井胡同。

恩豐倉東華門外北園房。

乾泰寺正陽門外迤東冰窖胡同。

豐益倉德勝門外安河橋倉，計三十〔五二〕廒。

觀音院宣武門外南横街迤南。

萃賞樓大内。

長泰寺德勝門外。

暢觀堂京西清漪園藻鑑堂西湖岸。

如泰館琉璃廠孫公園西南，係如皋、泰興兩邑館。

惠豐堂正陽門外觀音寺飯莊。

泰和殿〔五〇〕大内乾清宫後。

恒裕倉明西苑内，見《明故宫考》。

泰來店正陽門外西河沿。

豐潤倉朝陽門外，元京師二十二倉，豐潤其一也。又豐實倉亦其一。

鼎恒號注見上。

泰豐樓正陽門外煤市街飯館。

蒙古學安定門内迤東國子監内。

晉陽庵宣武門外潘家河沿。

十八、顔色類

黄叟胡同。即黄綬之訛,注見下。

紫兒胡同。廣寧門内大街。

紅井正陽門内刑部後身。

白門崇文門内臺基廠肅王府東。

黑寺德勝門外。

黄村右安門外。

白廟西單牌樓北路西,又北新橋。

紅橋即西直門内横橋,又暢春園南。

黄米胡同。東安門外弓弦胡同内。

翠花胡同。東安門外迤北。

黄綬胡同。崇文門内棲鳳樓。

粉絲胡同。注見前。

黑市注見前。

紅門南苑,有大小紅門之分。

黄寺德勝門外。

白橋崇文門外花兒市南,與卧佛寺近,有井一。

青廠宣武門外迤東,舊有巨潭,今淤平。張問陶有《過青廠舊宅》詩。

白河府西,即運河。

翠柏胡同。見前「遂安伯」注,「歲柏」又作「翠柏」。

紅菖胡同。東交民巷偏東路南,即「洪昌」之訛。

迎青閣京西靜明園風篁清聽如如室西。

紫竹院西直門外。

擁翠宮注見前。

青梅居注見前。

青草市注見前。

碧雲寺京西。

翠花街宣武門内東城根，又阜成門内溝沿。

絳雪齋注見前。

延青閣西山麓。

白石閘阜成門外，去青龍閘二十里。

怡墨齋琉璃廠碑帖店。

黄金臺注見前。

紫光閣西苑内，即明之平臺。閣前試武進士，至今循以爲例。

洗白廠西安門内真如境真武廟，有明萬曆《修洗白廠緣作碑》。

緑意軒東四牌樓隆福寺迤西路北。

來青軒京西靜宜園。

藍靛廠京西。

黑窯廠注見前。

黄花門注見前。

黄瓦門注見前。

白米市注見前。

白虎廟注見前。

青菰村注見前。

黑龍灣注見前。

青塔寺阜成門内四條胡同,今圮。

翠峰山府西五十里。

紫極殿金大内,大定六年正月朔大會群臣於此。見《金故宫考》。

翠微山京西。

白塔寺阜成門内。

盧溝橋廣寧門外西二十里「盧溝曉月」指此,即「燕京八景」之一。

黑塔寺西直門内。

盧溝河京西,亦稱黑水河,河色濁,其急如箭。

黄巖館宣武門外青廠内。

白澗莊京東薊州西四十里,有行宫一。

紅羅廠西四牌樓北街東。

白紙坊廣寧門内,元於此設税使,今居民猶以造紙爲業。

碧琳館大内月華門長街之西。

白鐵山府西北。

白馬寺注見前。

青龍橋注見前。

紅泉館宣武門外下斜街杭堇浦寓廬,有《對雪》詩,可與緑雨樓作偶。

白石橋即景山西門魏家胡同萬法殿地基,又西直、阜成二門内皆有。

紅土店宣武門外。

白溝河京西。

黄埃店南苑内,見元時《方輿勝覽》,今不可考。

白石莊見前橋北,臺樹數重,古木多合抱,附郭園亭當爲第一。

白虎殿西華門内,係明仁智殿俗稱,今内務府官署即其舊址。

黄牛岡注見前。

紫金寺 注見前。

黃土坑 崇文門内東交民巷東頭。

絳山館 正陽門外西南，椿樹三條胡同汪文端由敦舊寓，有時晴齋。

紅水坑 廣寧門内大街南盆兒胡同，舊有丁家、鄒家兩穿店南。

白雲寺 注見前。

蒼雪亭 朝陽門外月河寺，宣德中僧道深自稱蒼雪山人。

青陽館 正陽門外煤市街施家胡同。

緑雨樓 注見前。

黃酒館 東華門外路南。

白衣庵 虎坊橋東。

紅鸞殿 即王府街會同館，今圮。

白馬坑 宣武門外爛面胡同。

丹稜沜 暢春園宫門南有菱池〔五三〕，俗稱菱角泡子，相傳即丹沜水。

紫禁城 大内城名。

蟠青室 北海内慶霄樓南，有室曰一房山，由石巖而下，曰蟠青室。

愛翠樓 西苑内竹汀亭南。

白羊淀 京西九十九淀之一。

黑龍潭 注見前。

前青廠後青廠 注見前。

大紅門小紅門 南苑。

十九、虛字類

千斯壩注見前。

六必居注見前。

怵哉榭趙村河神祠館，稱祠營。

曠然堂圓明園長春仙館藻園内。

花之寺右安門内。

蒼然亭暢春園中路山上。

林於澨海淀米家園碑上三字，今未知尚存否。

陶然亭右安門内迤東，江郎中藻建，取白詩「與〔五三〕君一醉一陶然」句名之。

曠然閣京西圓明園方壺勝境。

平則門阜成門，俗沿元稱曰平則門。

真如境西安門内街北，又宣武門内頭髮胡同。

超然堂京西靜宜園。

般若寺正陽門外西珠市口胡同，以寺得名。

廓如亭京西清漪園昆明湖。

真如寺宣武門内頭髮胡同。

般若庵德勝門内積水潭。

二十、疊字類

姑姑寺安定門内。

妞妞房東華門外北長街，又地安門内，又西安門内。

嘎嘎巷地安門内施家胡同，又西華門外。

餑餑房西安門内旋波臺路北，内務府營造司所屬故名。

娘娘廟地安門外舊鼓樓大街，又京西暢春園内娘娘殿。

回回營西長安門外。

如如室京西靜明園〔五四〕風篁清聽東。

連連房廣寧門大街北小胡同，曰北馬道，曰連連房，與玲瓏胡同近。

陞陞店正陽門外迤東，打磨厰路南客店。

扭扭房「扭扭」係「妞妞」之訛。

王媽媽井井在䧟禧殿傍，殿俗呼爲黑老婆殿，見《明故宮考》。

劉娘娘墳京西西山有劉娘娘墳。按：即孝純太后也，見《明史·后妃傳》。

校勘記

〔一〕桐梓胡同，《（光緒）順天府志》卷十三作「桶子胡同」，民國年間北京特别市公署印行《北京街衢坊巷之概略》中《外二區平面圖》作「梓桐胡同」。

〔二〕雙松寺，《北京街衢坊巷之概略》中《内一區平面圖》作「松樹院」。

〔三〕棗樹街，《（光緒）順天府志》卷十二、十三等作「棗林街」，《北京街衢坊巷之概略》中《外二區平面圖》作「棗林胡同」。

〔四〕通天館，底本作「回天館」，據（宋）曾公亮《武經總要》前集卷十六、《日下舊聞考》卷一百五十六改。

〔五〕乾祐閣，底本作「乾祜閣」，據《日下舊聞考》卷三十五、《（光緒）順天府志》卷三改。

〔六〕米仲詔，底本作「米仲昭」，據《日下舊聞考》卷七十九、《（光緒）順天府志》卷四改。

〔七〕西苑，底本作「大内」，據《（光緒）順天府志》卷二改。

〔八〕西苑，底本作「大内」，據《（光緒）順天府志》卷二改。

〔九〕茨姑殿，《（光緒）順天府志》卷十三曰：「慈慧殿，『慧』俗訛『菇』。」即訛作「慈菇殿」。

〔一〇〕隆福殿，底本作「降福殿」，據《日下舊聞考》卷三十一、《（光緒）順天府志》卷三改。

〔一一〕蕙風荷露，《乾隆京城全圖》作「蕙風荷露」，《國朝宫史》卷十五、《國朝宫史續編》卷六十四、《日下舊聞考》卷二十三、《（光緒）順天府志》卷二等皆作「荷風蕙露」。

〔一二〕銀蝸胡同，《（光緒）順天府志》卷十三作「南銀碗胡同」「北銀碗胡同」。

〔一三〕老虎尚，《（光緒）順天府志》卷十三作「老虎洞」。

〔一四〕元大内，底本作「金大内」，據《日下舊聞考》卷三十二、《（光緒）順天府志》卷三改。

〔一五〕元故宫考，底本作「金故宫考」，據《日下舊聞考》卷三十二、《（光緒）順天府志》卷三改。

〔一六〕白鹿巖，底本作「白鹿厓」，據《日下舊聞考》卷一百零二、《（光緒）順天府志》卷二十改。

〔一七〕仁虞院，底本作「虞仁院」，據《日下舊聞考》卷七十四、《（光緒）順天府志》卷三改。

〔一八〕後牛窪，《日下舊聞考》卷三十七、《（光緒）順天府志》卷十三作「牛肉灣」，《北京街衢坊巷之概略》中《内二區平面圖》分前牛肉灣、後牛肉灣。簡稱前牛灣、後牛灣。在西單牌樓東南。

〔一九〕豬尾胡同，底本作「豬毛胡同」，據《（光緒）順天府志》卷十三改。

〔二〇〕鑑古堂，底本作「臨古堂」，據《日下舊聞考》卷二十三、《（光緒）順天府志》卷二改。

〔二一〕雞園，底本作「雞林」，據《日下舊聞考》卷八十四、《（光緒）順天府志》卷十六改。

〔二二〕表背胡同，《（光緒）順天府志》卷十三、（清）震鈞《天咫偶聞》卷二作「裱背胡同」。

〔二三〕箔兒胡同，《日下舊聞考》卷三十七、《（光緒）順天府志》卷十三、（清）李虹若《都市叢載》卷一等皆作「香兒胡同」。

〔二四〕鞍兒胡同，（明）張爵《京師五城坊巷衚衕集》《（光緒）順天府志》卷十三皆作「安兒胡同」。

〔二五〕傳版胡同，《（光緒）順天府志》卷十三作「船板胡同」。

〔二六〕圮，底本作「屺」，據《日下舊聞考》卷八十四、《（光緒）順天府志》卷二十改。

〔二七〕南迤西，底本作「北迤西」，據《北京街衢坊巷之概略》中《内四區平面圖》改。即王府倉胡同附近。

〔二八〕槽坊，《日下舊聞考》卷六十五、《宸垣識略》卷三作「槽房」。

〔二九〕錢桌胡同,《北京街衢坊巷之概略》中《内四區平面圖》作「東錢串」、「西錢串」。

〔三〇〕「地安門外西城根」,據《北京街衢坊巷之概略》中《内二區平面圖》,秤鉤胡同在西單牌樓西北,分大秤鉤、小秤鉤,屬於地安門内。

〔三一〕武彝庫,(明)張爵《京師五城坊巷衚衕集》、《八旗通志》卷三十四、《(光緒)順天府志》卷十三作「武衣庫」。

〔三二〕畫石橋,《(光緒)順天府志》卷十三作「花石橋」。

〔三三〕靜明園,底本作「靜宜園」,據《日下舊聞考》卷八十五、《(光緒)順天府志》卷四改。

〔三四〕珠潮街,(清)李虹若《都市叢載》卷三、《(光緒)順天府志》卷十四作「珠巢街」。

〔三五〕「地安門外鼓樓東」,據(明)張爵《京師五城坊巷衚衕集》《(光緒)順天府志》卷十三,此地爲金台坊,金城坊在阜城門内迤南。

〔三六〕元故宫考,底本作「明故宫考」,據《(光緒)順天府志》卷三改。

〔三七〕豬尾胡同,底本作「豬毛胡同」,據《日下舊聞考》卷四十九、《(光緒)順天府志》卷十三改。

〔三八〕大内,據《日下舊聞考》卷八十六、《(光緒)順天府志》卷四,京西靜宜園内垣有六門,北曰進膳門。大内無稱進膳門者。

〔三九〕萬柳厓,《日下舊聞考》卷九十引《記纂淵海》作「萬柳堂」,(清)張英《淵鑑類函》卷三百三十六引《記纂淵海》作「萬柳厓」。

〔四〇〕百斛廟，《（光緒）順天府志》卷十三作「百户廟」。

〔四一〕「阜成門外迤北」，《（光緒）順天府志》卷二十七記載：「舊有所謂十里村者，當在彰義門外」。

〔四二〕四元井，《（光緒）順天府志》卷十四作「四眼井」。

〔四三〕西草市，（清）李虹若《都市叢載》卷三、卷五和《（光緒）順天府志》卷十四作「西草廠」。

〔四四〕外郎營，（清）李虹若《都市叢載》卷三、《（光緒）順天府志》卷十四作「外廊營」。

〔四五〕果房，底本作「果局」，據《日下舊聞考》卷十三、《（光緒）順天府志》卷二改。

〔四六〕繳甲坑，《都市叢載》卷三作「繳家坑」，《（光緒）順天府志》卷十四作「敫家坑」。

〔四七〕八里，底本作「十八里」，《宸垣識略》卷十三同，據《日下舊聞考》卷九十、《（光緒）順天府志》卷二十七改。

〔四八〕裱背胡同，底本作「表背胡同」，據《（光緒）順天府志》卷六改。

〔四九〕澂觀堂，底本作「澂觀室」，據《日下舊聞考》卷二十八、《（光緒）順天府志》卷二改。

〔五〇〕泰和殿，《（光緒）順天府志》卷二記載：「乾清宫後爲交泰殿。」卷三記載，泰和殿爲金代故宫之殿名。

〔五一〕三十廒，底本缺「十」字，據《大清會典》卷七十二、《（光緒）順天府志》卷十補。

〔五二〕菱池，底本作「菱池」，據《日下舊聞考》卷七十八、《（光緒）順天府志》卷四改。

〔五三〕與，底本作「共」，據《白氏長慶集》卷六十七、《全唐詩》卷四百五十七改。《日下舊聞考》卷六十

一、《（光緒）順天府志》卷十四作「共」，（清）吴錫麒《有正味齋集》卷十四、（清）吴長元《宸垣識略》卷十、（清）吴慶坻《蕉廊脞録》卷三引文作「與」。

〔五四〕靜明園，底本作「靜宜園」，據《日下舊聞考》卷八十五、《（光緒）順天府志》卷四改。

巴哩克氏杏芬小姐家傳

光緒丁酉仲夏，鮑吏部潤漪從都中醵刻藍氏《女學》書成，郵眎余，内載德容言工罔不備。余謂近難得其人。未幾，子澂水部寄其長女節略乞言，竟與藍氏書脗合。按略，女名杏芬，巴哩克氏，鑲白旗蒙古人。同治十三年甲戌二月十九日亥時生於京口，即俗所謂觀音誕辰也。子澂有女三，其季芸芬先杏芬早殂，子澂悼以詩三十首，使人鼻酸。而况婉嫕嫻靜，待字至二十餘載，一旦夭折，有不痛加齎咨涕洟也哉！

杏芬秉性聰慧，甫近十齡，母夫人默赫特勒氏善持家，已得其襄助。稍長，即家事自任，凡鍼黹烹飪之屬，姑媪一經其指縱，咸得宜。逐歲製裳衣，老幼尺寸修短皆諳之，布帛絲絮一無所耗。其父公私之服，爲其經理，届更季，即先期檢諸笥，相時酌宜，鮮失意者。掌管鑰亦惟謹，家之喜慶及戚鄙賀弔諸儀節類，預爲措置，豐儉適中，然且以整以暇，裕如也。

長安不易居，官輦下者，凡物貸諸肆，每節償其值。帖至，杏芬必権算彙存逋之多寡，臨時子澂㨿清單一一給之，忘其勞。子澂廣交游，月得四方數十函，剟答亦稱是。凡其出納，杏芬隨時登冊，無纖微舛誤。年節，父之長官、老師與夫寅好之居阯，隨其刺背之字録之。

子澂車所至，依次答拜，東西不少移，久之習爲常。舉家以「女記室」嘑之。其綜理之勤，用心之細密如是。語言伉爽達事理。甲午冬，中日搆釁，都門戒嚴。舅氏延參戎凱官山右，遣弁迎其母等至新平署，以避敵鋒。母意移，杏芬持不可，曰：「吾不忍一日離吾父側也。」事遂中止。傔從女僕輩皆敬畏其人。女婣串或至，酬應周旋，情文殷且摯，人樂與之娓娓談。貌豐腴端正，唯不苟言笑。

幼偕兄彭年侍武清楊竹士茂才讀《班誡》《閨範》，授之輒心通其意。嗣喜閱尺一，循字義能講解，諸妗妹聆之，亦發矇焉。京師坊巷紛歧，杏芬聞地名諸新奇，勤加蒐討，證以名刺之所載。至如爛麪衚衕作「嬾眠」，一作「藍面」，嘗於過庭時引申其義。緑窗晝靜，戲爲比儷，粉碓脂盝間，零星碎殘，往往有之。余客宣南時，子澂舉其事諗余，余詑曰：「此足補竹垞翁《日下舊聞》及梁茝鄰《巧對録》，它年佐譚柄，公勿禁。」今聞成帙矣。子澂嘗輯《婕史》及《八旗進士題名表》，以至纂訂諸詩集，杏芬日侍左右，頗能按韻類編，分乃翁之勞。子澂嘗掀髯曰：「惜汝非男子，將以不櫛書生終矣。」

日者推其八字，多沖尅，慮非壽徵。今歲春突病瘵，五易醫，竟醫治加劇。先是歲除、正旦兩日，無故忽傾跌，自知非佳讖，凡身後衣飾所需，遂私爲料理，不令父母知。彌留前一日申未之交，猶復忍死自爲梳洗，攬鏡匀脂粉，并簪髻上花，從容穿著。是時家人來訣别，泣相向。兄彭年扶子澂二老，已哭不可仰視，而杏芬若笑容，與親戚鄰姥語曰：「我心中踏實，一無所苦。」子澂叩所願，復曰：「兒不克終事父母，兒之嚳奚贖？伯氏闌斯近，亟努力科名，無徒悲傷。兒殁後，停靈九日，唪經五日，唯至近親朋以噩耗告知，足矣。」又曰：「兒願時時見於夢中，然非兒能自主。」語畢，仍始終不墮一淚，並止人啼泣，其堅忍鎮定，一絲不少亂，視高年老衲之修持有加焉。口中喃喃誦「觀音菩薩甚靈驗」七字，旋逝。得年僅二十有四，實光緒二十三年丁酉六月二十七日申時，是日即其妹芸芬亡日，先後相符，亦奇。

子澂深以擇壻苛引以自咎。最後崇孝廉藻業相攸，仍惑於子平家言，忽中輟。然聞杏芬自幼時與女兄弟言，即思入空門，恐爲人評泊，隱蓄於中。又云「縱使字人，恐非長壽」。此真了然去來，所謂曇花一現者耶。當綿惙時，有仙蝏三飛舞庭中，盤旋直上，肖塔形者久之。倩女離魂，是耶非耶？

子澂將刋其所箸《京師地名對》永其名，以慰死者之心，且彌己之憾。余以杏芬雖處子，德容言工，有成人之風焉，爰不辭而爲之傳。

父執冬心老人論曰：昔須思王首女金瓠生十九旬而殀，猶譔辭哀之。子澂長於情者，烏能遣？人又安能寫子澂之悲情也？杏姐逝未逾三月，索傳之函踵相接。余欲傳杏芬，仍以子澂之言傳之。子澂書中屢曰:「亡女之死,蓋由於心太細,志太高,見理之明過於成人。觀其垂死之鎮定,豈尋常小女子所能。迄今推原其忍心之由,殆欲借此釋余夫婦憂也。痛哉! 此可謂孝且淑矣。」余因書其言,以塞子澂之悲。

邑人李恩綬訥盦甫譔

杏芬大妹挽辭附

業師武清楊竹士茂才希賢聯云：地下竟尋三妹去，堂前誰解二親憂？

家君聯云：廿四年膝下瞻依，能博親歡，忍死尚留言慰藉；千萬事胸中料理，致成兒病，追思難禁涕縱横。

京口同秋田進士裕聯云：蕙若驚秋，同是悲酸師弟淚；荷花生日，還他清白女兒身。

完顔愛子修筆政身聯云：求艾缺三年，惜矣神仙醫乏術；乘蓮逢六月，怪哉姊妹死同期。

余亦有聯云：因果悟三生，想語言伉爽，稟賦聰明，十數年家政操勞，可憐心血銷磨，慘傷吾妹；曇花悲一現，歎容色光華，精神鎮定，百餘日醫方罔效，直欲肝腸斷絶，慟煞而兄。

丁酉冬月，胞兄彭年識

恩沛跋

《京師地名對》胡爲而傳也？曰：是刻也，作於孝思之纏綿，成於慈心之惻悱者也。吾於杏芬屬其外祖母中表行，素知子澄廣交游，郵筒走天下，故位不越郎官，而文藻之富爲王公大人所許，於四方之游宦旅食都中者，皆以識荆州爲快，若是者二十餘年。

杏芬垂髫時，跬步不離側。子澄每出酬賓客，必爲之正衣冠，且牽裾問曰：「今日會某客乎？至某所乎？」俟子澄升車，則以短冊私疏其地名。子澄歸或暮，則呼奴子篝鐙往迎，無或爽者。子澄公退，杏芬嘗絮語膝前，並以其所疏地名，選爲妃儷，以解親頤。自成童以至二十有四年，儼如一日。

今杏芬死矣，吾聞而悲之。悲夫！子澄之入室，則剩墨零脂，皆杏芬思親之淚痕也。悲夫！子澄之出門，則杏芬之聲隨車輪之南北東西，而無不在耳也。京師習尚，識丁者咸馨香剞劂氏，以祝不朽。是何足爲杏芬重！顧孝慈一日不絕於人心，則此集一日不泯於天地。吾故慫子澄刻而傳之，倘亦《詩》所謂「孝思不匱，永錫爾類」者乎！至其書，吾以遠隔，故未之見。見夫序是集者之流連慨慕，而益信孝思慈心之感人於無既也。

光緒戊戌二月，蒙古恩沛潤生跋於京口之節孝祠

汪慶生跋

都門爲人文淵藪，士大夫諧聲選韻，數見不鮮。往往另闢畦町，不恤借里巷蕪言，翻文章花樣。如昔紀文達集市鋪牌匾爲聯語，繆蓮仙萃世俗諺語爲對言，類能駢儷鴛鴦，銖兩燕雀，别有取徑，而巧不可階。然率皆儒林丈人、搢紳處士爲之，藉以鬬心機，供譚麈，非所語於林下高風、閨中博士也。今不圖於杏芬女史見之。

女史少侍父紫丞宦居京師，《女誡》之餘，輒復替父裁箋，呼兄問字。歲月浸長，見聞滋多，閱日下胡同名，得天然比耦義，暇益轉詢於人，久巳裒然成帙。兄曰匪夷所思，父曰饒汝作怪，女史笫笑而應之。顧余竊聞而異之。蓋女史負詠絮高才，承擒華家學，使復含商嚼徵，儷白妃青，當不讓蘇家小妹、劉氏名姝，胡獨爲此狡獪才情、兒童伎倆也者？嗚呼！此殆女史之不欲以才見，故濬我性靈，仍復借人機杼，不著一字，其即内言不出之微意乎？然則紫丞之梓之也，蓋即以不傳爲傳，而痛其玉折蘭摧者，益慨歎乎善藏其才之不可及已。

己亥夏六月，里人汪慶生拜識於宣南郡館

舊京考古録

舊京考古録

舊京，古薊縣及幽州鎮城地。「薊門煙樹」爲「京師八景」之一，在今德勝門外西北土城小西門之北，見明蔣一葵《長安客話》並張爵《京師五城坊巷衚衕集》，有前朝乾隆時御製七言律詩碑，覆之以亭，其地俗名黄亭子。全城之面徑四至，不可問矣。幽州鎮城則在今京城西南，其基址東至爛麪胡同，南至郊外萬泉寺，西至鳳凰嘴，北至白雲觀後，北西南三面尚有土城舊垣。遼因幽州之舊爲南京，金海陵改爲中京，而遷都之。東展至今虎房橋地，北西南三面仍舊。元於金城東北別建大都，東西所至，較見在無多出入，南際今東西長安街，北即今安定、德勝門外之土城。明就元城建北京，伸南縮北而爲之，即見在之城圍也。辨證詳《燕京故城考》。

見在之京師内城，本明初因元大都城北面割去五里，南面展出里許以成者。今皇城之天安門，元都城之麗正門也。東西兩單牌樓，元之文明、順承兩門也。朝陽、阜成二門，元之齊化、平則門也。東直爲元崇仁。西直，元和義門也。北郊東西土城之光熙門、小西門兩豁口，元之光熙、肅清二門也。元之安貞、健德兩門，即今安定、德勝門北距城五里之土城小闕也。

兩單牌樓舊榜，東曰就日，清書爲順德呢肯濟木畢，西曰瞻雲，清書爲圖基博哈呼噶沙木畢。遜政後，當事以爲日外國名，我不可就也，併瞻雲坊字皆剗去，改榜東景星、西慶雲，傳爲前朝惲薇孫學士毓鼎手筆。電車開行，兩坊拆去，其地名尚仍舊。

正陽、崇文、宣武、朝陽、阜成五門，明初猶沿元代之舊稱，爲麗正、文明、順承、齊化、平則門，至英宗正統初始改今名。其東直、西直二名則改於成祖永樂中，惟安定、德勝二門定名在太祖初克元都時，爲最早。東安門燬於壬子第三師兵變。

明世宗嘉靖三十二年始築京師外羅城，朝命正陽外門名永定，崇文外門名左安，宣武外門名右安，大通橋門名廣渠，彰義街門名廣寧。見孫北海《春明夢餘録》。

崇文門俗呼哈達門，或書作「海岱門」，泰西人或書作「海大門」「哈德門」，是皆由「哈達」二字之轉。《日下舊聞考》引《析津志》，文明門即哈達門，哈達大王府在門内，因名。按：哈達王府不能詳其所在，以當時文明門址證之，當在今東單牌樓之北。

崇文門俗稱海岱門，左安門俗稱礓礤門，廣渠門俗稱沙窩門，宣武門俗稱順承門，廣寧門俗稱彰義門，朝陽門俗稱齊化門，阜成門俗稱平則門，見吕毖《明宫史》。前代已然，不自近時始也。

右安門，乾隆時或沿金源之舊稱爲豐宜門，以豐宜舊址適與相近故也，見紀文達《閱微草堂筆記》。今則通呼之爲南西門，以其方位在外城南面之西也。廣寧門，今亦沿金舊，通呼爲彰義門，道光朝又因避諱改書廣安門。彰義或書作「彰儀」，平則或書作「平子」「瓶子」。又沙窩門，土人呼爲沙鍋門。法石帆學士式善《萬柳堂記》書作「沙河門」。又北郊東土城之光熙門，明人奏疏或書作「廣禧門」，皆口舌筆墨之失也。

京師城門裏九外七，並皇城四門，其扁額皆滿漢合璧。鼎革後，除東安門額燬於復辟兵火外，其他各門漸將清字剗除。今以漢音追紀如下，以存鴻爪：正陽門，托卜順尼都喀。崇文門，舒博倭什呼勒呼都喀。宣武門，霍倫博阿勒金布呼都喀。朝陽門，順博河里哈都喀。阜成門，額勒金尼穆特赫都喀。東直門，托卜德呼基都喀。西直門，托卜斡呼基都喀。安定門，額勒赫托克托霍都喀。德勝門，額呼德穆衣額特赫都喀。永定門，恩特赫墨托克托霍都喀。左安門，哈斯呼額呼基額勒赫鄂布呼都喀。右安門，伊齊額呼基額勒赫鄂布呼都喀。廣渠門，額衣二合特恩二合博哈芬布呼都喀。廣寧門，額衣二合特恩二合博額呼赫鄂布呼都喀。東便門，德呼基伊勒東阿都喀。西便門，斡呼基伊勒東阿都喀。天安門，阿、閏額勒赫鄂布呼都喀。地安門，那衣額勒赫鄂布呼都喀。東安門，德呼基額勒赫都喀。西安門，斡呼基額勒赫都喀。禁城從略。

宫禁城闕扁榜，凡門字皆雙直無鉤踢。鉤踢屬火筆，不書，此厭火災也。見明馬愈《馬氏日鈔》。各城門榜亦然。

城門設鐵璈，晨夕啓閉，鳴以警衆。璈，球屬，即雲版也，俗呼曰點。惟崇文門乃一鐵鐘，莫明其故。都人有「九門八點一口鐘」之諺。

崇禎甲申四月三十日，李自成西奔，天明，宫殿及太廟俱被焚燬，止存武英殿。午間，九門亦火，止留大明門及正陽門、東西江米巷一帶未燒。見計六奇《明季北略》。今正陽門於光緒庚子被焚，修復後旋又改易形勢。然則京師九門並宫禁多非明代舊物矣。

《舊聞考》引《稗史彙編》，北京正陽門無敢出喪，餘皆不禁。大明門雖空棺亦不許過，各門空棺亦不許舁入。大明門即遜朝之大清門，今之中華門。又前明在京大小喪柩，得於安定、西直、東直、阜成、崇文、宣武門發引，餘三門不許喪柩出，見吕毖《宫史》。三門，謂正陽、朝陽、德勝也。蓋以正陽門爲天子當陽，正朝出治之所，德勝門乃當時帝后大喪移陵所經，故不許民間出喪，惟朝陽門不詳其故，豈以東方陽生之地，不令見陰死氣歟？遜朝順治二年四月，諭民間喪葬不許出正陽門，餘無所禁。限制較前明爲寬。

《金吾事例》：順治十一年，兵部議奏：白塔山設立號桿五根，並龍旗、燈籠，九門亦設立號桿，各給龍旗、燈籠。按：白塔山即今西苑北海之瓊華島，號桿俗呼五虎桿，塔山及各城樓舊時皆有之，例分晝夜懸旗燈，與信礮相應，用以告密。光緒庚子後，日漸坼廢。相傳明末闖寇至京，姦人内應，城未破而各城五桿齊懸陷落之號燈，則似前朝便有此制矣。

内城九門之甕洞各有神廟，正陽門東大士、西關帝廟各一，朝陽門馬王、二聖廟一，東直門大士、關帝廟一，安定、德勝二門各真武廟一，餘門皆關帝廟，載之《金吾事例》。愚以爲東方七宿，房爲天駟，故朝陽門祀馬王。他如遜朝太僕寺署在正陽門内之東，内務府之上駟院在宮城東華門内，兵部馬館在崇文門外，前代馬神廟、御馬圈皆在皇城内東偏，牧馬廠置於東郊之鄭村壩即東壩。俱此義也。北方玄帝所居，故安定、德勝門祀真武。又宮城神武門内、皇城地安門内外並北郊土城小關北皆有真武廟，亦本北極之義。安、德兩門廟各有篆額石刻，安定曰「玄天玉虚」，德勝曰「至聖仁威」。以方位言，乾西北，用仁威，艮東北，用玄天，當是刻石顛倒。又俗云此二門街不利開設韡帽店，以真武帝披髮跣足故。姑妄聽之。

遜朝乾隆間御定「燕京八景」，曰太液秋風，曰瓊島春陰，曰金臺夕照，曰薊門煙樹，曰西山晴雪，曰玉泉趵突，曰盧溝曉月，曰居庸疊翠，於舊名或因或革，皆製爲七言律詩，刻石分立西苑中海及瓊華島、朝陽門外東南、德勝門外西北土城、香山、玉泉山、盧溝橋、居庸關八處。按：燕京八景名目，往籍所載，互有異同。金《玥昌遺事》及洪武《北平圖經》曰太液秋風，曰瓊島春陰，曰道陵夕照，曰薊門飛雨，曰西山積雪，曰玉泉垂虹，曰盧溝曉月，曰居庸疊翠。王養濂《康熙宛平縣志》則曰太液晴波，曰瓊島春雲，曰金臺夕照，曰薊門煙樹，曰西山霽雪，曰玉泉流虹，曰盧溝曉月，曰居庸疊翠，係本之明張爵《五城坊巷衚衕集》，改「玉泉垂虹」爲「玉泉流虹」，餘皆仍舊。又明永樂時，吉水鄒中允緝有《燕山八景圖唱和詩》〔一〕一卷，見《四庫全書存目》。

宛平别有八景，見康熙王志，曰北海冰航，在水關。曰西湖蓮徑，在西直門外。曰梵宫塔影，在天寧寺。曰佛殿松陰，在報國寺。曰山軒御筆，在香山來青軒。曰竹墅龍湫，在碧雲寺。曰退谷水源，在卧佛寺水源頭。曰棲隱巖洞，在仰山滴水巖。邑人楊大年允長有七言律八景詩各一首，「佛殿松陰」作「道院石梅」，在顯佑宫。「退谷水源」「棲隱巖洞」一聯作「退谷觀源」「靈巖探勝」。其詠「北海冰航」有「雪滿遥山看畫圖」一語，其地應指今後海銀錠橋西至德勝橋一帶，近是，原註謂在水關，欠審。蓋水關在德勝門西偏，地勢偪仄，重以城垣所障，不能見山也。又「棲隱巖洞」乃合仰山棲隱寺及所屬滴水巖共言之，楊詩題曰「靈巖探勝」，並有「危岡」「斷崖」「仙乳」「石髓」，及「山靈」「抉竅」「點滴」「淋漓」諸語，亦衹專言滴水巖錘古洞，與仰山無涉。若「道院石梅」在地安橋東北步軍統領即提督衙門東顯佑宫，地屬東城，涉及大興縣境矣。

張茂節《康熙大興縣志》有自作《星臺曉望》等絶句八首，每首皆以四字爲題，二題爲一聯。蓋「燕京八景」外，宛平既有「北海冰航」八景，此則以「大興八景」儗之也。今照録之，增註其所在如下：曰星臺曉望，崇文門角樓北觀象臺。曰雲塔夕登，左安門内法藏寺，俗呼乏塔寺。曰滿井春遊，安定門外東土城光熙門内，巴圖魯公墳南，今知者甚少。曰漕艘午渡，朝陽東便門外牐河。曰魚塘濯錦，正陽門外天壇北金魚池。曰燕社鳴秋，京南采育鎮東南二十里。曰名刹古棠，左安門外弘善寺。曰亦園新柳。廣渠門内萬柳堂。詩曰：高臺千尺鬱嵯峨，曉色曈曚瑞靄多。自是虞廷齊七政，卻教掌上數星河。星臺曉望。浮圖聳峙碧霄間，法界森森萬象閒。放眼陵虚馳夕望，五雲繚繞萬重山。雲塔夕登。樹裹新豐有萬家，連錢寶馬七香車。京都士女逢佳日，競與春風鬥麗華。滿井春遊。閘河百二歷梯航[二]，玉食從來統萬方。但願太倉闕粟滿，遥看錦纜引牙檣。漕艘午渡。緑楊深鎖畫橋低，芳草油油接御隄。卻羡金鱗游化日，好吟在藻頌梟鷖。魚塘濯錦。舊壘新雛繞屋鳴，年豐社鼓報秋晴。從來上苑多蕃植，燕語呢喃話太平。燕社鳴秋。陰林紺宇鎖芳菲，淡著燕支冷翠微。留得春光供醉賞，朝回幾箇典春衣[三]。古刹名棠。盡日柔條漾麴塵[四]，三眠乍起緑初勻。長楊十萬方回獵，校馬誰爲獻賦人？亦園新柳。

明嘉靖中葉，張竹坡爵撰《京師五城坊巷胡同集》，世鮮傳本。共和壬戌[五]，梁節庵先生鼎芬自内府録出副本，吴興劉翰怡承幹刻以行世。劉氏又有《京師坊巷志》之刻，即《光緒順天府志》十三、十四兩卷提出別行者。張氏書有嘉靖三十九年庚申自序，所輯京城坊巷傍及郊坰，其名目近今多所訛改，或竟名實俱亡。茲就所知十擇七八，附註於下，用備考古。

中城南薰坊　東公生門即東長安門外南直兵部街之門。　東江米巷今名東教民巷及東交民巷。光緒庚子拳匪改名切洋雞鳴街。切洋謂刀殺洋人，雞鳴云以制鬼，實可噴飯。雖然，除匪衆外，無人稱道之。　王皇親、錢皇親宅王皇親宅，當是明憲宗孝貞純皇后弟瑞安侯源及崇善伯清、安仁伯濬所居，錢皇親宅，當是英宗孝莊睿皇后弟安昌伯錢承宗所居，其基址皆不可考。　臺基廠明工部五大廠之一，堆放柴薪蘆葦，今爲外國使館界，訛台吉廠。　錫蠟胡同今訛錫拉胡同。

澄清坊　煤炸胡同仍舊。　麻繩胡同或即今之麻線胡同，俟考。　乾魚胡同光緒初年尚仍舊，今改甘雨胡同。

明照坊　雙碾胡同今訛雙輦胡同。民間安得有雙輦？可笑。　戎政府俟考。或云即今之佟府夾道，民國改名同福夾道。　張皇親宅又發祥坊有張皇親街。考明皇親張氏有三家，一仁宗誠孝昭皇后父彭城伯麒及其子昶、弟惠安伯昇，一孝宗孝康敬皇后父壽寧侯贈昌國公巒及其子建昌侯延齡，以上二族於此兩地必各居其一，其遺址俱無可考。若熹宗懿安皇后父太康侯國紀，則遠在竹坡氏畫成以後矣。　豹房胡同今作報房胡同，或云明時豹房在此，非。

保大坊　中府草廠今名大草廠、小草廠。小草廠内有内務府俟姓鉅宅，現歸閩人柯氏，疑即廠址。　禮儀房即孀子府今衖名改榜迺茲府，不通之至。東偏路北貝勒載潤邸，當即禮儀房故址。或謂是熹宗乳母客氏所居，非。　東廠今衖名東廠胡同，明東廠外署在此。　翠花胡同仍舊。　剛太監胡同當是明初太監剛炳所居，俟考。　弓弦胡同仍舊。　彰武伯橋明彰武伯楊信第當在左近，或橋爲信及其子瑾、孫質、曾孫儒所修，因而得名。橋在今大佛寺東，舊有廟有碑，俗云廟上廟、橋上橋。光緒時修築馬路，廟碑皆廢，惟橋尚存，安得再讀其碑以證之？ 取燈胡同仍舊。 惠民藥局在大取燈胡同東口北路西，今成一不通行之小巷，猶名惠民局胡同，然其名不甚彰著。 天師庵草廠《八旗通志》尚有草廠胡同之名，今不存，現在之固倫榮壽公主邸及園亭當其故址。 眉掠胡同《旗志》及其他舊地圖皆有此名，今亦無存。

仁壽坊 錢堂胡同今名錢糧胡同。 馬定大人胡同今名馬大人胡同。 中兵馬司今名南兵馬司。 衛衚衕金吾左衛，即魏家衚衕。 仰山寺前後街俟考。今大佛寺後至南兵馬司兩間民居，疑即寺址。 山青太監胡同當即今之山老胡同。 汪紙馬胡同今訛汪芝麻胡同。 喇叭楊家胡同舊訛喇叭營，今改利溥營。 嘎嘎胡同〔六〕舊或訛賈家胡同，今仍名嘎嘎胡同。 鐵獅子胡同仍舊。

大時雍坊 西江米巷見前。 高坡胡同今訛高碑胡同。 養馬胡同今訛羊毛胡同。 麻繩胡同今名麻線胡同。 簾子胡同舊或訛作蓮子胡同，即今之新舊兩簾子胡同。 細瓦廠南門今之前後細瓦廠。 安富胡同或訛安府胡同、安福胡同。 衛營老府軍今之末英胡同。

小時雍坊 雙塔寺仍舊。 射所今名佚。 武功衛〔七〕舊訛蜈蚣衛，今仍名武功衛。 李閣老胡同仍舊。

鐵子王胡同今省「王」字。

安富坊 蠅子胡同俟考。 靈濟宫舊訛林清宫，今改名靈境。

積慶坊 陳皇親宅明世宗孝潔肅皇后父泰和伯陳萬言宅，遺址無考。 紅羅廠仍舊，應作紅籮廠。 太平倉仍舊。會州衛俟考。蔚州左衛俟考。海印寺橋西俟考。興化寺今其巷名興化寺街。定府大街仍舊，定國公徐氏邸當在此。崇國寺街即今之護國寺街。

東城明時坊　孝順牌胡同即今之孝順胡同。船板胡同〔八〕仍舊。礮作河即今之泡子河。馬絲縣胡同俟考。隨磨房胡同訛水磨胡同。麻繩胡同今作麻線胡同，東西城皆有此名。江聰胡同今訛江擦胡同。冠帽胡同今訛官帽胡同。明智坊草廠今之觀音寺草廠。吴老兒胡同今訛五老胡同。羅道士胡同俟考。姚鑄鍋胡同訛堯治國胡同。馬皮廠即今之馬匹廠。羅紙馬胡同當即今之芝麻胡同。趙堂胡同今作趙堂子胡同。馬姑娘胡同俟考。斧鉞司營訛福建司營。總鋪胡同或訛總捕胡同、總部胡同。南院今名佚。

黄華坊　吴良大人胡同訛無量大胡同。勾闌胡同遜朝設民政部於此，改名民政部街，今又改内務部街。演樂胡同仍舊，或訛眼藥胡同。東院今名佚。

思城坊　把台大人胡同明宣德間都督把台居此。按：把台本蕃人内附，與忠勇王金忠同時，今訛八大人胡同。炒米胡同訛炒麪胡同。鑄鍋巷論竹竿巷。

南居賢坊　王駙馬胡同仍舊。考明太祖女懷慶公主下嫁王寧，仁宗女真定公主下嫁王誼，英宗女嘉善公主下嫁王增，景帝女固安公主下嫁王憲，未詳何人宅此。宋姑娘胡同或訛送姑娘胡同，今改頌年胡同，有東西二衖。老君堂即洞陽觀今仍稱老君堂。汪家胡同仍舊。

北居賢坊　篴稍胡同仍舊，舊或訛鼓哨胡同、鼓手胡同。手帕胡同仍舊。楊二官胡同訛羊管胡同。

針匠胡同訛針線胡同。永康侯胡同明永康侯徐忠第在此，忠九世孫錫登，崇禎甲申城陷被害。今名永康胡同，省「侯」字，有前後二街。又安定門街別有永康胡同，乃極樂寺所改者。

朝陽東直關外　袁老人胡同訛元老兒胡同〔九〕。麈鹿房訛張老房。

西城阜財坊　鑄鍋廠王恭廠訛王公廠。蕭家橋俟考。河漕即今之南溝沿。石駙馬街明宣宗女順德公主駙馬都尉石璟第在此，今稱石駙馬大街。沙窩兒俟考。找馬河俟考。椶帽胡同訛宗帽胡同。白帽胡同俟考。

咸宜坊　纓子胡同仍舊。豐城胡同明豐城伯李彬第疑在此。彬九世孫開先，崇禎甲申死於賊。今訛豐盛胡同。西城兵馬司今稱兵馬司，省「西城」字。西院勾闌胡同當即今之院兒胡同。甎塔胡同仍舊。

鳴玉坊　熟皮胡同舊訛臭皮胡同，今改受璧胡同。泰寧侯胡同明泰寧侯陳珪第在此，遜朝道光時以避諱，改稱泰安侯胡同。大橋胡同俟考。武安侯胡同明武安侯鄭亨第在此，俗訛武王侯胡同。帽兒胡同仍舊。燕山衛胡同俟考。響鈴寺舊址今爲寶興齋香燭店，寺名仍在。供用庫胡同訛公用庫。

金城坊　金城坊胡同訛錦什坊街。濟州衛新房訛機織衛。麻線胡同仍舊，有大小二街。許遊擊胡同當即今之遊擊胡同，遜朝道光間散樗老人蔣祥墀寓此。砂鍋劉胡同訛砂鍋瑠璃胡同。

河漕西坊　大橋胡同舊訛大腳胡同，今改大覺胡同。阜成廠即竹木廠訛豬毛廠。陳信家胡同有二街，訛作大陳線、小陳線，今改大乘巷、八寶巷。西新倉即廣平庫今名前黄平車、後黄平車。永清左衛胡同當即今之北魏胡同。北新草廠疑即今之南北草廠。揀果廠仍舊。或訛作堅廠。

朝天宫西　椶帽胡同與前阜財坊巷名皆訛作宗帽胡同。安成家胡同今省稱安成胡同。

阜成西直關外　會城門仍舊。羊房店仍舊，俗又呼楊妃店。蓮花池仍舊。打靛廠俟考。哀忠墓俟考，即唐太宗收葬征東陣亡將士處。釣魚臺仍舊，俗又呼望海樓。魯姑村舊亦作魯郭。東安祖舊亦作安祖砦。八里莊仍舊。田村仍舊。工村仍舊。石井村仍舊。黄村仍舊。磨石口仍舊，古燕磨室宫疑在此。北新安仍舊，或書「新」作「辛」。畏吾村訛魏公村。廣源閘仍舊。麥莊橋仍舊，或訛埋鐘橋。南中北務仍舊。門頭村仍舊，又俗呼饅頭村。南海店「店」今書作「淀」又作「甸」。牛欄莊訛六郎莊，或云三十六郎莊，潤色之，作柳浪莊。

南城正東坊　孝順牌胡同今省作孝順胡同，有南北二衖。欒敬胡同訛鑾慶胡同。鮮魚巷今作鮮魚口。羊房草場一至十條胡同今止云草廠某條胡同。豬市口東「豬」訛「珠」。蘆葦園今作蘆草園，有南北二園。金帽兒胡同訛巾帽兒胡同。唐洗白街或作唐洗帛街。

正西坊　楊氈胡同當即今揚梅竹斜街。五聖廟俟考。筒子胡同訛桐梓胡同。新火神廟俟考，火神廟夾道疑即指此。章家橋訛臧家橋。王皮胡同仍舊。留守衛營今省「營」字，又俗呼柳樹街。張善家胡同訛掌扇胡同。寄骨寺即萬善寺，即今之給孤寺。

正南坊　寶雞巷訛保吉巷。響鼓廟訛相公廟。粉房劉家街訛粉房琉璃街。柏樹胡同訛百順胡同。留守衛營與前重複。五道廟仍舊。要兒胡同即今之鷂兒胡同。養羊胡同仍舊。埋馬墳俟考。

崇北坊　崇恩寺即元之崇恩福元寺，在今花兒市四條胡同。保慶胡同「保」或訛「寶」。唐刀兒胡同

「唐」或訛「餹」。

崇南坊　力士營訛利市營。表杆胡同今書標杆胡同。三忠祠仍舊。按以下四處皆在羅城以外。張氏此書雖有嘉靖三十九年自序，究其脱稿當在三十一年興築外城之前，所以仍隸於崇南坊也。頭閘二閘在其東。高碑店仍舊。東西郊亭今之大小郊亭。

宣北坊　打狗巷今之大溝巷。海波寺街訛海北寺街。騙馬張胡同俟考。虎房橋「房」訛「坊」。麻線胡同仍舊。魏染胡同仍舊。將軍教場一二三四五條胡同今省「將軍」二字。

宣南坊　打劫巷今之大吉巷。包頭張胡同訛包頭章胡同。賈哥胡同今作賈家胡同。繩匠胡同訛丞相胡同。季英家橋俟考。教子胡同仍舊。棺材尚家胡同今云官菜園上街。爛麪胡同仍舊，或故書作嬾眠胡同、爛漫胡同，皆潤色之筆。

白紙坊　燕角兒訛線閣、煙閣，有南北二街。露澤園藏暴屍，俟考，或即今之萬人坑。老軍地訛老君地。相國寺俟考。崇教寺今崇效寺。嘉蔬署菜户俟考。乾石橋街南俟考。彰義門此指金中都彰義門舊址而言，羅城未築，非謂今之廣安門也。詳《燕京故城考》。官園菜户營仍舊。柳巷村今呼柳巷兒。「巷」讀如「桁」。管頭村仍舊。豐臺仍舊。雞鵝房俟考。長生觀草橋草橋仍舊，長生觀在草橋西南半里許，現已廢爲民居，而其名尚依舊。《光緒順天府志》以右安門内牛街西南之道士觀爲長生觀，非，互見《燕京故城考》。

北城教忠坊　陶家胡同疑即今之桃條胡同。香胡同今作香餌胡同。土胡同非今之土兒胡同。花豬胡同訛花枝胡同。水塘胡同訛水獺胡同。

崇教坊　武德衛營訛五道營。

昭回靖恭坊〔一〇〕　炒豆兒胡同仍舊。秦家胡同今作秦老兒胡同。北城兵馬司今名北兵馬司。局兒胡同訛駒兒胡同、菊兒胡同，有大小二衖。裟衣寺胡同今作蓑衣胡同，西端有福祥寺，爲喇嘛所居，今屬前衖，疑即裟衣寺舊址。宣家井胡同訛井兒胡同。沙家胡同訛沙井兒胡同。雨籠胡同訛雨兒胡同。何紙馬胡同訛黑芝蔴胡同。余舊同寅武選郎繼澍民恩居此衖，其名刺書「禾芝蔴胡同」。醋胡同今作醋兒胡同，有南北中三衖，臨鼓樓東衖。方甎廠仍舊，明金殿廠舊址，在此衖北。鑼鍋巷訛鑼鼓巷，有南北二衖。布糧橋「布」舊或作「步」，亦作「部」，後訛東不壓橋。兵仗局外廠訛兵將局或冰漿局。

靈椿坊〔一一〕　分司廳順天府街分司廳胡同仍舊，《八旗通志》訛作粉子亭胡同〔一二〕，相傳東口外廣合軒茶肆即廳之遺址。解家胡同訛謝家胡同，東口外有德三元羊肉鋪，其燒羊肉最馳名，道光時《都門紀略》便已載入。車轒店淨車廠車轒店胡同仍舊，或故書作伽藍殿胡同，或訛作車輦店胡同。

金臺坊　倒鈔胡同元崇仁倒鈔庫在此，今作寳鈔胡同，中一小巷訛名倒沙胡同。豆腐陳胡同訛豆腐池胡同。趙府胡同即今之趙府街。鍋腔胡同訛國祥胡同。碾兒胡同仍舊。

日中坊　越橋海子橋即今之三座橋。考《明順天府志》圖，橋實三座相聯，今僅存其一。築馬路時，在今橋之南掘見其二，當時仍埋土中未動。銀錠橋仍舊，現已改平，不成銀錠形矣。打魚廳斜街今之煙袋斜街，打魚廳俟考。

乾石橋今名乾水橋，以別於西單牌樓北之乾石橋。廣化寺街疑即今之鴉兒胡同。馬廠胡同今之前後馬家廠，舊或作馬公廠、馬轎廠，有前中後三衖。漿絳房浣衣局，訛蔣養房。李廣橋仍舊，或作李公橋，或故書作藜光橋。哱囉倉即今之笸籮倉。

發祥坊　三保老爹胡同「爹」疑「爺」字之誤，即明三寶太監鄭和所居，今訛三不老胡同。

劉漢胡同訛劉海胡同。張皇親街今作張皇親胡同。張皇親見明照坊下。

安定、德勝關外　土城，燕城古薊門，今止存二土阜，林木蒼翠。見前。按：京師地名近來往往率意更改，十姨髭鬚，每致故迹舊事不可尋問。如嬭子府之爲迺茲府，佟府夾道之爲同福夾道，靈濟宫之爲靈境，齊州衛之爲機織衛之類，甚屬無謂。又如驢市胡同之改禮士，驢内胡同之改禮路，噎脖子、抹脖子胡同之改宜百子、墨盒子，以及悶壺盧罐〔一三〕、雞鴨市、鬼門關、苦水井、豬尾把、狗尾把、鐔子、棺材等名之改蒙福禄館、集雅士、貴人關、福綏境、知義伯、高義伯、談字、光彩諸名，是皆不過嫌其名色不良，易以吉祥語句，猶有道理。至如故意增減筆畫，西十庫、十刹海、十方院必作西什庫、什刹海、什方院，新寺、新莊、新店必作辛寺、辛莊、辛店，又如都城闤闠近喜標名某某里字，有如鄉村，士大夫公牘私札亦習用之，豈不可笑。愚以爲更易坊巷名稱，其有所本者，悉宜從古。其原無來歷者，始可任意爲之。事雖瑣屑，有時於歷史考古亦甚有重要關係也。

前朝以八旗營制分布京城，不用坊名。北城正黄旗居德勝門，鑲黄旗居安定門，東城正白旗居東直門，鑲白旗居朝陽門，西城正紅旗居西直門，鑲紅旗居阜成門，南城正藍旗居崇文門，鑲藍旗居宣武門。每旗分滿洲、蒙古、漢軍三固山。固山乃清初固薩之代字，中土無漢名，強名曰旗。八旗凡二十四固山，每固山滿洲、漢軍各設甲喇五，蒙古固山設甲喇二。

甲喇乃札蘭之代字，義爲節段，後定漢名爲參領。每甲喇設牛录，無定數。牛录乃呢嚕之代字，義爲箭，後定名爲佐領。八旗官兵各按本旗地面居住，關於旗籍事務悉由本旗都統公署主之，其涉於地方巡徼及旗民詞訟案件，則併外城四郊營汛悉隸於步軍統領。內城各街巷八旗，分段官廳九十九座，內圓明園一座，堆撥（清語曰朱車）七百三十五座，栅欄一千二百十九座，更房一千一百零二間，皆步軍統領所屬。《八旗通志》，八旗分爲兩翼，左翼則鑲黄、正白、鑲白、正藍四旗也，右翼則正黄、正紅、鑲紅、鑲藍四旗也。其次序皆自北而南，向離出治。兩黄旗位正北，取土勝水；兩白旗位正東，取金勝木；兩紅旗位正西，取火勝金；兩藍旗位正南，取水勝火。水色本黑，而旗以指揮六師，或夜行，則黑色難辨，故以藍代之。

兩翼八旗地面及旗營、公署、學校並步軍統領所屬各旗官廳一覽表（光緒庚子以前）

翼	旗	固山	甲喇	八旗地面	本旗公署	前鋒公署	護軍公署	宗學	覺羅學	官學	步軍協尉	步軍甲喇廳
左						本司胡同		史家胡同			皇城内三座門邊東路北	
	鑲黃			鼓樓至北新橋，北新橋大街北城根至府学胡同東口			北新橋東		香餌胡同	前圓恩寺胡同		皇城内工部廳景山後東邊路北
		滿洲			交道口東						交道口路北	
			頭	鼓樓東大街至經廠								國子監西口外路西
			二	經廠至六交道口大街轉南，至棉花胡同東口								鼓樓東灣路北

續表

兩翼八旗地面及旗營、公署、學校並步軍統領所屬各旗官廳一覽表（光緒庚子以前）

				三	南鑼鍋巷北口至兩口兩傍胡同，東至交道口南大街，西至地安門大街								地安橋北路東
				四	交道口東大街至北新橋轉南，至香兒胡同東口								交道口東梁家灣口外路南
				五	香兒胡同南至府學胡同，北至錢局各胡同之周圍								大興縣西口外路西
			蒙古			東直門北小街草廠胡同						北新橋路北	
				六	交道口北大街至安定門								雍和宮前路東

續表

兩翼八旗地面及旗營、公署、學校並步軍統領所屬各旗官廳一覽表（光緒庚子以前）

				七	北鑼鍋巷南口至北口兩傍之胡同								白廟大街路西
			漢軍			炒豆兒胡同東口外路東						東直門小街口路北	
				頭	北新橋大街北至方家胡同東口								
				二	方家胡同東口北至城根								南廳東直門海漫下路北
				三	交道口北路東各胡同								
				四	北新橋北路東柏林寺前各胡同								北廳胡家圈東口外邊北路西

續表

兩翼八旗地面及旗營、公署、學校並步軍統領所屬各旗官廳一覽表（光緒庚子以前）

				五	東直門北小街南口北至城根路東各胡同								
		正白			府學胡同東口南，過四牌樓至報房胡同口，由皇城根東至大城根			十條胡同		十條胡同	新鮮胡同		皇城內工部廳三座門西邊路北
			滿洲			朝陽門南小街老君堂						東西牌樓路東	
				頭	棉花胡同東口橋大街南至大佛寺								東四牌樓東雞鵝市路北
				二	大佛寺南至報房胡同西口								寬街東口路西

兩翼八旗地面及旗營、公署、學校並步軍統領所屬各旗官廳一覽表（光緒庚子以前）

續表

				三	皇城東邊由寬街南，至雙碾胡同各胡同								適景花園東口外路西
				四	南剪子巷南至馬大人胡同大佛寺兩傍之各胡同								十條胡同西口外路東
				五	馬市西口東至四牌樓隆福寺周圍之各胡同								五條胡同東口外路西
			蒙古			報房胡同						馬市西口路西	
				六	府學胡同東口循大街南至五條胡同								大佛寺東口路西
				七	五條胡同南至四牌樓								馬市大街路北

續表

兩翼八旗地面及旗營、公署、學校並步軍統領所屬各旗官廳一覽表（光緒庚子以前）

			漢軍			報房胡同						朝陽門小街口路北	
				頭	北新橋大街東至東直門								
				二	北新、海運、興平、南新、舊泰、富新六倉門附近各地								東廳朝陽門海漫下路北
				三	東直門南小街北口内路西胡同，通大街。南至宋姑娘胡同，十一條胡同北								
				四	北新橋南大街十條、九條、八條、七條、六條胡同								後廳舊太倉東南南路北

兩翼八旗地面及旗營、公署、學校並步軍統領所屬各旗官廳一覽表（光緒庚子以前）

				五	五條、四條、三條、二條頭條胡同								
		鑲白			報房胡同東口循大街南至單牌樓，由皇城根東至大城根		驢市胡同		新解胡同	象鼻子坑			皇城内工部廳北地子口南路西
			滿洲			鴿市西口外						燈市口大街路北	
				頭	東廠胡同東口循大街南至阮府胡同東口								燈市口東口路東
				二	阮府胡同東口至東長安牌樓								鴿市大街路西

續表

兩翼八旗地面及旗營、公署、學校並步軍統領所屬各旗官廳一覽表（光緒庚子以前）

					三	翠花胡同南經東安門大街至霞公府							西堂子胡同東口外路西
					四	東長安牌樓至東單牌樓							東四牌樓南路西
					五	燈市西口东至四牌樓南，此兩街各胡同南至頭條胡同							八面槽路東
				蒙古			乾魚胡同					東安門外丁字街路東	
					六	東四牌樓南循大街至堂子胡同							吳良大人胡同路北
					七	堂子胡同南至東牌樓							趙家樓胡同路北

續表

兩翼八旗地面及旗營、公署、學校並步軍統領所屬各旗官廳一覽表（光緒庚子以前）

			漢軍			燈草胡同						總捕胡同西口外路西	
				頭	東四牌樓東循小街至南北大街口								
				二	小街口東至朝陽門								東廳總捕胡同東城根路東
				三	禄米倉周圍之啞叭胡同、方家胡同一帶								
				四	南小街史家胡同、乾麵胡同、小啞叭胡同								西廳米市大街路西
				五	羊尾把胡同、堂大胡同、石大人胡同、楊儀賓胡同、總捕胡同								

續表

兩翼八旗地面及旗營、公署、學校並步軍統領所屬各旗官廳一覽表(光緒庚子以前)

		正藍			東單牌樓西至崇文門，天安門前金水橋東至大城根			乾麵胡同		大阮府胡同	東單牌樓新開路		皇城内工部廳南地子口内路東
			滿洲			本司胡同						東單牌樓裱褙胡同西口外路西	
				頭	東長安牌樓西入長安門，至天安門前金水橋								貢院西門外路西
				二	新街南頭至北頭								麻線胡同西口外路西
				三	宗人府南經户部周圍至中御河橋								頭條胡同東口外路西

兩翼八旗地面及旗營、公署、學校並步軍統領所屬各旗官廳一覽表（光緒庚子以前）

				四	中御河橋至洪廠胡同北口								東長安牌樓路北
				五	洪廠胡同口北至長安牌樓								北御河橋路北
			蒙古			本司胡同						崇文門海漫下路東	
				六	東單牌樓南循大街至崇文門								賣羊肉胡同東口外路西
				七	東江米巷東口西至洪廠胡同								泡子河路北
			漢軍			本司胡同						棋盤街下馬牌路西	
				頭	觀音寺胡同東至貢院西門								

續表

兩翼八旗地面及旗營、公署、學校並步軍統領所屬各旗官廳一覽表（光緒庚子以前）

				二	羊肉胡同西口東至水磨胡同								東廳東江米巷東頭路北
				三	褲襠胡同西口至東口								
				四	蘇州胡同西口東至馬皮廠北口								西廳江米巷中間路北
				五	船板胡同西口東至馬皮廠南口								
	右						巡捕廳胡同		西單牌樓絨綫胡同			皇城内鴛鴦橋邊西路東	
		正黃			鼓樓西至新街口大街、北城根，南至馬狀元胡同西口			曹老公觀後寬街		北衛兒胡同	祖家衛		皇城内工部廳景山後西邊路北

續表

兩翼八旗地面及旗營、公署、學校並步軍統領所屬各旗官廳一覽表（光緒庚子以前）

			滿洲			德勝橋南						德勝門果子市路北	
				頭	鼓樓西舊鼓樓大街北至大城根								果子市路南
				二	舊鼓樓大街南口西循大街至八調灣南口								德勝橋路東
				三	八調灣南口循火街，經德勝門轉南至德勝橋								李廣橋路北
				四	煙袋斜街西經銀錠橋、李廣橋，至德勝橋大街								廠橋路北
				五	松樹街北口南至両藝王廟								鼓樓西灣路北

續表

兩翼八旗地面及旗營、公署、學校並步軍統領所屬各旗官廳一覽表（光緒庚子以前）

			蒙古			德勝門街石虎胡同						横街路北	
				六	松樹街南口西至德勝橋街轉北，至弘善寺胡同西口								協尉廳兼
				七	弘善寺胡同西口至德勝橋								西直門大藥局口外路北
			漢軍			西直門內丁家井						新街口路北	
				頭	護國寺街至棉花胡同南口、羅圈胡同西口								

續表

兩翼八旗地面及旗營、公署、學校並步軍統領所屬各旗官廳一覽表（光緒庚子以前）

				二	羅圈胡同西口連棉花胡同、廊房胡同、草廠胡同								北廳協尉廳兼
				三	漿家房東口至西口								
				四	新街口大街北至四條胡同東口								南廳當街廟
				五	四條胡同東口北至大城根及銅井								
		正紅			馬狀元胡同東口皇城根西至大城根			西四牌樓臭皮胡同		宮門口	報子胡同		皇城内工部廳西十庫口外路北

續表

兩翼八旗地面及旗營、公署、學校並步軍統領所屬各旗官廳一覽表(光緒庚子以前)

			滿洲			金城坊街						西四牌樓路北	
				頭	曹老公觀循大街,東經新街口轉南,至石老娘胡同東口								西四牌樓路南
				二	石老娘胡同東口循大街,經四牌樓轉東,至馬市東口								馬市橋路北
				三	皇城西邊北馬狀元胡同南至拐棒胡同之中間各胡同								太平街西口路北
				四	四牌樓西邊,北由石老娘胡同南至驢肉胡同中間胡同								雙關帝廟路西

續表

兩翼八旗地面及旗營、公署、學校並步軍統領所屬各旗官廳一覽表（光緒庚子以前）

				五	四牌樓西邊，北由供用庫南至衛兒胡同中間胡同								觀音寺東口外路東
			蒙古			阜成門內東水車胡同之東						宮門口路北	
				六	西直門街南邊草廠、柳巷、觀音寺、陳信、大腳等胡同								協尉廳兼
				七	北由大腳胡同南至苦水井中間各胡同								阜成門土地廟路南
			漢軍			卧佛寺街						馬市路北	

續表

兩翼八旗地面及旗營、公署、學校並步軍統領所屬各旗官廳一覽表（光緒庚子以前）

				頭	阜成門大街西至宮門口								
				二	宮門口東循大街至馬市橋								南廳協尉廳兼
				三	馬市橋北之蘇蘿蔔胡同、回子營								
				四	回子營北至茶葉胡同〔一四〕、翠花街								北廳太平倉東口外路西
				五	宮門口北至葡萄園東口								
		鑲紅			羊肉胡同南至單牌樓			抱子街		孟瑞胡同〔一五〕	頭髮胡同		皇城内工部廳光明殿口路南

續表

兩翼八旗地面及旗營、公署、學校並步軍統領所屬各旗官廳一覽表（光緒庚子以前）

			滿洲			石駙馬大街						西單牌樓南路西	
				頭	西四牌樓大街南經單牌樓轉東，至西長安牌樓								前王恭廠路西
				二	西安門外街南板場、廊房、醬房胡同、東斜街、細米胡同								絨線胡同西口外路東
				三	細米胡同南鐵子、把尾狗、背陰胡同、太僕寺街、李閣老胡同								都城隍廟街路北
				四	李閣老胡同向南東夾道，東岳廟、演象所、官磨房								邱祖胡同東口路北

續表

兩翼八旗地面及旗營、公署、學校並步軍統領所屬各旗官廳一覽表(光緒庚子以前)

				五	鐵子胡同向南堂子、石虎、武功衛、油房、茶葉、斜溝胡同、西夾道								抱子街口路西
			蒙古			石駙馬大街						頭髮胡同口外路西	
				六	西四牌樓街西粉子胡同、後泥灣、十八半截、豐城胡同								協尉廳兼
				七	豐城胡同北至兵馬司、院兒胡同、甎塔胡同								翠花街路西

續表

兩翼八旗地面及旗營、公署、學校並步軍統領所屬各旗官廳一覽表（光緒庚子以前）

			漢軍			石駙馬大街						兵部灣路北	
				頭	西四牌樓街西白廟胡同、半壁街								
				二	白廟胡同向北章子胡同、榆錢胡同、沈篦子胡同								西廳協尉廳兼
				三	千張胡同向南大木倉、羊圈、高井、口袋胡同								
				四	口袋胡同向南捨飯寺、皮庫胡同、東夾道[illegible]								東廳皮市路東

兩翼八旗地面及旗營、公署、學校並步軍統領所屬各旗官廳一覽表(光緒庚子以前)

續表

				五	東夾道胡同向南白廟、舊刑部街								
		鑲藍			西單牌樓南至宣武門、天安門前金水橋，西至大城根			屯絹胡同		玉带胡同	乾石橋西斜衛紅廟		皇城内工部廳西華門路北
			滿洲			華嘉寺胡同						乾石橋路西	
				頭	西長安牌樓東入長安門，至天安門前金水橋								乾石橋路西
				二	西江米巷北至長安街、中府、左府、四眼井周圍								羊肉胡同路南

續表

兩翼八旗地面及旗營、公署、學校並步軍統領所屬各旗官廳一覽表（光緒庚子以前）

				三	河漕東至石碑胡同、文昌閣、拴馬椿、馬神廟胡同							靈濟宮路南
				四	自獅子口向東，由皮市南口轉北至掃帚胡同西							缸瓦市路東
				五	西單牌樓南，由絨線胡同轉東至河漕沿、六部口、抽屜胡同、關帝廟胡同、牛肉灣							堂子胡同口外路東
			蒙古			太僕寺街						金城坊街扁擔胡同路東	

兩翼八旗地面及旗營、公署、學校並步軍統領所屬各旗官廳一覽表(光緒庚子以前)

				六	宣武門北至絨線胡同西口、油房胡同、南拴馬樁、翠花胡同、棗樹街								協尉廳兼
				七	中街、半壁街、前細瓦廠，新舊簾子胡同								學院胡同路東
			漢軍			西單牌樓東堂子胡同、寬街						西長安牌樓路北	
				頭	抱子街東口至西口								
				二	手帕胡同東口至西口								西廳協尉廳兼

續表

續表

兩翼八旗地面及旗營、公署、學校並步軍統領所屬各旗官廳一覽表（光緒庚子以前）

				三	鐵匠胡同東口至西口								
				四	石駙馬大街東口西至棕帽胡同								東廳西長安門路北
				五	頭髮胡同東口西至臭水河								

地安門内景山後大街兩傍建雁齒樓各三十三間，爲内務府三旗檔案房。每月之初内府旗丁齊集此處，關領錢糧。每歲春間更换宫女，各户悉於樓下排車備選。平時行人亦可於廊下來往，風雨稍便。共和壬戌，步軍統領圈佔爲新兵教練所，不久而步軍統領亦裁。兹將舊時所見表列於下：

東雁齒樓三旗滿洲旗鼓各佐領

房間	旗分	甲喇	固山	次序	隸屬	辦公處所	附記
一	鑲黃	頭	滿洲	頭	佐領	檔案房	東樓南向房間自東而西
二	〇〇	二	〇〇	二	〇〇	〇〇〇	
三	〇〇	〇	〇〇	三	〇〇	〇〇〇	
四	〇〇	三	〇〇	四	〇〇	〇〇〇	
五	〇〇	〇	〇〇	五	〇〇	〇〇〇	
六	〇〇	四	旗鼓	頭	〇〇	〇〇〇	
七	〇〇	〇	〇〇	二	〇〇	〇〇〇	東樓西向房間自南而北
八	〇〇	五	〇〇	三	〇〇	〇〇〇	
九	〇〇	〇	〇〇	四	〇〇	〇〇〇	
一〇	〇〇	〇	〇〇	五	〇〇	〇〇〇	
一一	正黃	頭	滿洲	頭	佐領	檔案房	
一二	〇〇	二	〇〇	二	〇〇	〇〇〇	
一三	〇〇	〇	〇〇	三	〇〇	〇〇〇	

續表

東雁齒樓三旗滿洲旗鼓各佐領

房間	旗分	甲喇	固山	次序	隸屬	辦公處所	附記
一四	○○	三	○○	四	○○	○○○	
一五	○○	○	○○	五	○○	○○○	
一六	○○	四	旗鼓	頭	○○	○○○	
一七	○○	○	○○	二	○○	○○○	
一八	○○	五	○○	三	○○	○○○	
一九	○○	○	○○	四	○○	○○○	
二〇	○○	○	○○	五	○○	○○○	
二一	正白	頭	滿洲	頭	佐領	檔案房	
二二	○○	二	○○	二	○○	○○○	
二三	○○	○	○○	三	○○	○○○	
二四	○○	三	○○	四	○○	○○○	
二五	○○	○	○○	五	○○	○○○	
二六	○○	四	旗鼓	頭	○○	○○○	

續表

東雁齒樓三旗滿州旗鼓各佐領

房間	旗分	甲喇	固山	次序	隸屬	辦公處所	附記
二七	〇〇	〇	〇〇	二	〇〇	〇〇〇	
二八	〇〇	五	〇〇	三	〇〇	〇〇〇	
二九	〇〇	〇	〇〇	四	〇〇	〇〇〇	
三〇	〇〇	〇	〇〇	五	〇〇	〇〇〇	
三一	鑲黄	五	旗鼓	六	佐領	檔案房	此檔案房應在第十房間之次
三二	正黄	五	旗鼓	六	佐領	檔案房	此檔案房應在第二十房間之次
三三	正白	五	旗鼓	六	佐領	檔案房	此檔案房應在第三十房間之次

西雁齒樓三旗漢軍各管領附滿洲高麗佐領及三旗公所

房間	旗分	甲喇	固山	次序	隸屬	辦公處所	附記
一	鑲黄	頭	漢軍凡管領下人皆漢軍旗	頭	管領	檔案房	西樓南向房間自西而東
二	〇〇	〇		二	〇〇	〇〇〇	
三	〇〇	〇		三	〇〇	〇〇〇	

續表

西雁齒樓三旗漢軍各管領附滿洲高麗佐領及三旗公所

房間	旗分	甲喇	固山	次序	隸屬	辦公處所	附記
四	〇〇	二		四	〇〇	〇〇〇	
五	〇〇	〇		五	〇〇	〇〇〇	
六	〇〇	三		六	〇〇	〇〇〇	
七	〇〇	〇		七	〇〇	〇〇〇	
八	〇〇	四		八	〇〇	〇〇〇	
九	〇〇	〇		九	〇〇	〇〇〇	
一〇	〇〇	五		十	〇〇	〇〇〇	
一一	正黄	頭		頭	管領	檔案房	
一二	〇〇	〇		二	〇〇	〇〇〇	
一三	〇〇	〇		三	〇〇	〇〇〇	
一四	〇〇	二		四	〇〇	〇〇〇	
一五	〇〇	〇		五	〇〇	〇〇〇	
一六	〇〇	三		六	〇〇	〇〇〇	

續表

西雁翅樓三旗漢軍各管領附滿洲高麗佐領及三旗公所

房間	旗分	甲喇	固山	次序	隸屬	辦公處所	附記
一七	〇〇	〇		七	〇〇	〇〇〇	
一八	〇〇	四		八	〇〇	〇〇〇	
一九	〇〇	五		一〇	〇〇	〇〇〇	以下兩房間次序顛倒
二〇	〇〇	〇		九	〇〇	〇〇〇	
二一	正白	頭		頭	〇〇	〇〇〇	
二二	〇〇	〇		二	〇〇	〇〇〇	
二三	〇〇	〇		三	〇〇	〇〇〇	
二四	〇〇	二		四	〇〇	〇〇〇	
二五	〇〇	〇		五	〇〇	〇〇〇	
二六	〇〇	三		六	〇〇	〇〇〇	
二七	〇〇	〇		七	〇〇	〇〇〇	
二八	〇〇	四		八	〇〇	〇〇〇	
二九	〇〇	〇		九	〇〇	〇〇〇	

續表

西雁齒樓三旗漢軍各管領附滿洲高麗佐領及三旗公所

房間	旗分	甲喇	固山	次序	隸屬	辦公處所	附記
三〇	〇〇	五		一〇	〇〇	〇〇〇	
三一	正黃	四	滿洲	六	高麗領佐	檔案房	以下兩間檔案房應在東樓第十五房間之次
三二	〇〇	〇	〇〇	七	〇〇〇〇		
三三	內務府			三	三旗公所		

五城察院坐落地方:中城西,江米巷西頭路北;南城,宣武門內東城根路北;北城,前紅井路北;東城,正陽門內西城根路北;西城,高碑胡同路北。

京城內外十四倉坐落地方:北新倉,東直門內南小街北口內迤東路南;俗呼老北門倉。富新倉,八條胡同東口外路東;俗呼西門倉。興平倉,十一條胡同東口外迤東路南;俗呼北門倉。舊太海運倉,慧照寺胡同東口外迤東路北;南新倉,中豆芽菜胡同北口外路西;俗呼東門倉。舊太倉,[illegible]、匠營北口外路北;俗呼南門倉。禄米倉,朝陽門內南小街禄米倉胡同路北;豐益倉,西北郊安河橋;本裕倉,北郊上清河;大萬安倉,朝陽門外北城根;太平倉,朝陽門外南城根；萬安東倉，日壇後身；儲濟倉，朝陽門外東南石路道嘴南邊；裕豐倉，東便門外橫橋。

京師內外城義學十五處地址：願學堂義學，西江米巷；正蒙義學，大牌坊胡同彌勒庵；誠正義學，南鑼鍋巷秦老兒胡同；勵學義學及惜字紙局，東江米巷；集善義學，東四牌樓西北大佛寺；崇正義學，崇文門內方巾巷；原在觀音寺胡同。篤正義學，石駙馬大街；集賢堂義學〔一六〕，西單牌樓〔一七〕頭條胡同；此處爲同治八年花翎鹽運使銜候選知府王海建。王字子江，行四。同光時承辦各省督撫駐京貢差事項，家資殷富，時以「貢王四」呼之。居阜成門外羅道莊，每至里門，必下車騎，步行以入。遇貧病孤寡，尤喜賙恤。嘗獨力捐建義學八處，都人至今稱道不置。以上內城。廣仁堂義學，爛麪胡同；興善堂義學，梁家園壽佛寺傍；惜字館義學，附設懷少局，梁家園；勉善堂義學，廣安門內北燕角口；資善堂義學，廣安門內大街；西悅生堂義學，皮庫營西；□□義學，廣渠門內育嬰堂。以上外城。王氏養正義學七處，皆候選知府王海建。一正陽門內半壁街，同治三年。一金城坊街武定侯胡同路北，同治十二年。一西四牌樓泰安侯胡同路南，光緒六年。一宮門口內苦水井路東，光緒二年。一西直門內南草廠路西，光緒三年。一瑠璃廠八角瑠璃井路南，光緒六年。一阜成門外四眼井。光緒八年。

遜朝及前明權要住址：姚廣孝第在西城二龍坑大木廠，今之鄭親王府。王道岸先生煜所述。劉瑾第在東城燈市口街路北，今之蒙古喀喇沁熙貝勒府，亦王氏所述。或云是嚴分宜第。《光緒順天府志》及小説《昇仙傳》云然。有人謂分宜自在外城騾馬市大街丞相胡同，地名即因分宜而得。都人惡其爲人，改爲繩匠胡同。燈市之邸乃其子世蕃所居。**魏忠賢第在東四牌樓魏家胡同，**亦王氏述。**或云在外城騾馬市大街，後人名其巷曰魏閹胡同，改爲魏染胡同。客氏第在西四牌樓西，或云在東安門外孀子府，非。**考明劉若愚《酌中志》，魏忠賢微時好僧敬佛，宣武門外柳巷文殊庵之僧秋月，乃賢所禮之名衲云。魏染胡同在柳巷之南，地址相近。魏與秋月相交，朝夕可以過從。彼居此街，其説近似。又云客氏私宅在正義街西迤西蓆市街北，而逆賢亦有一第便在街南斜對門不遠云云。正義街以方位地望言，是今西城四牌樓。《光緒順天府志》謂當在後門外，而附於鼓樓西斜街條下，欠審。蓋魏璫宅第當其全盛時應不止一處，魏染胡同似是未發迹時舊居，正義街則是既貴後與客氏相昵時所營者。觀「亦有」二字，是可知已。惟魏染胡同，嘉靖時《京師坊巷胡同集》便有此名，是非由魏閹得名而改者。魏家胡同似是忠賢別業，或其族屬，如肅寧府胡同之爲魏良卿第之類。若孀子府乃明代孀口習禮之所，非乳母客氏之謂。前人詩集有竟指爲奉聖夫人所居，發爲吟詠者，孟浪之至。**周延儒第在西單牌樓石虎胡同，相傳吴三桂曾居此第。**乾隆間裘文達曰修亦居此宅。光緒中皖人潘侍御慶瀾寓此，其長君彦初主政肇翰與余同司，所言如此。惟吴氏所居，三桂父襄往籍言在王府街二條胡同，又云在西江米巷。又有人謂三桂之東西王府即十刹海南宫房口西端之惇郡王允禩邸。余居十刹海時，嘗詢諸惇邸後人溥堯臣少將，並無實據。然則吴平西府之在石虎胡同，爲周宜興舊宅，似無可疑，否則必其子應熊額駙邸也。**孫可望第在臺基廠。明珠第在德勝橋東北，今之醇親王府。和珅第在三座橋西北，今之恭親王府。勝保第在朝陽門内大方家胡同。安得海第在地安門内蠟庫西口南岔路北。**

蔣一葵《長安客話》：先朝賜第有胡忠安濙、李文達賢、李文正東陽、張文忠居正。胡在麻繩胡同，文正在灰廠小巷李閣老胡同，張在五顯廟廟前張閣老胡同，文達在東邊王府街。

《野獲編》，京師人以都城内外所有作對偶，其最可破顏者，如孀子府對勇士營，椿樹餃兒對桃花燒賣，麻姑雙料酒對玫瑰灌香糖，舊柴炭外廠對新蓮子胡同。

《夢餘録》，都城舊日，如勾欄胡同何關門家布，前門橋陳内官家首飾，雙塔寺李家冠帽，東江米巷黨家鞾，大柵欄宋家靴，雙塔寺趙家薏酒，順承門大街劉家冷淘麪，本司院劉鶴家香，帝王廟街刁家藥，皆名著一時，起家鉅萬。至抄手胡同華家專煮豬頭，内而宫禁，外而勳戚，皆知其名，薊鎮將帥置走馬傳致，亦當日太平勝概也。按：以上所紀，皆前明京師商店，至今不過四五百年，竟至無一存者。遜朝則有地安門内偉像號冠帽，銀糧胡同内興隆官靴等，亦俱逐漸倒閉。詳另條。滄桑之幻，可慨也。

京師釣魚臺桃花，崇效、極樂、法源三寺海棠、牡丹、菊花，澄懷園、淨業湖荷花，潭柘桂花，皆稱極盛。見法式善《重刻有正味齋全集序》。

余存有同治十三年甲戌科新進士大字名片若干張，録其當時住址：狀元陸潤庠，前門外北孝順胡同椿記綢緞行；榜眼譚宗濬，米市胡同南海會館；探花黄貽楫，兵馬司中街南頭路東；傳臚華金壽，東珠市口天津試館；黄玉堂，海北寺街順德會館；何崇光，同上；張百熙，南横街圓通觀；白遇道，順治門外大街韓城南館；趙增榮，官菜園上街中間路東大門；辛家壽，東珠市口天津試館；吴講，宣武門外南半截胡同山會邑館；鍾家彦，椿樹頭條胡同咸寧會館；高燮曾，草廠七條胡同孝感會館；徐兆豐，菜市口揚州老館；王亦曾，延壽寺街長元吴會館；章洪鈞，椿樹頭條胡同績溪會館；陳存懋，西珠市口贛寧會館；陳光煦，教場頭條胡同中間路西工部顧宅；楊鼎昌，順治門大街咸長會館；楊欽琦，順治門大街球芝巷太倉會館；梁廷棟，海北寺街廣西三館；羅錦文，珠巢街成都會館；孫佩金，教場頭條胡同雲南會館；程莫珏，崇文門外東延旺廟前街宜黄會館。

各省會館設於都中，由前明嘉隆時始，見劉侗《帝京景物略》。

京城及四郊回教人之禮拜寺，共三十三所，内以東四牌樓之清真、牛街之禮拜、金城坊街之普壽、交道口二條胡同之法明四寺爲著云，始建於前明永樂時。

《明會典》：弘治十三年奏准，大明門前御道、棋盤並護門柵欄，正陽門外御橋、南北本門、月城，將軍樓、觀音堂、關王廟等處，作踐損壞者，俱問罪，枷號一箇月發落。大明門，元時朝門舊稱，明因之，以應符讖，雖名同而地異。遜朝改爲大清門，即今之中華門也。棋盤街即在門前，舊環石欄，久經拆去。相傳明末襄城伯李國楨與闖寇搏戰於此。甕城中之觀音、關帝二廟，弘治時即有之。觀音廟中有萬曆中修築都城碑。乃劉獻廷《廣陽雜記》謂大士廟爲崇禎中敕建，此祀洪督師承疇，而配關壯繆，後知洪生降，改祠大士云，言頗失檢。

東西長安裏門外，舊各有南北制如朝房之殿宇三楹，分祀道家所傳鎮守南天門八將，泥塐神像。今廢。蓋創於前明嘉靖時。

《明會典》又云，東西公生門朝房，官吏人等，或帶家小〔一八〕，或作造酒食，或寄放貨櫃，開設卜肆，停放馬騾，取土〔一九〕等項，作踐問罪，枷號一箇月發落。公生門即今東西長安門外，南達兵、刑兩部街之皇城外垣所開之門，殆取公生明之義，現仍存在，而形勢已改。

燕中書肆多在大明門之右及禮部門外、拱辰門西，花朝後三日則移於燈市，每朔望並下浣五日則移於城隍廟中，見《經籍會通》。拱辰門即公生門之訛，燈市在東城，城隍廟在西城。

孫之騄《二申野録》，乙丑嘉靖四十四年三月，大明門内西千步廊火。千步廊在舊大清門内，東西向，北至天安門橋前，左右轉如雁編齒形，制如朝房，計各一百四十四間。光緒中葉尚有之，今已拆去。

由天安門前金水橋南墺至中華門，所鋪横石計七百七十七條，特用三七之數，其義必有所取。

天安門内外各有華表柱二，柱端蹲獸若螭虎，名曰□□。門内者面向北，俗呼「望君出」，謂人君當以時巡省，間知民隱也。其在門外者面向南，俗呼「望君入」，謂不得久作外荒，流連忘返也。

天安門前東石獅胷偏右有指許小孔，俗傳爲闖賊箭痕，是因射承天門額而牽合故。又公生東門外迤東，外垣有剝落斜痕如劍器形者一處，雖頻年以蜃灰塗墁，不久仍落，云是李襄城國楨之鞭迹。光緒中，余嘗見之。現垣已拆改，無人稱說矣。

天安門、端門之東西門，石限圓鈍無廉隅，是數百年朝官衣裾所拂者，柔能克剛，可畏如此。

近年歷史博物館於闕門陳列鐵礮，闕右門一礮識云：「大明崇禎十二年季秋吉旦鑄造，重六千斤，欽命總督□門洪承疇」。謂由阜成門城樓移下者。按：阜成門箭樓舊有神機神樞礮一百八位、德勝銅礮一位、渾銅礮一位、法功礮二位、紅衣礮一位、木鑲銅礮二位、西洋銅礮一位、西洋鐵礮一位、信礮五位，强半皆前明所遺。又弓二十張、箭二百枝、撒袋二十副，腰刀二十把、長槍二十桿、鈎槍十桿、鳥槍二十桿、操槍二十桿，皆遜朝舊物，今俱不知去向。

天安門、端門各五門，中三門不啟，行人悉由東西畫旁門來往，而門甕深邃若迎來者，出入各由其一，則往往不值。明宣宗以李時勉得罪仁宗，使使者往縛已，又令王指揮即縛斬西市，毋入見。王出端西傍門，而前使者已縛時勉從端東傍門入，不相值，因得面帝問對，獲赦，即門甕深邃之故，爲李幸也。

午門正門三，中門乘輿所經，平時不啓，西門爲五門，庶僚只准走東門東西向之小門，由左掖、右掖，亦不常啓。重樓九間，雙闕高峙，俗名五鳳樓。明時廷杖於午門外施行，朝士亦殺亦辱，其視下真如草芥。至遜朝，併東西廠、鎮撫目悉行革除，錦衣衛亦奪其刑獄權。

明世宗母興獻王妃蔣氏奉迎將至京，禮臣上入宫儀，請由崇文門入東安門，皇帝迎於東華門，帝不許。再議，由正陽門入大明門、承天門、端門，從王門入宫，又不許。又世宗孝潔皇后陳氏，以后妃之間細故觸帝怒，驚悸墮娠，崩。喪禮敕從殺。葬之日，梓宫令出王門，給事中王汝梅諫，不聽。王門，諸王所出入，即午門三正門之西門也。

午門，今爲歷史博物館。樓上所藏貞石，除國子監移來舊物，又有元魏而下墓誌、經幢之類多種，皆近年洛陽等處出土者，館中印有價單，特記其名目如下：北魏元顯儁墓誌並蓋原注延昌二年二月，洛陽出土。石作龜形，文字雅令，書體遒麗，魏誌中絶無僅有之品云云。北魏洪懋卌餘人等造像記年月泐，舊在洛陽。書體端凝雄厚，甚似《修太公祠碑》。北魏侍中司徒公廣陵王元羽墓誌，景明二年七月洛陽出土。北魏比丘僧智等造像碑永安三年。後有隋仁壽二年四月三友村諸邑等造佛堂附記，碑陰並左右側均邑子等題名，平陽出土。西魏建義大都督巢山監軍鎮遠將軍前平陽令高凉令安平縣開國侯巨始光〔二〇〕造像碑大統六年七月，碑陰並左右側均邑子等題名，平陽出土。北齊江阿歡夫妻造像天保六年六月，定縣出土。與趙郡王高叡造像時地相同，故書體絶類。北齊光林寺尼靜妃造像天統四年三月，定縣出土。梁太子洗馬祕書丞仁化侯隨博州深澤縣令蕭公夫人袁氏墓誌無年月，文未竟，洛陽出土。隋息州長史崔志及夫人趙氏、繼室刁氏合葬誌唐貞觀元年二月，洛陽出土。唐滄州景城縣令蕭瑶墓誌【五角】貞觀十三年二月，洛陽出土。唐程寶安墓誌【五角】永徽四年□月，舊在國子監。唐鄭賓妻崔氏墓誌【二圓】唐隨徵士解深墓誌〔二一〕【五角】貞觀八年正月，洛陽出土。唐上開府上大將軍安延墓誌【五角】永徽四年四月，洛陽出土。唐顏相墓誌永徽五年四月，洛陽出土。唐行愛州司馬騎都尉李强墓誌【五角】永徽六年正月，洛陽出土。唐徐通墓誌【五角】永徽六年十二月，洛陽出土。唐呂德及夫人陳氏合葬誌【五角】麟德元年□月，洛陽出土。唐文水縣尉唐仁軌墓誌【五角】總章二年二月，洛陽出土。唐樂歸及夫人胡氏同窆誌【五角】上元三年五月，洛陽出土。唐滄州景城縣令蕭瑶及夫人杜氏合葬誌【五角】永隆二年二月，洛陽出土。唐東宮左勳衛騎都尉吉懷惲墓誌【五角】垂拱三年閏正月，洛陽出土。唐忠武將軍行右領軍衛涇州純德府折衝都尉上柱國邢思賢墓誌【五角】開元三年二月，洛陽出土。唐李府君〔二二〕夫人嚴氏墓誌【五角】開元二十九年七月，洛陽出土。唐藍田縣丞竇公夫人楊氏墓誌【五角】丁書巽，大曆十二年十一月，洛陽出土。唐支氏小娘子墓誌並蓋【五角】陳書巽，大中十年五月，舊在國子監。唐李夫人王氏墓誌【五角】顯慶四年五月，洛陽出土。唐王玄墓誌【五角】顯慶二年〔二三〕九月，洛陽出土。唐萬年宫監事趙宗墓誌【五角】乾封元年四月，洛陽出土。唐孫處信墓誌[二四]【五角】總章元年五月，洛陽出土。唐王令墓誌【五角】總章二年三月，洛陽出土。唐楊大隱墓誌【五角】咸亨三年十月，洛陽出土。唐辰州刺史費胤斌墓誌【五角】咸亨三年十二月，洛陽出土。唐張傑墓誌【五角】咸亨四年十月，洛陽出土。唐康杴墓誌【五角】永隆二年八月，洛陽出土。唐楊岳墓誌【五角】證聖元年三月，洛陽出土。唐蔡朗墓誌【五角】聖曆元年五月，洛陽出土。唐張方仁墓誌【五角】長安四年六月，洛陽出土。唐高知行墓誌【五角】景龍三年二月，洛陽出土。唐孫夫人李氏墓誌【五角】貞元十九年[二五]四月，洛陽出土。唐佛説佛頂尊勝陀羅尼神妙章句幢【八角】四面，大中三年三月，定縣出土。後晉佛頂尊勝陀羅尼經幢【一圓六角】八面，開運二年六月，洛陽出土。宋佛頂尊勝陀羅尼真言幢【一圓六角】八面，開寶六年五月，洛陽出土。宋郭文慶妻劉氏墓誌【五角】秦翔撰，張策書，張道清刻，嘉祐八年十月，舊在國子監。蘭亭序【三角】據《墨林快事》及《考槃餘事》二書，並云趙孟頫臨定武本舊在國子監御書樓下，後失所在。光緒中，於敬一亭下中掘出。樂毅論【三角】趙孟頫臨本，刻在蘭亭石背。爭座位帖【三角】趙孟頫臨本，舊在國子監御書樓下。古文孝經【八角】明蔡毅中集註，天啓三年刻石，舊在國子監西廂正堂壁間。丁香花詩並序【二角】康熙五十七年，謝履忠集《聖教序》《興福寺》二碑字刻石，舊在國子監御書樓下。仁宗睿皇帝御製喜雨山房記【四角】嘉庆十八年鐵保奉勅書，舊在國子監。樂毅論【四角】嘉慶十八年金特赫臨寫刻石，舊在國子監。石鼓文【一圓五角】光緒十二年，盛昱重摹阮氏覆宋本，舊在國子監韓文公祠壁間。石刻彝器圖【二圓】木刻彝器圖【二圓】彝器銘

【一圓】

元正各宫殿門神、對聯，於十二月二十六日工部委官張桂，二月初三日撤出貯庫。見《乾隆會典》。

禮親王昭槤《嘯亭續録》：崇德四年，文廟患國人不識漢字，命巴克什達文成公海繙譯國語《四書》及《三國志》各一部，頒賜耆舊，以爲臨政親範。定鼎後，設繙書房於太和門西廊下，揀擇旗員中諳習清文者充之，無定員。凡《資治通鑑》《性理精義》《古文淵鑑》諸書，皆繙譯清文以行。按：巴克什，亦作榜式，其音義與博士併同，爲文成之賜號，國語儒也。所繙《四書》，今匙傳本。現行之《繙譯四書》乃乾隆間儒臣重訂新語，改刊之本，高宗御製序頒行者。首頁序言漢字題曰《御製繙譯四書序》，坊間不察，輒題書簽爲《御製繙譯四書》也。《三國志》即舊本羅貫中《三國演義》，非今世行毛氏改訂、金氏批評者。《繙譯三國志》世不可覯，余藏有藍布封面高麗紙寫本第二十二卷一册，無漢字，其目録四則云：孔明秋夜祀瀘水，今本爲「祭瀘水漢相班師」。孔明初上出師表，今本爲「伐中原武侯上表」。趙子龍大破魏兵，今本爲「趙子龍力斬五將」。諸葛亮計取三城。今本「計」爲「智」。審其紙料、字體並墨色，知爲清初東都舊物也。

又乾隆壬辰，上以大藏佛經有天竺、番字、漢文、蒙古諸繙譯，然禪悟深邃，漢經中咒偈惟代以翻切，並未得其祕旨。清文句意明暢，反可得其三昧，故設清字經館於西華門内，命章嘉國師綜其事，達天、蓮筏諸僧助之。考取滿謄録、纂修若干員，繙譯經卷。先後凡十餘年，大藏告蕆〔二六〕，四體經字始備。初存經版於館中，後改爲實録館，乃移其版於五鳳樓。

又世宗硃批諭旨，付刻者祇十之三四，其未發者收藏保和殿東西廡中，若積山焉。

雍正間設封樁庫，存儲一切贓款、羨餘銀兩，在東華門内内園之東，文華殿對面，與鑾輿衛内庫鄰。

上書房爲皇子講讀之所，在乾清宫左，北向。南書房乃木天儲材之地，在乾清門右階下。其名稱同爲書房，外間多不明晰也。

在京各部院衙門陳奏摺件，例行丙夜由筆帖式等員匣入東華門，至景運門内九卿房備印片，交奏事官，入乾清門轉交内奏事太監進御。凌晨旨下，奏事官捧出乾清門丹陛，高呼各衙門接事。摺件每至百十匣，其諭旨除交内閣明發及由軍機處交發外，餘由奏事處即時交下，向以指爪於摺面畫痕，横爲「知道了」，豎爲「依議」。官員公罪議處，奉旨准其抵銷者，則向内折其下角。按明劉若愚《酌中志·本章經手次第》，凡有要緊處，即鈐闊一寸許白紙條，復於本上下空紙處用指甲掐一痕，即此事所由起。

明莊烈愍皇帝殉社稷，縊於煤山，太監王承恩殉。福王謚承恩忠愍，清世祖賜謚忠節。

即今景山五亭正東下，近山足之老槐是也。現此樹枯本復生孫枝，繚以短垣，並於樹身釘木牌，大書「明懷宗殉國處」六字，以存古迹。初清兵入京，攝政王以樹有弑逆罪，髠其首，鞭而鎖之。其鐵鍊於垣外馬上可見。余幼時猶記其鍊尚存。光緒庚子，洋兵入京，景山任人出入。余曾至其處尋覓，則烏有矣。按莊烈帝縊於煤山，王承恩從，故老相傳如此，亦見《泣鼎傳真録》及西蜀吴邦策之記載。又有謂崩於壽皇亭及巾帽局者。又江左鄒漪《明季遺聞》載崇禎帝縊於煤山之紅閣，云：紅閣者，先帝爲内操特建。司禮太監王之心跪帝膝前，引帶扼脰同死，所御玄色鑲邊白棉紬背心。傳聞異詞，似皆不確。

社稷壇闢爲中央公園，今又改名中山公園。某年陳一爨器，貯冷水，不火自沸，人多異之。或謂是諸葛行鍋。按《二申野録》，癸酉正德□□□年〔二七〕夏五月，平谷縣耕民得一釜，以凉水沃之，水即自沸。下有「諸葛行鍋」四字。其釜複層内有「水火」二字。又戊申嘉靖□□□年〔二八〕冬十月，長沙有兄弟二人開田掘土，獲一扛竃，置鍋，水即沸，可炊爨，不用柴炭。二人爭，送府。視其内有一小道士，篆「丙丁」二字於背，又有「諸葛行竃」數字。貯府庫，尚存云。所陳殆此類乎？獨是武侯遺物，何以出之燕北土中？事涉神怪，不可究詰矣。

丁巳仲冬，都人士設書畫展覽會於中央公園，振災事也。取券直助振，浹旬而罷。余於第三、五、六、七等凡四往，録所見如下。餘日未往，姑付闕如。〔二九〕

隆裕皇太后崩後，國民德太后之讓國，改君憲爲民主，可以致昇平也，集哀悼會於太和門。時余尚居北城方磚廠馬圈，慈君心有所感，携余往觀。是日天晴有風。入天安門、端門、午門，則見隨地皆白布聯，十八九皆「女中堯舜」及「登民袵席」詞句。太和門内楣懸太后像，半身，挽兩妃旗頭，帶病容。香花供品外，亦有僧衆奉誦經懺。不分男女，皆可直前瞻覽，有唏嘘泣下者。步軍統領衙門兵士彈壓之，秩序肅穆。惟是日欲散會時，出陛上有妓女爲惡少脱其鞋，飛擲空中，喝采隨之，雜以叫駡，瞬間諠聲四起，不分良莠，各處女鞋亦一同飛舞。兵士逐打，人民奔竄，如受風麥浪，不能自停。因之躧落鞋屐者，又復不少。事後會中地下樹上拾男女鞋多至數十，但多不成對。良善者咸垂首掩面，匆匆歸去。此間無車雇，但不知徒跣何以出禁門也！

協和門内門罩下北間檻柱上有鐵鍊一段，塗之以金，爲他處所無，雖天無微風，亦有纖毫之動。傳爲清聖祖微行訪案時系驢之處。

校勘記

〔一〕燕山八景圖唱和詩，《四庫全書總目》卷一百九十一曰：「《燕山八景圖詩》一卷，兩淮鹽政採進本。明永樂十二年，左春坊左中允吉水鄒緝等倡和之作也。」

〔二〕歷梯航，底本作「雇梯航」，據《（康熙）大興縣志》卷六改。

〔三〕典春衣，底本作「點春衣」，據《（康熙）大興縣志》卷六改。出自杜甫《曲江二首》「朝回日日典春衣，每日江頭盡醉歸。酒債尋常行處有，人生七十古來稀。」

〔四〕漾麴塵，底本作「淡麴塵」，據《（康熙）大興縣志》卷六改。（宋）王象之《輿地紀勝》卷第一百四十六録東坡《踏青》詩有「春江鱗鱗漾麴塵」，（清）陳維崧《湖海樓詩集》卷二《爲汪舟火題紅橋衰柳圖》詩有「盡日柔條漾麴塵」。

〔五〕共和壬戌，此處有誤。共和壬戌爲 1922 年，而梁鼎芬卒於 1919 年。劉承幹壬戌年撰《京師五城坊巷胡同集序》曰：「襄刻《京師坊巷志》，凡明代遺址及遼金元舊迹，亦依類附見。然但據前賢記載，名人題吟標以今名以著沿革而已，無專書可考也。番禺梁文忠公嘗入值内廷，見明張竹坡爵所編《京師五城坊巷胡同集》，知余方從事於此，録副見示。」《京師坊巷志》刻成於 1917 年 2 月，録副時間當在 1917 年至 1919 年之間。作者誤把刻書作序時間當成録出副本的時間。

〔六〕嘎嘎胡同，（明）張爵《京師五城坊巷衚衕集》作「噶噶胡同」，清初改爲同音的嘎嘎胡同。

〔七〕武功衛，（明）張爵《京師五城坊巷衚衕集》作「武功左衛胡同」。

〔八〕船板胡同，底本作「船版胡同」，據《京師五城坊巷衚衕集》改。

〔九〕元老兒胡同，民國年間王華隆繪製《北京四郊詳圖》、1958 年和 1986 年群眾出版社《北京市街巷名稱録》皆無「兒」字。

〔一〇〕靖恭坊，底本作「靖共坊」，據《京師五城坊巷衚衕集》改。

〔一一〕靈椿坊，《京師五城坊巷衚衕集》作「靈春坊」。（清）納蘭性德《通志堂集》卷十五作「靈椿坊」，引五代時馮道贈竇十郎詩「靈椿一株老」，「此靈椿所以名坊也」。《日下舊聞考》卷五十四、《（光緒）順天府志》卷十三皆襲此説，並增補（元）張翥《買屋靈椿坊》詩。

〔一二〕粉子亭胡同，《八旗通志》卷三十作「分司亭」，《日下舊聞考》卷三十七引《八旗通志》時改成「粉子亭」。

〔一三〕悶壺盧罐，《（光緒）順天府志》卷十三作「悶葫蘆罐」。

〔一四〕茶葉胡同，底本缺「同」字，據《八旗通志》卷三十、《（光緒）順天府志》卷十三補。

〔一五〕孟端胡同，《八旗通志》卷一百一十五、《（光緒）順天府志》卷九作「承恩寺街」。

〔一六〕集賢堂義學，底本作「集善堂義學」，據《（光緒）順天府志》卷六十二改。

〔一七〕西單牌樓，底本作「東單牌樓」，據《（光緒）順天府志》卷六十二改。

〔一八〕或帶家小，《大明會典》卷一百七十二、一百八十七作「或帶住家小」。

〔一九〕取土，《大明會典》卷一百七十二作「取土作坯撒穢」，卷一百八十七作「取土搬穢」。

〔二〇〕巨始光，底本作「臣始光」，據周錚《西魏巨始光造像碑考釋》改，載於《中國歷史博物館館刊》1985年（總第7期）。

〔二一〕唐隨徵士解深墓誌，周紹良《唐代墓誌彙編》題作「隋故征士解（深）君墓誌銘」。

〔二二〕李府君，底本缺「府」字，據周紹良《唐代墓誌彙編》補。碑名全稱「大唐故李府君夫人嚴氏墓誌銘並序」。

〔二三〕顯慶二年，底本作「顯慶八年」，據中國國家圖書館書目數據庫改。碑首題「□故處□□□墓誌銘並序」。因同一碑搨印多份，多處收藏，故可參考。

〔二四〕唐孫處信墓誌，底本缺「信」字，據中國國家圖書館書目數據庫改。碑首題「唐故孫君墓誌銘並序」。

〔二五〕貞元十九年，「九」字最初寫作「四」，涂改爲「九」。底本是在新紙上寫好粘貼到舊紙上的，「九」字被裁成兩半。中國國家圖書館書目數據庫作「貞元十九年」，碑首題「大唐前楊府參軍孫公亡夫人隴西李氏墓誌銘並序」。

〔二六〕告蔵，底本作「考蔵」，據（清）昭槤《嘯亭雜録》卷一改。

〔二七〕正德□□□年，此處癸酉年是正德八年，作者留待後補，多留出空白。

〔二八〕嘉靖□□□年，此處戊申年是嘉靖二十七年。

〔二九〕此下應爲書畫展覽會的目録，底稿剪掉。

北平市自治區坊所屬街巷衚里名稱録

北平市自治區坊所屬街巷邨里名稱録

目録

序言

斯賓塞爾有言曰：「人所以爲萬物之靈者，在群演之進而制之有分也。」是故吾人自圖騰社會，而宗法社會，而國家社會，其演進之序可知矣。在國家社會中，莫不有地方自治與中央政府相維相輔，此又制分之道也。北平承數百年故都之後，席二千一百餘方里之土地，擁百四十萬之人民，城之内外異其俗，郊之東西殊其習，今欲制之有分，以謀自治之完成，雖其困難萬千，而制分之始，要在劃定區坊。溯自十八年七月以迄於今，賡續三載之久，區坊之編制迺定。承湜追隨同人從事於斯者，亦已再易寒暑矣。爰以區坊所屬街巷村里勖爲一編，公之市民，其要義所在，可得而言焉。

吾人居於斯，長養於斯，力役於斯，鄰里互助，根諸古訓，而城郭以内，五方雜處，積習因沿，往往老死不相問聞，其社會胥視職業、鄉貫以組成，未聞街巷同居，有自然之結合。茲别爲規畫，一以道里遠近，户口繁簡，經濟盈虛爲歸，使其各成組織，創始固艱，樂成當易，此其一。昔者帝居所在，曾有坊區、兵衛之制，勒爲旗分。斯乃封建之餘，非演進之旨。今則根本釐正，使其城郊同治，將來教育、衛生、道路建設一切措施，必蕲平均發展，樹百年之大計，果其人自振奮，何庸官代爲謀？此其二。市内街巷村里達於數千，改革增損，累易厥名，重複互稱，曷從指數？ 吾人久居斯土，亦已莫能辨析，入境來游者，尤苦究詰。今者區坊分隸，各有定域，表而出之，瞭如指掌。此其三。至若依國家法令，賦予人民自治之組織及權責，吾友阜陽朱紹雲君業已備舉靡遺，勒於編首，無俟贅述。所望邦人君子，省覽斯編，感於群演之進必自制之有分始，而自治乃群演之極，劃定區坊，更爲制分之初基，群策群力，以達於民治、民有、民享之真諦，則斯編之製，或亦爲之嚆矢也歟。

杭縣吴承湜識

叙　言

北平昔爲首都，今爲隸屬於行政院之市。市區暫以舊步軍統領衙門所管之保衛區域爲界，東界通縣及大興縣，西界宛平縣，南界大興縣，北界大興、昌平、宛平三縣。東西最長直徑約七十五里，南北最寬直徑約五十二里，幅員二千一百五十二方里。分爲城郊二區，城區又分爲内城外城，自治區劃爲内城六、外城五，郊區分爲東西南北四郊，現劃爲第十二、十三、十四、十五四自治區。街巷共三千二百八十四條，村里共一千八百四十九個，棋布星羅，名稱繁多，生於斯長於斯之人士，往往不能全知其真相，新遷之户及暫遊之人，更有莫辨方里之感。坊間舊日雖有《畿輔通志》等書，近日又有《北平指南》等書出版，或則時間太久，名稱多有更易，或則汗牛充棟，檢閲諸多不便，更或則僅記其要而略其詳，未能窺其全豹。

現自治實行，又復分區劃坊，行政區劃及系統，比前更爲繁密。區坊公所所管區域及其公所之所在，均應爲市民必須周知之事，因區坊公所依法執行自治行政，或代行國家行政時，其一舉一動，均與全市各區各坊居民有利害之密切關係。反之，全市各區各坊居民個人之一舉一動，亦莫不與坊公所、區公所、市政府發生直接及間接之關係。如人事登記、公民審查、徵兵、納税、選舉、各種組合、改良風俗習慣，及其他一切自治行政、國家行政事項，或由下而上者，須居民會議、坊民大會、區民大會議決，而交由閭鄰長暨區坊公所執行，經市政府依法監督者，或由上而下者，如央命令市政府執行之國家行政事件，須委託區坊公所代爲辦理者，亦無不與人民本身發生密切之關係也。各國市制雖略有不同，然大體與中國現行之市制無異，即市政府一方面爲執行中央行政機關，同時而有監督自治行政之職責也，不過曰執行，曰監督，其性質上，一爲必須，一爲商権耳。

本市自治籌備經三年之久，區坊閭鄰俱已完成，區坊公所皆已成立，已執行自治行政之一部，并代行國家行政之一部，將見不久完成，即執行完全之自治行政，並或代行其他部分之國家行政，市民發生關係亦日益加多。倘市民尚不知區坊公所之所在，則所感苦痛與不便，亦必日益加甚。一坊居民，欲圖一坊自治事務之整理，則應注力於坊公所，一區居民，欲圖一區自治事務之興革，則應注力於區公所。因區公所、坊公所，爲該區該坊居民討論及施行自治行政而設，乃居民人人之事，非獨該區公所、該坊公所辦事職員數人或數十人之事也。如各坊居民注力於各該坊公所，則坊務必日有起色，區亦然。自治一事，乃人人之事，如上所述，即人人應以合理的方法，依法的請求，向各該本管坊區公所用力，則一區一坊治矣。而區坊公所執行自治行政人員，亦能向各該區坊居民宣達中央所訂之各種法令，及市政府領之各種單行法規，使居民奉法行事，並同時各級民意機關依合法手續，監督各級政府，亦依法行事。市縣省政府暨中央政府皆能如此，則全國治矣。此即所謂政治上軌道者是也。英美法日等國罔不如是，故能富且强也。

今爲便於市民洞悉所住之區坊界劃，及區坊公所所在地址，易於接洽起見，謹編《北平市自治區坊所屬街巷村里名稱録》，附以各該區坊公所所在地址，以廣發行而述其用意若此。世有達者，尚乞進而教之是幸。

朱清華謹叙，中華民國二十一年九月

北平市自治區坊所屬街巷衚里名稱録

凡例

一　本編係按照《自治區坊詳圖》及《自治區域編配概要》所載街巷衚里依次列入。

一　凡有較長街巷分爲兩坊或三坊，管轄者均按照《編配概要》，將各該坊所屬段落分别列入，并於下註明分界地點，以資明瞭。

一　本編所列閭鄰數目係第一次所編，嗣後如因户口遷移，門牌變更者，則從新調查修正。

一　本編所列區坊等公所均以最近所報地址編入，以後如有遷移，至再版時即行更正。

北平市自治區坊所屬街巷𨛏里名稱録

第一自治區 本區面積約合二十二方里，本區共四〇坊、三二四間，一七六〇鄰。

區公所　設於金魚胡同十九號

第一自治區第一坊本坊面積約合五十九萬二千五百十五方公尺，公所設於公安街甲十號。

公安街　東公安街　北公安街　東長安門　東長安街　南夾道（南段）北至大阮府胡同西口，與第二坊分界。　口袋胡同　霞公府　大紗帽胡同　小紗帽胡同　康家胡同　溝沿　大甜水井　小甜水井　梯子胡同

第一自治區第二坊本坊面積約合九萬零五百四十方公尺，公所設於南夾道如意里四號。

菜廠胡同　大阮府胡同　小阮府胡同　南夾道（北段）南至大阮府胡同西口，與第一坊分界。　南灣子

第一自治區第三坊本坊面積約合五萬八千八百十五方公尺，公所設於西堂子胡同二十三號。

王府井大街　東安門大街　西老虎洞　小黄莊

第一自治區第四坊本坊面積約合十五萬三千三百十五方公尺，公所設於東單二條胡同十七號。

東單牌樓三條胡同　二條胡同　小二條胡同　南官場胡同　牛毛大院　南慕義胡同　西受禄街　東井兒胡同　東帥府胡同　西夾道

第一自治區第五坊本坊面積約合十八萬八千一百九十方公尺，公所設於冰渣胡同賢良寺。

金魚胡同　冰渣胡同　煤渣胡同　二十四間房　校尉營　北帥府胡同　馬家廟　帥府園

第一自治區第六坊本坊面積約合三萬四千七百四十方公尺，公所設於金魚胡同市場東北大門。

丹桂商場　雜技場　桂銘商場　北正街　南正街　吉祥大院　中華商場　南花園　東慶樓　三道街　東街　二道街　頭道街　廣春園　暢觀樓　西街　青蓮閣

第一自此刻區第七坊本坊面積約合二十二萬八千四百六十五方公尺，公所設於西堂子胡同二十三號。

八面槽　錫拉胡同　韶九胡同　官場胡同　梅竹胡同　西堂子胡同　甘雨胡同　椿樹胡同　馬尾巴胡同　扁担胡同

第一自治區第八坊本坊面積約合十四萬四千零九十方公尺，公所設於關東店二十號。

迺兹府　如意胡同　庫司胡同　豐盛胡同　北口袋胡同　大草廠　小草廠　花園
黄圖崗〔一〕　關東店　關家大院　皇城根（南段）由東安門臉起，至東廠胡同西口，與第十一坊分界。

第一自治區第九坊本坊面積約合十九萬七千一百九十方公尺，公所設於燈市口十九號。

燈市口　朝陽胡同　同福夾道　箭廠胡同　油房胡同　大鵓鴿市　小鵓鴿市　王府大街（南段）北至報房胡同西口，與第十一坊分界。

第一自治區第十坊本坊面積約合三萬四千九百六十五方公尺，公所設於報房胡同法華寺。

報房胡同　無量庵〔二〕　玉石胡同　信義大院　槐樹大院　貴人關　油勺胡同　興隆大院　官房大院

第一自治區第十一坊本坊面積約合十六萬七千七百十五方公尺，公所設於報房胡同法華寺。

翠花胡同　王府井大街（北段）南至報房胡同西口，與第九坊分界。　多福巷　小羊市胡同
郎家大院　東廠胡同　太平胡同　皇城根（北段）由東廠胡同西口起，至翠花胡同西口，與第三自治區分界。

第一自治區第十二坊本坊面積約合七萬七千九百四十方公尺，公所設於報房胡同法華寺。

猪市大街　大豆腐巷　小多福巷　棗樹大院　毛廠大院　喇叭胡同

第一自治區第十三坊本坊面積約合五萬七千二百四十方公尺，公所設於東四大街永濟水會。

東西牌樓南大街　弓箭大院

第一自治區第十四坊本坊面積約合十萬零一千三百四十方公尺，公所設於西蘿圈胡同一號。

崇文門大街　崇文門甕洞

第一自治區第十五坊本坊面積約合二十四萬八千七百十五方公尺，公所設於鎮江胡同甲一號。

船板胡同　南城根(西段)東至溝沿頭南口，與第四十坊分界。　後溝　孝順胡同　鎮江胡同

丁香胡同　小報房胡同　南八寶胡同　范子平胡同　堯治國胡同　三元菴

第一自治區第十六坊本坊面積約合十萬五千八百四十方公尺，公所設於鎮江胡同。

鮮魚巷　公平當　江渣胡同　四眼井　五老胡同　官帽司　釣餌胡同　箭桿白胡同

第一自治區第十七坊本坊面積約合四萬八千四百六十五方公尺，公所設於蘇州胡同五十一號。

蘇州胡同　延壽菴　八寶樓　罐兒胡同

第一自治區第十八坊本坊面積約合十七萬八千零六十五(三)方公尺，公所設於西裱背胡同五號。

西裱背胡同　洋溢胡同　芝麻胡同　喜雀胡同　土地廟下坡　蔴線胡同　侯位胡同

第一自治區第十九坊本坊面積約合十三萬零一百四十方公尺，公所設於西觀音寺八十一號。

西觀音寺　扁担胡同　棲鳳樓　銀盌胡同　官帽胡同

第一自治區第二十坊本坊面積約合六萬八千七百十五方公尺，公所設於象鼻子後坑八號。

方巾巷　象鼻子前坑　象鼻子中坑　象鼻子後坑　南衣袍胡同　鐵廠

第一自治區第二十一坊本坊面積約合十六萬七千零七十四方公尺，公所設於象鼻子後坑八號。

新開路　娘娘廟　小三條　黄獸醫胡同　北極閣　大土地廟　小土地廟　火神廟

第一自治區第二十二坊本坊面積約合十九萬五千一百六十五方公尺，公所設於東堂子胡同二號。

外交部街　東堂子胡同　西總布胡同　協和胡同　南小街（南段）北至什方院西口，與第三十四坊分界。

第一自治區第二十三坊本坊面積約合十四萬九千九百四十方公尺，公所設於遂安伯胡同六十九號。

無量大人胡同　遂安伯胡同　東石槽胡同　中石槽胡同　西石槽胡同　官房大院

第一自治區第二十四坊本坊面積約合十一萬五千九百七十五方公尺，公所設於西羅圈一號。

史家胡同　官家大院　東羅圈胡同　西羅圈胡同　乾面胡同

第一自治區第二十五坊本坊面積約合十五萬八千七百十五方公尺，公所設於本司胡同二十一號。

内務部街　西八寶胡同　本司胡同　東花廳　西花廳

第一自治區第二十六坊本坊面積約合十八萬三千六百九十方公尺，公所設於本司胡同二十一號。

演樂胡同　下窪子　燈草胡同　禮士胡同　石碑胡同

第一自治區第二十七坊本坊面積約合十一萬零三百四十方公尺，公所設於前炒面胡同。

前炒面胡同　後炒面胡同　大淹通胡同　小淹通胡同　萬曆橋　前拐棒胡同　後拐棒胡同

第一自治區第二十八坊本坊面積約合三萬七千二百十五方公尺，公所設於東西永濟水會。

朝陽門大街(西段)東至頭條横胡同南口，與第二十九坊分界。

第一自治區第二十九坊本坊面積約合六萬零三百九十方公尺，公所設於齊化門内大街。

朝陽門大街(東段)西至頭條横胡同南口，與第二十八坊分界。

第一自治區第三十坊本坊面積約合十二萬九千零十五方公尺，公所設於老君堂佛教會。

老君堂　南小街(北段)南至竹桿巷西口，與第三十一坊分界。　南釣魚臺　北井兒胡同　扁担胡同　貴人關　竹桿巷　南水關(北段)南至竹桿巷東口，與第三十一坊分界。　東城根(北段)南至閘口，與第三十一坊分界。

第一自治區第三十一坊本坊面積約合十九萬四千零四十方公尺，公所設於東苦水井十一號。

新鮮胡同　南小街(一段)北至竹桿巷西口，與第三十坊分界；南至新鮮胡同西口，與第三十二坊分界。

八大人胡同　林駙馬胡同　蔡家大院　東苦水井　真武廟　南水關(一段)北至竹桿巷東口，與第三十坊分界。　東城根(一段)北至閘口，南至衣袍胡同迤東，與第三十三坊分界。

第一自治區第三十二坊本坊面積約合十一萬二千一百四十方公尺，公所設於大方家胡同三十三號。

大方家胡同　小方家胡同　西苦水井　歡暢大院〔四〕　斗母宮　火神廟　芳嘉園　牌樓館　南小街（一段）北至新鮮胡同西口，與第三十一坊分界；南至大方家胡同〔五〕西口，與第三十三坊分界。

第一自治區第三十三坊本坊面積約合十四萬二千七百四十方公尺，公所設於南苦水井十一號。

祿米倉　南小街（一段）北至大方家胡同西口，與第三十二坊分界；南至祿米倉西口，與第三十四坊分界。安樂巷　煙袋胡同　倉後身　倉東夾道　武學胡同　東八寶胡同　陸家大院　南井兒胡同　小油房胡同　小牌房胡同　衣袍胡同　鼓手胡同　二聖廟　東城根（一段）北由衣袍胡同迤東起，南至二聖廟東口止。

第一自治區第三十四坊本坊面積約合十二萬五千四百十五方公尺，公所設於南苦水井十一號。

小雅寶胡同　南小街（一段）北至祿米倉西口，與第三十三坊分界；南至無量大人胡同東口，與第二十二坊分界。松樹院　禮拜寺　禮拜寺夾道　井兒胡同　東龍鳳口　西龍鳳口　中龍鳳口　寬街羊圈胡同　扁担胡同　大雅寶胡同　小牌坊

第一自治區第三十五坊本坊面積約合十五萬四千六百六十五方公尺，公所設於總布胡同甲二十號。

什坊院　趙堂子胡同　萬寶蓋　寶珠子胡同　椿樹胡同　前趙家樓　後趙家樓　北總布胡同　羊尾巴胡同　大羊宜賓　小羊宜賓　豆嘴胡同

第一自治區第三十六坊本坊面積約合十七萬一千六百九十方公尺，公所設於中椅子胡同六號。

東總布胡同　頂銀胡同　甘石橋　草廠小門　福建司營　草廠大院〔六〕　前椅子胡同　中椅子胡同　後椅子胡同　井兒胡同　貢院西大街

第一自治區第三十七坊本坊面積約合二十二萬六千四百四十方公尺，公所設於賢孝牌二十八號。

大牌坊胡同　貢院大街　貢院東大街　官房大院　小丁香胡同　筆管胡同　鯉魚胡同　賢孝牌　牛角灣　弘通觀　東城根(南段)北至大雅寶胡同東口，與第三十四坊分界。　貢院頭條　貢院二條　貢院三條　貢院四條　貢院五條　貢院八條　貢院十條　貢院十四條

第一自治區第三十八坊本坊面積約合九萬八千一百九十方公尺，公所設於東觀音寺九號。

東觀音寺　鬧市口　牛角灣　水磨胡同　東裱褙胡同　箭桿胡同

第一自治區第三十九坊本坊面積約合十五萬三千五百四十方公尺，公所設於馬匹廠匯文小學校。

溝沿頭　梅竹胡同　鈴鐺胡同　二眼井　馬匹廠　毛家灣　蘇州巷下坡　東受禄街　盔甲廠　南城根(東段)西至溝沿頭南口，與第十五坊分界。　抽屜胡同　西庫司　東庫司　大

第一自治區第四十坊本坊面積約合三十一萬八千九百十五方公尺，公所設於馬匹廠匯文小學校。

羊毛胡同　泡子河　柳罐胡同　豆腐巷　錢局後身　黄土大院　鐵匠營　小羊毛胡同

第二自治區本區面積約合一八・三方里，本區共四一坊、三三二一間、一五六七隣。

區公所　設於報子街八十五號

第二自治區第一坊本坊面積約合十六萬八千三百方公尺，公所設於西長街雙塔寺。

西長安街　府前街（西段）東至花園大院北口，與第三坊分界。　大六部口　北新華街（北段）南至絨線胡同，與第十二坊分界。　小六部口　耳朵眼胡同　安福胡同（中段）東至雙柵欄，與第二坊分界；西至大六部口，與第十三坊分界。

第二自治區第二坊本坊面積約合九萬七千二百方公尺，公所設於雙柵欄十五號。

東拴馬樁　雙柵欄　安福胡同（東段）西至雙柵欄，與第一坊分界。　回回營　西小拴馬樁　東小拴馬樁　北小拴馬樁　銅井大院　馬神廟　宗學後身　川店　文昌閣　東文昌閣

第二自治區第三坊本坊面積約合十六萬三千一百二十五方公尺，公所設於鑾輿衛夾道。

石碑胡同　花園大院　法憲胡同　澄草店　草帽胡同　花枝胡同　四眼井　旗守衛　律例館　鑾輿衛夾道　府前街（東段）西至花園大院北口，與第一坊分界。

第二自治區第四坊本坊面積約合十二萬三千九百七十五方公尺，公所設於大中府街。

大中府胡同　省黨部街（北段）南至絨線胡同東口，與第五坊分界。　桃竹胡同　垂露胡同　小中府胡同　左府胡同　大四眼井　小四眼井

第二自治區第五坊本坊面積約合十三萬四千一百方公尺，公所設於宋家胡同。

西交民巷（東段）西至法部後身南口，與第六坊分界。　前府胡同　棋盤街　西皮市　宋家胡同　黑皮大院　省黨部街（南段）北至絨線胡同東口，與第四坊分界。

第二自治區第六坊本坊面積約合十萬零二千一百五十方公尺，公所設於後紅井八號。

西交民巷（西段）東至法部後身南口，與第五坊分界。　法部後身　高碑胡同　于撫院胡同〔七〕　前紅井　後紅井　羊毛胡同

第二自治區第七坊本坊面積約合十三萬五千二百二十五方公尺，公所設於輂兒胡同。

順城街（東段）西至北新華街南口，與第九坊分界。　輂兒胡同　小財神廟　喜通胡同　平安胡同　松樹胡同（東段）西至北新華街，與第九坊分界。　中街（東段）西至北新華街，與第九坊分界。　半壁街（東段）西至北新華街，與第九坊分界。

第二自治區第八坊本坊面積約合六萬九千三百方公尺，公所設於兵部窪。

舊簾子胡同（東段）西至北新華街，與第九坊分界。　新簾子胡同（東段）西至北新華街，與第九坊分界。

後細瓦廠　井樓巷　八寶胡同　鐔子胡同　前細瓦廠　兵部窪

第二自治區第九坊本坊面積約合十萬零二千六百方公尺，公所設於舊簾子胡同二十二號。

舊簾子胡同（西段）東至北新華街，與第八坊分界。　新簾子胡同（西段）東至北新華街，與第八坊分界。

北新華街（南段）北至絨線胡同，與第十二坊分界。　東夾道　西夾道　南所胡同

第二自治區第十坊本坊面積約合十二萬零六百方公尺，公所設於和平門内吕祖閣夾道。

半壁街（西段）東至北新華街，與第九坊分界。　松樹胡同（西段）東至北新華街，與第九坊分界。　順城街

（西段）東至北新華街南口，與第九坊分界。　中街（西段）東至北新華街，與第九坊分界。　横街　翠花灣

翠花街　棗樹胡同　太平胡同　什家戶　下窪子（東段）西至未英胡同，與第十一坊分界。

第二自治區第十一坊本坊面積約合十萬零七千七百七十五方公尺，公所設於油房胡同。

油房胡同　安兒胡同　糖房胡同　象牙胡同　西拴馬樁　苦水井　惜陰胡同　剛家

大院　未英胡同　下窪子（西段）東至未英胡同，與第十坊分界。

第二自治區第十二坊本坊面積約合八萬六千一百七十五方公尺，公所設於絨線胡同八十七號。

絨線胡同　嘎哩胡同

第二自治區第一三坊本坊面積約合十六萬七千六百二十五方公尺，公所設於安福胡同七十二號。

安福胡同（西段）東至大六部口，與第一坊分界。　新昌路　新平路　賢孝里　前牛肉灣　後牛

肉灣

第二自治區第十四坊本坊面積約合十八萬三千一百五十方公尺，公所設於石虎胡同十六號。

大柵欄　崇善里　北安里　馬舘　玉芝胡同　官馬司　興隆街　興隆大院　大秤鈎胡同〔八〕　東二條胡同　頭條胡同　府右街(南段)北至李閣老胡同東口，與第十五坊分界。　南安里

第二自治區第十五坊本坊面積約合十萬零六千六百五十方公尺，公所設於横二條。

李閣老胡同　烟筒胡同　東牛角胡同　穿堂門〔九〕　松竹胡同　高義伯胡同　寬街　西牛角胡同　堂子胡同　横二條胡同　小秤鈎胡同　石虎胡同　果匣胡同　西二條胡同　府右街(中段)北至太僕寺街東口，與第十六坊分界；南至李閣老胡同東口，與第十四坊分界。　武功衛

第二自治區第十六坊本坊面積約合十四萬一千三百方公尺，公所設於羅圈胡同。

太僕寺街　繖子胡同　背陰胡同　羅家大院　新建胡同　背陰夾道　羅賢胡同　府右街(北段)南至太僕寺街東口，與第十五坊分界。

第二自治區第十七坊本坊面積約合十七萬二千一百二十五方公尺，公所設於西皇成根。

靈境　皇城根　八寶坑　東斜街　昌堂門　小醬坊胡同〔一〇〕

第二自治區第十八坊本坊面積約合五萬一千七百五十方公尺，公所設於石虎胡同十六號。

西單北大街(北段)南至白廟胡同東口，與第十九坊分界。　石缸胡同

第二自治區第十九坊本坊面積約合五萬五千三百五十方公尺，公所設於報子街。

宣内大街　西單北大街(南段)北至白廟胡同口，與第十八坊分界。

第二自治區第二十坊本坊面積約合十四萬一千五百二十五方公尺，公所設於國會街八十五號。

頭髮胡同　國會街(東段)西至南溝沿南口，與第三十二坊分界。　衆議院夾道　抄手胡同　小市

第二自治區第二十一坊本坊面積約合二十三萬二千四百二十五方公尺，公所設於浸水河十三號。

石駙馬大街(東段)西至南溝沿路西，與第三十一坊分界。　通條胡同　浸水河　參政胡同　市黨部街　東鐵匠胡同　手帕胡同　姚斌廟　南溝沿(中街)北至察院胡同東口，與第二十二坊分界；南至頭髮胡同西口，與第三十二坊分界。

第二自治區第二十二坊本坊面積約合十三萬零零五十方公尺，公所設於報子街。

報子街(東段)西至南溝沿，與第三十坊分界。　舊刑部街(東段)西至南溝沿，與第三十坊分界。　菜帮胡同　白廟胡同　前京畿道　南溝沿(北段)南至察院胡同東口，與第二十一坊分界。

第二自治區第二十三坊本坊面積約合九萬二千一百二十五方公尺，公所設於小磨盤院九號。

捨飯寺　達智營　大磨盤院　小磨盤院　中京畿道　後京畿道　二龍路　新京畿道　上崗　下崗

第二自治區第二十四坊本坊面積約合二十一萬三千九百七十五方公尺，公所設於口袋胡同。

皮庫胡同　大木倉　口袋胡同　新皮庫胡同　鄭王府西夾道　梯子胡同　貴人關

第二自治區第二十五坊本坊面積約合八萬八千二百方公尺，公所設於樂全胡同。

闢才胡同（東段）西至南寬街南口，與第二十八坊分界。　樂全胡同　闢才頭條　闢才二條　闢才三條　闢才四條　闢才五條　闢才六條　小六條胡同　花枝胡同　鎖練胡同　南駱駝灣　南半壁街　南寬街　南太常寺

第二自治區第二十六坊本坊面積約合十萬零八千六百七十五方公尺，公所設於豆芽菜胡同三號。

粉子胡同　後英子胡同　小英子胡同　前英子胡同　西斜街　宏廟　豆芽菜胡同　椿樹胡同　陰凉胡同　古直胡同　十八半截（東段）西至陰凉胡同北口，與第二十七坊分界。

第二自治區第二十七坊本坊面積約合七萬五千六百方公尺，公所設於後泥漥十八號。

後泥窪　前泥窪　十八半截（西段）東至古直胡同南口，與第二十六坊分界。　北半壁街　枕頭胡同　北寬街　北千章胡同　北沈篦子胡同　小油房胡同　大油房胡同　中千章胡同　中沈篦子胡同　中寬街　中半壁街　北太常寺　北駱駝灣

第二自治區第二十八坊本坊面積約合十萬零四千六百二十方公尺，公所設於榆錢胡同十九號。

北溝沿（南段）北至豐盛胡同西口，與第四自治區第十六坊分界。　闢才胡同（西段）東至南寬街南口，與第二十五坊分界。　南千章胡同　南沈篦子胡同　榆錢胡同　跨車胡同　禄福巷（東段）西至本巷西口

門牌五號，與第四十坊分界。 轆轤把

第二自治區第二十九坊本坊面積約合十二萬九千二百七十五方公尺，公所設於官房胡同。

太平橋　鴨子廟（東段）西至鴨子廟西墻，與第三十九坊分界。 高華里　王爺佛堂　丁字街　二龍路西巷　口袋胡同　麻豆腐作坊　官房胡同

第二自治區第三十坊本坊面積約合七萬五千一百五十方公尺，公所設於石駙馬後宅四十號。

察院胡同　報子街（西段）東至南溝沿，與第二十二坊分界。 舊刑部街（西段）東至南溝沿，與第二十二坊分界。 大沙果胡同　小沙果胡同　西京畿道（東段）西至北鬧市口北口以東，與第三十七坊分界。

第二自治區第三十一坊本坊面積約合九萬九千二九百方公尺，公所設於石駙馬後宅四十號。

石駙馬大街（西段）東至南溝沿，與第三十一坊分界。 東太平街　石駙馬後宅　文昌胡同

第二自治區第三十二坊本坊面積約合二十萬零三千一百七十五方公尺，公所設於天仙菴四號。

後王公廠　國會街（西段）東至南溝沿南口，與第二十坊分界。 南溝沿（南段）北至頭髮胡同西口，與第二十一坊分界。 永寧胡同　承恩寺　前王公廠　光彩胡同　石燈菴　槓房胡同　温家街　天仙菴　圓宏寺　智義伯大院　回回營　銅幌子胡同　象來街　水月菴

第二自治區第三十三坊本坊面積約合二十五萬五千六百方公尺，公所設於南鬧市口月台大門三號。

西太平街　南鬧市口　前老萊街　後老萊街　小老萊街　茄子胡同　月台大門　西

草廠　槐抱椿樹菴　袁家花園　五道廟　中街　太平湖　營房

鮑家街　羅圈胡同　前百户廟　後百户廟　壽逾百胡同　取燈胡同　筆管胡同　宗帽頭條　宗帽二條　宗帽三條　宗帽四條　太平湖(北段)南至宗帽頭條西口,與第三十三坊分界。

第二自治區第三十四坊本坊面積約合九萬八千一百方公尺,公所設於宗帽四條一號。

西鐵匠胡同　保安寺　庫資胡同　邱祖胡同　嘉祥里　諳達宫　炕眼井　柳樹井

南順城街(南段)北至卧佛街西口,與第三十六坊分界。

第二自治區第三十五坊本坊面積約合十萬零七千一百方公尺,公所設於保安寺十八號。

北鬧市口　半截碑　卧佛寺街　大門巷　籐牌營　南順城街(中段)南至卧佛寺街西口,與第三十五坊分界;北至成方街西口,與第三十七坊分界。

第二自治區第三十六坊本坊面積約合七萬三千一百二十五方公尺,公所設於北鬧市口三十三號。

成方街　花園宫　百子胡同　鐵匠營　興盛胡同　西京畿道(北段)南至北鬧市北口,與第三十六坊分界。

第二自治區第三十七坊本坊面積約合十七萬二千一百二十五方公尺,公所設於成方街二十三號。

南順城街(中段)南至成方街西口,與第三十六坊分界;北至按院胡同西口,與第三十八坊分界。

第二自治區第三十八坊本坊面積約合十萬零八千方公尺,公所設於屯絹胡同。

按院胡同　學院胡同　屯絹胡同　南順城街(中段)南至按院胡同西口,與第三十七坊分界;北至松鶴巷西口，與第三十九分界。

第二自治區第三十九坊本坊面積約合十一萬九千七百方公尺，公所設於廣寧伯街。

廣寧伯街　鴨子廟東至鴨子廟西牆，與第二十九坊分界。　半截胡同　真武廟　煙筒胡同　二眼井　錦帽胡同　棗林街　松鶴菴　南順城街南至松鶴巷西口，與第三十八坊分界；北至西養馬營西口，與第四十一坊分界。

第二自治區第四十坊本坊面積約合七萬六千五百方公尺，公所設於錦什坊街。

機織衛　禄福巷西首北至錦什坊街南口，與第四十一坊分界；南至鴨子廟北口，與第三十九坊分界。　前撒袋胡同　後樓雙柵欄　聚德里　圖壁廠　達子廟　四眼井　西養馬營

第二自治區第四十一坊本坊面積約合九萬七千六百五十方公尺，公所設於錦什坊街九十一號。

孟端胡同　錦什坊街　油簍胡同　大盆胡同　小盆胡同　玉帶胡同　東養馬營　後撒袋胡同　南順城街（北段）南至西養馬營西口，與第三十九坊分界。

第三自治區本區面積約合一八・二方里，本區共三三坊、三一九閭，一六〇七隣

區公所　設於東西牌樓北十一條三十六號

第三自治區第一坊本坊面積約合九萬三千六百方公尺，公所設於六條胡同八號。

南豆芽菜胡同　東城根北至梁家大院，與第三坊分界。　美人胡同　豆瓣胡同　釣魚臺　後石道

第三自治區第二坊本坊面積約合二十一萬四千二百方公尺，公所設於燒酒胡同三十號。

齊化門内北小街　寶玉胡同　吉兆胡同　燒酒胡同　斜街

第三自治區第三坊本坊面積約合十七萬八千六百五十方公尺，公所設於六條胡同八十號。

南弓匠營　南門倉　前井胡同　後井胡同　前墨河胡同　後墨河胡同　南新開路

南椿樹胡同　倉南胡同　府夾道　南煤鋪胡同　羅家大院　梁家大院　南溝沿

第三自治區第四坊本坊面積約合三十四萬四千零廿五方公尺，公所設於何家口二號。

北門倉　東城根（中段）南至南溝沿，與第三坊分界；北至何家口東口，與第五坊分界。　何家口　甜水

井　駝駱橋　椅子胡同　豆咀胡同　豆鬚胡同　北豆芽菜胡同　東門倉　東門倉橫胡同

第三自治區第五坊本坊面積約合十六萬八千零七十五方公尺，公所設於王駙馬胡同二號。

西頌年胡同　海運倉　東頌年胡同　蔣家胡同　王駙馬胡同　螞螂胡同　扁担胡同

第三自治區第六坊本坊面積約合二十七萬三千六百方公尺，公所設於北新橋柏林寺。

北新倉　堂子胡同　庫司胡同　東城根（北段）北至東直門，與第七坊分界；南至何家口東口；與第四坊分界。　北弓匠營　倉夾道

第三自治區第七坊本坊面積約合十一萬二千五百方公尺，公所設於北新橋柏林寺。

東直門大街西至北小街南口，與第十一坊分界。　北水關　萬元夾道　嘗舖胡同　羊管胡同（東段）西至俄國教堂門牌二十一號前面空地，與第八坊分界。　手帕胡同

第三自治區第八坊本坊面積約合六十三萬五千六百二十五方公尺，公所設於北新橋柏林寺。

東直門北小街　西寬街　北煤鋪胡同　椿樹胡同　椿樹頭條　椿樹二條（二）　椿樹三條　北官廳　胡家園　四爺府　青龍菴　十根旗桿　真武廟　案板章胡同　馬道胡同　針線胡同　東口袋胡同　東揚威胡同　五岳觀　白衣菴　安南營　馬杓胡同　羊管胡同（西段）東至俄國教堂前面空地，與第七坊分界。

第三自治區第九坊本坊面積約合三十六萬五千一百七十五方公尺，公所設於北新橋柏林寺。

雍和宮大街　觀音寺　北新開路　戲樓胡同　太保街　藏經舘　柏林寺　達子營

銅廠子　菜園子　北城根　砲局胡同　砲局頭條　砲局二條　砲局三條　砲局四條

第三自治區第十坊本坊面積約合二十四萬一千六百五十方公尺，公所設於柏林寺。

王大人胡同　北口袋胡同　三十間房　鞭稍胡同（二）　龍王廟　後永康胡同　前永康

胡同　草廠胡同　駱駝脖胡同　金太監寺　報恩寺　籬笆胡同　醬房夾道

第三自治區第十一坊本坊面積約合十三萬五千四百五十方公尺，公所設於王駙馬胡同四號。

東直門大街（西段）東至北小街南口，與第七坊分界。　石雀胡同　九道灣　八寶坑　四眼井

西倉門　財神廟　板橋胡同　駱駝胡同　新太倉（北首）南至石雀胡同東首，與第十二坊分界。

第三自治區第十二坊本坊面積約合十三萬三千二百方公尺，公所設於王駙馬胡同四號。

瓦岔胡同　東内南小街（北段）南至海運倉西口，與第十三坊分界。　北溝沿　小菊胡同　褡褳

坑　羅車坑　新太倉北至石雀胡同東，與第十一坊分界。

第三自治區第十三坊本坊面積約合十二萬三千零七十五方公尺，公所設於王駙馬胡同四號。

老君堂　東内南小街（南段）北至海運倉西口，與第十二坊分界。　船板胡同　五顯廟　慧照

寺　門樓胡同

第三自治區第十四坊本坊面積約合十七萬七千零三十五方公尺，公所設於王駙馬胡同四號。

十二條胡同　汪家胡同　辛寺胡同　十一條胡同　十條胡同　横街

第三自治區第十五坊本坊面積約合十六萬二千方公尺，公所設於七條胡同三十一號。

八條胡同　七條胡同　九條胡同　石橋北首　板橋（北段）南至七條胡同，與十六坊分界。

第三自治區第十六坊本坊面積約合十四萬二千二百方公尺，公所設於五條胡同二十號。

六條胡同　石橋（南首）北至七條胡同，與第十五坊分界。　板橋（南段）北至七條胡同，與第十五坊分界。

皇姑院　八寶胡同　娘娘廟　月牙胡同　牛圈　鐵匠營

第三自治區第十七坊本坊面積約合十二萬六千方公尺，公所設於五條胡同二十號。

五條胡同　班大人胡同　後坑　流水溝　華百壽胡同　東水亘胡同　西水車胡同

第三自治區第十八坊本坊面積約合二十五萬七千四百方公尺，公所設於五條胡同。

三條胡同　頭條胡同　二條胡同　四條胡同

第三自治區第十九坊本坊面積約合十八萬六千七百五十方公尺，公所設於永康胡同。

慈悲胡同　安内東城根　小頭條　小二條（二三）　五道營　後蕭家胡同　前蕭家胡同

永康胡同　大格巷　鑰匙胡同　箭廠胡同

第三自治區第二十坊本坊面積約合四萬一千八百五十方公尺，公所設於安内大街七一五號。

安定門大街　朝陽胡同　背陰胡同　牛圈胡同　如意巷　小砲局胡同

第三自治區第二十一坊本坊面積約合九萬七千一百方公尺，公所設於永康胡同三號。

國子監　國學胡同　官書院　小後井胡同　磚兒胡同　公益巷

第三自治區第二十二坊本坊面積約合二十萬六千五百五十方公尺，公所設於方家胡同十六號。

大三條胡同　方家胡同　青炭局　馬圈〔一四〕　花椒大院　小三條胡同　北扁担胡同　大二條胡同

第三自治區第二十三坊本坊面積約合十萬二千六百方公尺，公所設於花枝胡同四號。

交道口東大街　大頭條胡同　集賢大院　翔鳳胡同　粱家灣　東仁里　西仁里　針鼻胡同

第三自治區第二十四坊本坊面積約合十一萬八千八百方公尺，公所設於花枝胡同。

大興縣胡同　交道口南大街(北段)南至馬將軍胡同西口，與第二十六坊分界。　吉祥胡同　大興縣東胡同　大興縣西胡同　北剪子巷　水獺胡同　巴兒胡同　馬將軍胡同　桃條胡同

第三自治區第二十五坊本坊面積約合十六萬二千九百方公尺，公所設於花枝胡同。

香餌胡同　土兒胡同　吉照胡同　中扁担胡同　明堂大院　堂子胡同　新安號　花枝胡同　花梗胡同

第三自治區第二十六坊本坊面積約合十七萬方公尺，公所設於利溥營七號。

府學胡同　交道口南大街（南段）北至馬將軍胡同西口，與第二十四坊分界。　麒麟碑胡同　嘎嘎胡同　鐵獅子胡同　中剪子巷　箭桿胡同　白米倉　細管胡同　梯子胡同

第三自治區第二十七坊本坊面積約合二十五萬二千方公尺，公所設於利溥營。

西大街　利溥營　山老胡同　西揚威胡同　剛察胡同　燻魚作坊　油杓胡同　寬街　小蘇州胡同　泰安巷　興隆胡同　大取燈胡同　官房胡同　汪家大院　皇城根（北段）南至官房胡同西口，與第三十一坊分界。　兵馬司

第三自治區第二十八坊本坊面積約合十五萬七千二百七十五方公尺，公所設於汪芝蔴胡同九號。

魏家胡同　汪芝蔴胡同　南吉祥胡同　小細管胡同　什錦花園　八道灣　南扁担胡同　南剪子巷

第三自治區第二十九坊本坊面積約合十一萬七千六百七十五方公尺，公所設於馬大人胡同八號。

錢糧胡同　大佛寺東街　馬大人胡同　北花園　西花園　南花園　轎子胡同　孫家坑　錢滿胡同　南澡堂子胡同

第三自治區第三十坊本坊面積約合十四萬六千二百五十方公尺，公所設於馬大人胡同。

隆福寺街　馬市大街（南段）北至隆福寺西口，與第三十一坊分界。　崔府夾道　銅鐘胡同　烏鎗胡同　西廊下　東廊下　益懋大院　廣匯大院　鹽店大院　大溝巷　隆福寺前街

第三自治區第三十一坊本坊面積約合十八萬九千方公尺，公所設於花枝胡同四號。

弓絃胡同　皇城根（南段）北至官房胡同西口，與第二十七坊分界。小取燈胡同　亮果廠　達教胡同　西庫司胡同　牛排子胡同　黄米胡同　馬市大街（北段）南至隆福寺街西口，與第三十坊分界。蔣家大院　小口袋胡同　大口袋胡同　雙輦胡同　南花枝胡同　曉教胡同

第三自治區第三十二坊本坊面積約合五萬五千一百二十五方公尺，公所設於南花枝胡同。

東西北大街（北段）南至六條胡同西口，與第三十三坊分界。帳房胡同

第三自治區第三十三坊本坊面積約合三萬零八百二十五方公尺，公所設於澡堂子胡同。

東西北大街（南段）北至六條胡同西口，與第三十二坊分界。蜜蜂大院　中興大院　吉祥大院　棉花胡同　果局大院

第四自治區本區面積約合一六・七方里，本區共三零坊、三二九間、一六二六隣。

區公所　設於受壁胡同十六號

第四自治區第一坊本坊面積約合六萬四千四百五十方公尺，公所設於中毛家灣。

西四南大街　西四北大街（南段）北至中毛家灣西口，與第二坊分界。　缸瓦市大街　大糖房胡同　小旃壇寺　前口袋胡同

第四自治區第二坊本坊面積約合六萬一千七百五十方公尺，公所設於新街口南大街一百四十號。

新街口南大街　西四北大街（北段）南至中毛家灣西口，與第一坊分界。　菊兒胡同　孟家大院　口袋胡同

第四自治區第三坊本坊面積約合十七萬九千六百五十方公尺，公所設於西安旅館内。

西安門大街　大醬坊胡同（一五）　羊皮市　頒賞胡同　良鄉胡同　黄城根（南段）北至馬市大街東口，與第四坊分界。　集雅市　天福大院

第四自治區第四坊本坊面積約合六萬七千一百五十方公尺，公所設於馬市大街七十一號。

馬市大街　西安市場　大拐棒胡同　小拐棒胡同　警爾胡同　弓弦胡同〔一六〕　穿堂門　黄城根(中段)北至大紅羅廠東口,與第五坊分界;南至馬市大街東口,與第三坊分界。小糖房胡同　元寶胡同　宜百子胡同

第四自治區第五坊本坊面積約合二十三萬八千六百方公尺,公所設於中毛家灣。

平安里　大紅羅廠　小紅羅廠　後口袋胡同　前毛家灣　中毛家灣　後毛家灣　太平倉　黄城根(北段)南至大紅羅廠東口,與第四坊分界。麻狀元胡同　倉夾道

第四自治區第六坊本坊面積約合十七萬八千七百五十方公尺,公所設於護國寺大街。

護國寺街(西段)東至棉花胡同南口,與第五區第一坊分界。護國寺東巷　護國寺西巷　棉花胡同　航空署街　太平胡同　百花深處　大楊家胡同　小楊家胡同

第四自治區第七坊本坊面積約合二十六萬九千二百方公尺,公所設於新街口南大街一百四十號。

蔣養房(西段)東至羅兒胡同北口,與第五區第二坊分界。大火藥局　大半截胡同　小火藥局　正覺寺　羅兒胡同　葦坑　小銅井　板橋頭條　板橋二條　板橋三條　西海西河沿

第四自治區第八坊本坊面積約合二十萬零一千二百五十方公尺,公所設於新街口北大四條胡同。

東教場　新街口北大街(北段)南至大四條東口,與第九坊分界。小半截胡同　大銅井　後坑　大七條胡同　羊圈　大六條胡同　壽屏胡同　菜園六條　駱駝胡同　槐樹胡同　長

圖治胡同　洋溢滋胡同　剃頭棚胡同　棚獎胡同〔一七〕　潛學胡同　中街

第四自治區第九坊本坊面積約合二十萬零二千八百二十五方公尺，公所設於新街口北大四條胡同。

大四條胡同　新街口北大街（南段）北至大四條東口，與第八坊分界。頭條胡同　二條胡同

大三條　珠八寶胡同　小三條胡同　時刻亮胡同　有果胡同　東新開路　西井胡同　前

張公園　中張公園　後張公園　三官廟　崇元觀

第四自治區第十坊本坊面積約合二十二萬五千七百七十五方公尺，公所設於太安侯二十三號。

前公用庫　大帽胡同　小帽胡同　北帽胡同　前帽胡同　中帽胡同　後帽胡同　四

根柏　金家大院　金絲鈎〔一八〕　後公用庫　八道灣　椅子圈

第四自治區第十一坊本坊面積約合十五萬九千四百方公尺，公所設於太安侯二十三號。

寶禪寺街　石碑胡同　北下窪子　南下窪子　後車胡同　前車胡同　北溝沿（中段）

北至大覺胡同東口，與第十九坊分界；南至祖家街東口，與第十二坊分界。東門樓

第四自治區第十二坊本坊面積約合十六萬五千二百五十方公尺，公所設於太安侯二十三號。

石老娘胡同　武王侯　太安侯　南魏胡同　受壁胡同〔一九〕　報子胡同　北溝沿（中段）

北至祖家街東口，與第十一坊分界；南至大茶葉胡同東口，與第十七坊分界。燕代胡同

第四自治區第十三坊本坊面積約合二十一萬四千零七十五方公尺，公所設於白塔寺內。

帥府胡同　禮路胡同　帥府菴　新成路　南井兒胡同　姚家胡同　六合大院　小絨線胡同　帝王廟夾道　興隆里　馬家頭條　馬家二條　羅圈胡同

第四自治區第十四坊本坊面積約合十二萬二千零五十方公尺，公所設於磚塔胡同。

羊肉胡同　磚塔胡同　核桃穰胡同　南陰涼胡同　南褡褳胡同　北褡褳胡同　炭廠胡同　財神廟

第四自治區第十五坊本坊面積約合十二萬一千一百五十方公尺，公所設於兵馬司無量菴内。

三道柵欄　二道柵欄　大院胡同　小院胡同　敬勝胡同　朱葦箔胡同　南錢串胡同　北錢串胡同　南玉帶胡同　四道灣　小珠簾胡同

第四自治區第十六坊本坊面積約合二十三萬九千二百七十五方公尺，公所設於兵馬司無量菴内。

豐盛胡同　兵馬司　沙井胡同　高伯胡同　小褡褳胡同　水大院　顯靈宮　大吉祥胡同〔二〇〕　山門　能仁寺　留題迹胡同　南四眼井　北溝沿(中段)北至羊市大街西口，與第二十八坊分界；南至豐盛胡同西口，與第二區第二十八坊分界。　丁章胡同　小麻線胡同　扁担胡同　大麻線胡同

第四自治區第十七坊本坊面積約合十三萬六千九百方公尺，公所設於白塔寺廟内。

宮門口東岔　宮門口西岔　白塔寺夾道　老虎洞　針線胡同　蘇蘿卜胡同　塔院

回子營　小茶葉胡同　大茶葉胡同　觀音菴　火神廟　葡萄園　瓦岔胡同　北溝沿（中段）北至報子胡同西口，與第十二坊分界；南至羊市大街西口，與第二十八坊分界。前抄手胡同　後抄手胡同

第四自治區第十八坊本坊面積約合十七萬零四百二十五方公尺，公所設於翠花横街三十三號。

翠花横街　大覺胡同　揀果廠　翊教寺　祖家街　前紗絡胡同　後紗絡胡同　高義伯胡同　端王府夾道　翠花街　西門樓

第四自治區第十九坊本坊面積約合二十四萬八千二百七十五方公尺，公所設於西直門大街一百三十四號。

東觀音寺　大乘巷　小乘巷　北溝沿（北段）南至寶禪寺街西口，與第十一坊分界。北魏胡同　大後倉　柳巷

第四自治區第二十坊本坊面積約合十五萬九千一百七十五方公尺，公所設於北草廠二十五號。

北草廠　黑塔寺　高井胡同　前牛角胡同　後牛角胡同　前英房胡同　後英房胡同　北四眼井　松樹菴　小七條　小六條　小五條　小四條　觀音菴　磚瓦胡同　寬街　永泰寺胡同　轎子胡同　如意胡同　西教場　草料舖胡同　綿長胡同

第四自治區第二十一坊本坊面積約合二十五萬零九百七十五方公尺，公所設於北草廠二十五號。

樺皮廠　前桃園　後桃園　錢筒子胡同　東黨家胡同　五根檩　石碑大院　葡萄院

前王子胡同　中王子胡同　後王子胡同　馬相胡同　穿堂门　西黨家胡同　鐵獅子廟　火藥局　玉佛寺　蔡家大門　新開路　闊帶胡同　北順成街

第四自治區第二十二坊本坊面積約合六萬八千零五十方公尺，公所設於西直門大街。

新街口西大街　西直門大街　西直門甕城　醬房大院　柳家大門　達子館

第四自治區第二十三坊本坊面積約合二十四萬九千六百二十五方公尺，公所設於南小街弓絃胡同。

半壁街　南草廠（北段）南至東觀音寺西口，與第二十四坊分界。　小後倉　老虎廟　南小街（北段）南至大安胡同（三二）東口，與第二十四坊分界。　北大安胡同　妙清觀　翠峯菴　葱店　圖治大院　中大安胡同　八個門　大安胡同　南順成街（北段）南至大安胡同迤西，與第二十四坊分界。

第四自治區第二十四坊本坊面積約合二十六萬三千三百五十方公尺，公所設於南小街弓弦胡同。

南小街（中段）南至椿樹胡同東口，與第二十六坊分界；北至大安胡同東口，與第二十三坊分界。　前廣平庫　後廣平庫　椿樹胡同　北井兒胡同　魚雁胡同　安成胡同　西觀音寺　北陰涼胡同　西弓弦胡同　弓背胡同　喇叭胡同　永祥寺　永祥寺夾道　六個門　鑰匙胡同　曉安胡同　地藏菴　黄旗馬圈　南順城街（南段）北至大安胡同迤西，與第二十三坊分界。　南草廠（南段）北至東觀音寺西口，與第二十三坊分界。

第四自治區第二十五坊本坊面積約合二十四萬四千九百方公尺，公所設於福綏境三十七號。

福綏境　東廊下　西廊下　中廊下　留題胡同下坡　玉皇閣　小玉皇閣　玉皇閣夾道　獅子府　猪毛廠　官園

第四自治區第二十六坊本坊面積約合十五萬七千一百五十方公尺，公所設於福綏境三十七號。

南小街(南段)北至椿樹胡同東口，與第二十四坊分界。　太平街　東弓匠營　西弓匠營　小弓匠營　五條胡同　東轎桿胡同　西轎桿胡同　七賢菴　後大坑　青塔寺　鞍匠營　冰窖胡同　宗帽胡同　北玉帶胡同　西城根　前秀才胡同　後秀才胡同　中秀才胡同　東四條胡同　西四條胡同

第四自治區第二十七坊本坊面積約合十五萬六千七百方公尺，公所設於白塔寺廟內。

頭條胡同　二條胡同　南褲角胡同　北褲角胡同　東三條胡同　西三條胡同　橫三條胡同　橫四條胡同　北順城街　象鼻子胡同　箭桿胡同

第四自治區第二十八坊本坊面積約合六萬七千三百七十五方公尺，公所設於宫門口頭條四十二號。

阜城門大街　羊市大街　東澡堂子胡同　盒子胡同　蒲州舘　西澡堂子胡同　撒袋胡同　槐樹院　阜城門甕城

第四自治區第二十九坊本坊面積約合十七萬五千一百五十一方公尺，公所設於華嘉寺廟內。

錦什坊街(北段)南至王府倉東口，與第三十坊分界。　巡捕廳胡同　大水車胡同　小水車胡

同　橫水車胡同　王府倉　月牙胡同　垂則胡同　源通胡同　馬杓胡同　廉讓胡同　南順城街(北段)南至王府倉西口，與第三十坊分界。

第四自治區第三十坊本坊面積約合十七萬六千二百七十五方公尺，公所設於華嘉寺廟内。

武定侯　錦什坊街(南段)北至王府倉東口，與第二十九坊分界。武衣庫　大乘寺　香家園　甄荐胡同　華嘉寺　大喜胡同　牛八寶胡同　羊腸胡同　南順城街(中段)北至王府倉西口，與第二十九坊分界；南至武定侯西口，與第二區第四十一坊分界。

第五自治區本區面積約合一六・三方里，本區共二十一坊、三〇閭、一一六〇隣。

區公所　設於舊鼓樓大街路西

第五自治區第一坊本坊面積約合三十萬一千八百七十五方公尺，公所設於花枝胡同二號。

護國寺（東段）西至棉花胡同南口，與第四區第六坊分界。德勝門大街（南段）北至三不老胡同東口，與第二坊分界。花枝胡同　鬭雞坑　前羅圈　後羅圈　蔴花胡同　藕芽胡同　前鐵匠營　後鐵匠營　槍廠大坑　皇城根（西段）東至廠橋南口，與第四坊分界。廠橋

第五自治區第二坊本坊面積約合二十一萬九千六百二十五方公尺，公所設於花枝胡同二號。

蔣養房（東段）西至羅兒胡同北口，與第四區第七坊分界。邱家胡同　草廠大坑　德勝門大街（中段）南至三不老胡同東口，與第一坊分界；北至德勝橋，與第六坊分界。東羊圈　魏家大院　簸蘿倉（三）　三不老胡同　抄手胡同　鐵香爐　水車胡同　豆腐巷　高廟　西海南河沿

第五自治區第三坊本坊面積約合四十六萬五千一百二十五方公尺，公所設於小新開路八號。

定阜大街　松樹街　觀音寺　羊房胡同　石虎胡同　弘善寺　劉海胡同　鐵子胡

同[二三]　尚勤胡同　李廣橋西街　金家大院　西口袋胡同　小新開路　大新開路　銅鐵廠

第五自治區第四坊本坊面積約合三十四萬零四百五十方公尺，公所設於興化寺街三十一號。

黄城根（中西段）東至地安門大街南口，與第十坊分界；西至廠橋南口，與第一坊分界。　旌勇里　扁担胡同　興化寺街　五福里　福壽里　東官房　龍頭井　恭王府後身　羊角燈胡同　東錢串　西錢串　三座橋（南段）北至橋北，與第五坊分界。　千竿胡同　前海南河沿　樂春坊　冰窨胡同　白米斜街　前海西河沿　馬良大院

第五自治區第五坊本坊面積約合四十五萬五千四百五十[二四]方公尺，公所設於花枝胡同二號。

南官坊口　前海北河沿　銀錠橋　海潮菴　大金絲套　小金絲套　槐寶菴　前井胡同　後井胡同　北官坊口　後海南河沿　李廣橋東街　四合巷　大翔鳳　小翔鳳　西煤廠　李廣橋南街　東口袋胡同　府夾道　毡子房　東煤廠三座橋（北段）南至橋北，與第四坊分界。　慎思胡同

第五自治區第六坊本坊面積約合四十二萬零八百方公尺，公所設於菓子市五十五號。

果子市大街　丁字街　德勝門大街（北段）南至德勝橋，與第二坊分界。　糖房大院　糖房胡同　孝友胡同　後海西河沿　段家胡同　錢家胡同　馬家大院　水章胡同　銅局胡同　井兒胡同　淨業寺夾道　太平胡同　西海北河沿　西水關

第五自治區第七坊本坊面積約合四十三萬九千零二十五方公尺，公所設於舊鼓樓大街路西。

大石橋　雙寺　半壁街　果家大院　北藥王廟　西絛胡同　北城根（西段）東至中條胡同西口迤北，與(二五)第十七坊分界。　鐵影壁　遷善居　新開路　景爾胡同　八道灣　八步口

第五自治區第八坊本坊面積約合三十三萬三千七百方公尺，公所設於甘水橋三十七號。

甘水橋大街　香廠胡同　鼓樓西大街　東轎桿　西轎桿　大石碑胡同　小石碑胡同　煙袋斜街　義溜胡同　義溜河沿　鴉兒胡同　甘水橋胡同　後海北河沿

第五自治區第九坊本坊面積約合十九萬七千一百三十二方公尺，公所設於舊鼓樓大街路西。

舊鼓樓大街（南段）北至前馬廠東口，與第十七坊分界。　清虛觀　小綉作　小鈴鐺胡同　小石橋　碧峯寺　醬房大院　後馬廠　前馬廠　果子觀　鑄鐘廠　西魏胡同　小黑虎胡同　大黑虎胡同

第五自治區第十坊本坊面積約合四萬二千零七十五方公尺，公所設於煙袋斜街十六號。

地安門大街　帽局胡同　羊圈胡同　岔子胡同　木廠胡同　杏花天　天匯大院　帽行胡同　馬家樓胡同　興隆大院　萬年大院

第五自治區第一一坊本坊面積約合二十七萬七千六百七十三方公尺，公所設於沙井胡同十四號。

帽兒胡同　豆角胡同　井兒胡同　雨兒胡同　簑衣胡同　福祥寺　皇城根（東中段）

西至地安門大街,與第十坊分界。東不壓橋胡同　河沿　拐棒胡同　口袋胡同　兵將局

第五自治區第十二坊本坊面積約合二十二萬零七百五十方公尺,公所設於沙井胡同十四號。

辛寺胡同　辛安里　方磚廠　小廠　南下窪子　沙井胡同　黑芝蔴胡同　前鼓樓苑　後鼓樓苑　大亨里

第五自治區第十三坊本坊面積約合二十五萬二千七百方公尺,公所設於棉花胡同十七號。

棉花胡同　北兵馬司　秦老胡同　南羅鼓巷(南段)北至前圓恩寺西口,與第十四坊分界。　板廠胡同　炒豆胡同

第五自治區第十四坊本坊面積約合二十萬三千六百五十方公尺,公所設於沙井胡同十四號。

前圓恩寺　後圓恩寺　菊兒胡同　肅寧府　壽比胡同　南羅鼓巷(北段)南至前圓恩寺西口,與第十三坊分界。

第五自治區第十五坊本坊面積約合五萬三千三百二十五方公尺,公所設於北鑼鼓巷下窪子十三號。

鼓樓東大街　東醋胡同　中醋胡同　西醋胡同

第五自治區第十六坊本坊面積約合十四萬零一百七十五方公尺,公所設於舊鼓樓大街路西。

寶鈔胡同(南段)北至豆腐池胡同東口,與第十八坊分界。　豆腐池　娘娘廟　湯公胡同　鈴鐺胡同　鐘庫胡同　鐘樓灣　草廠　箭桿胡同　北醋胡同

第五自治區第十七坊本坊面積約合三十七萬零二百五十方公尺，公所設於舊鼓樓大街路西。

趙府街　北城根（中段）西至中條胡同西口迤北，與第七坊分界；東至中條胡同東口迤北，與第十八坊分界。

中條胡同　碾兒胡同　國祥胡同　高公菴　王佐胡同　玉皇閣胡同　前坑　後坑　酒醋局　張旺胡同　舊鼓樓大街（北段）南至前馬廠東口，與第九坊分界。

第五自治區第十八坊本坊面積約合十七萬七千三百方公尺，公所設於司廳胡同二號。

寶鈔胡同（北段）南至豆腐池胡同東口，與第十六坊分界。　北城根（東段）西至中條胡同東口迤北，與第十七坊分界。　東條兒胡同　千佛寺胡同　郎家胡同　紗絡胡同　淨土寺胡同　琉璃寺胡同　法通寺胡同　北羅鼓巷（北段）南至車輦店胡同西口，與第二十坊分界。

第五自治區第十九坊本坊面積約合十七萬三千二百七十五方公尺，公所設於北鼓鑼巷下窪子十三號。

扁担廠　北羅鼓巷（南段）北至法通寺東口，與第二十坊分界。　大經廠　北下窪子　小大佛寺

第五自治區第二十坊本坊面積約合二十一萬零八百五十方公尺，公所設於分司廳胡同二號。

分司廳胡同　北羅鼓巷（中段）南至法通寺東口，與第十九坊分界；北至車輦店胡同東口，與第十八坊分界。　謝家胡同　車輦店胡同　東公街　西公街　小經廠

第五自治區第二十一坊本坊面積約合二十一萬四千六百七十五方公尺，公所設於分司廳胡同二號。

花園　柴棒胡同　姑姑寺胡同　靈官廟胡同　西城根　貴子胡同　天仙菴　粥舖胡同

第六自治區本區面積約合二·四方里，本區共一五坊、六九閭、八二二鄰。

區公所　設於内西華門大街三十五號

第六自治區第一坊本坊面積約合六十五萬九千四百五十方公尺，公所設於普渡寺前巷八號。

南池子大街（南段）北至燈籠庫西口，與第二坊分界。　冰窖胡同　南井胡同　飛龍橋　大蘇州胡同　小蘇州胡同　西銀絲溝　銀絲溝　菖蒲河　南庫司胡同　北庫司胡同　表章庫夾道〔二六〕　緞庫前巷　扁担胡同　燈籠庫　南灣子　官豆腐房　小井胡同　金鉤胡同　南河沿（南段）北至太平巷東口，與第二坊分界。　東河沿（南段）北至太平巷東口，與第二坊分界。　太平巷　鴨蛋井　緞庫後巷

第六自治區第二坊本坊面積約合七十四萬三千零七十五方公尺，公所設於普渡寺前巷八號。

東安門大街　南池子大街（北段）南至燈籠庫西口，與第一坊分界。　東羊圈胡同　井北胡同　葡萄園胡同　石頭縫胡同　箭廠胡同　馮家胡同　磁器庫胡同　磁器庫北岔　磁器庫南岔　普度寺西巷　普度寺東巷　普度寺前巷　南河沿（北段）南至太平巷東口〔二七〕，與第一坊分界。

東河沿北至東安門大街東口，與第三坊分界；南至太平巷東口〔二八〕，與第一坊分界。　民聲胡同〔二九〕

第六自治區第三坊本坊面積約合二十二萬九千八百方公尺，公所設於銀閘。

北池子大街（南段）北至騎河樓西口，與第四坊分界。　騎河樓　小康家胡同　承侯大院　妞妞房胡同　蒙福禄館　孟公府　文書館胡同　頭條胡同　二條胡同　三條胡同　箭桿胡同　萬慶館　孔德西巷　孔德前巷　孔德東巷　小二條胡同　東安門河沿（南段）北至騎河樓東口，與第四坊分界。　東河沿（中段）北至騎河樓東口，與第四坊分界；南至東安門大街東口，與第二坊分界。

第六自治區第四坊本坊面積約合八十萬一千九百七十五方公尺，公所設於銀閘。

銀閘　北池子大街（北段）南至騎河樓西口，與三坊分界。　沙灘　回子營　小椿樹胡同　馬圈胡同　井兒胡同　草垛胡同　鬥雞坑　五所胡同　廟兒胡同　盔頭作　牆角胡同　景山東大街（南段）西至南座門北，與第六坊分界。　東安門河沿（中段）南至騎河樓東口，與第三坊分界；北至漢花園東口，與第五坊分界。　東河沿（中段）南至騎河樓東口迤東，與第三坊分界；北至漢花園東口迤東，與第五坊分界。

第六自治區第五坊本坊面積約合二十五萬三千四百二十五方公尺，公所設於銀閘。

漢花園　新開路　小菜園

景山夏街　操場大院　松公府夾道　東高房　西高房　大學校夾道　東老胡同　中老胡同　西老胡同　孟家大院　嵩祝寺夾道　東安門河沿（中段）北至椅子胡同東口，與第七坊分界；南至漢花園東口，與第四坊分界。東河沿（中段）北至椅子胡同東口外，與第七坊分界；南至漢花園東口外，與第四坊分界。

第六自治區第六坊本坊面積約合五十七萬六千九百七十五方公尺，公所設於慈慧殿三號。

黃化門　景山東大街（北段）南至三座門迤東，與第四坊分界。景山後大街（東段）西至地安門大街南口，與第九坊分界。三眼井　二眼井　吉安所左巷　横柵欄　吉安所右巷　鐵匠營　司禮監　碾兒胡同　簾子庫　錐把胡同

第六自治區第七坊本坊面積約合十四萬七千四百五十方公尺，公所設於東板橋二十五號。

爉庫　後局大院　嵩祝寺後身　椅子胡同　納福胡同　鐘鼓寺　織染局　水簸箕　酒醋局　東板橋大街（南段）北至織染局西口，與第八坊分界。東安門河沿（北段）南至椅子胡同口，與第五坊分界。東河沿（北段）南至椅子胡同東口迤東，與〔三〇〕第五坊分界。

第六自治區第八坊本坊面積約合二十一萬六千五百二十五方公尺，公所設於慈慧殿三號。

北河沿　地安門大街　西河沿　如意胡同　火神廟　火藥局　頭條　二條　三條　四條　五條　六條　北箭亭　二道橋　西妞妞房　東板橋大街（北段）南至織染局西口，與第七坊分界。東吉祥胡同　西吉祥胡同　慈慧殿〔三一〕　南月牙　北月牙　安樂堂

第六自治區第九坊本坊面積約合九十九萬四千六百方公尺，公所設於西板橋大街甲二十號。

恭儉胡同　西板橋大街　魏家胡同　陟山門大街　大石作　大高殿夾道　房錢庫胡同　北海南夾道　北海中夾道　雪池胡同　景山後大街(西段)東至地安門大街南口，與第六坊分界。米糧庫　太平街　三柱香　高卧胡同　油漆作　西樓巷　小石作　北海北夾道　四眼井　磨盤院胡同

第六自治區第十坊本坊面積約合一百三十九萬九千四百五十方公尺，公所設於内西華門大街三十六號。

北長街　三座門大街　三座門内　福佑寺　闞家胡同　興隆胡同　慶豐胡同　後宅胡同　前宅胡同　喬道士廟　教育會夾道　會計司胡同　井兒胡同　水輪子胡同　西華門大街　大悲院胡同　南長街(北段)南至織女橋，與第十一坊分界。

第六自治區第十一坊本坊面積約合五十一萬三千七百二址五方公尺，公所設於内西華門大街三十六號。

西大街　南長街(南段)北至織女橋，與第十坊分界。東河沿　南花園胡同　西大街三條　大晏樂胡同　後鐵門　土地廟胡同　真武廟胡同　南長街　頭條胡同　二條胡同　三條胡同　四條胡同　八橋北河沿　甜水井　九道灣胡同　百代門　苦水井　梁家胡同　玉鉢胡同　槐樹院　黄羊子胡同　東大坑胡同　靈官廟胡同　鐵香爐　老爺廟　老爺廟後巷

羊圈胡同　西苑門夾道

第六自治區第十二坊本坊面積約合五址四萬五千七百方公尺，公所設於旃壇寺西大街八號。

旃壇寺西大街　永祥里　北炭廠　楊家大院　盒子胡同　南炭廠　菜園胡同　蔴花胡同　前當鋪　後當鋪　北妞妞房　茅屋胡同　旃壇寺　琉璃門　教場　玉石井　繩子庫　虎城胡同　後庫　府藏胡同　口袋胡同

第六自治區第十三坊本坊面積約合五十一萬二千八百五十方公尺，公所設於外西華門大街。

西安門大街　小石作　養蜂夾道〔三二〕　水西門　勤良巷　酒醋局　扁担胡同　剪子巷　四棵槐　牛圈　草嵐子　劉藍塑〔三三〕　真如鏡　天慶宮　北穿堂門　東夾道　西什庫

第六自治區第十四坊本坊面積約合二十六萬三千一百方公尺，公所設於外西華門大街。

光明殿　府石街（北段）南至椅子胡同東口，與第十五坊分界。　椅子胡同　東紅門　西紅門　小菜園　達子營　惜薪司　西岔　雙吉寺　後胡同

第六自治區第十五坊本坊面積約合十八萬九千零七十五方公尺，公所設於二條胡同後門外院。

石板房　圖樣山　府右街（南段）北至椅子胡同東口，與第十四坊分界。　棗林大院　頭條胡同　二條胡同　三條胡同　槐樹胡同　土地廟　後達里　朝陽里　中山里〔三四〕　觀音堂　餑餑房　南妞妞房　盔頭作　興平巷

第七自治區本區面積約合五方里，本區共三〇坊、二〇七閭、一一一七鄰。

區公所　設於東珠市口五十七號

第七自治區第一坊本坊面積約合十七萬五千零五十方公尺，公所設於前外甕洞東廟内。

正陽門大街　正陽門前　東亘站　西車站　正陽門東貨場

第七自治區第二坊本坊面積約合五萬零四百方公尺，公所設於東珠市口天津試館。

東珠市口大街　德壽夾道　北大院　墨竹大院(三五)　澡堂子胡同

第七自治區第三坊本坊面積約合三萬五千五百五十方公尺，公所設於菓子市一號。

布巷子　大蔣家胡同東至南孝順胡同口，與第八坊分界。　瓜子店　菓子市　抄手胡同

第七自治區第四坊本坊面積約合三萬八千零二十五方公尺，公所設於慶隆大院公議水局。

鮮魚口　北孝順胡同　肉市　井兒胡同　穿店　天泰樓夾道　泰順居夾道　文寶樓夾道　羅圈胡同　魁子市

第七自治區第五坊本坊面積約合四萬六千五百七十五方公尺，公所設於打磨廠五號。

打磨廠(西段)東至南深溝北口,與第三十坊分界。東河沿(西段)東至北深溝北口迆西,與第三十坊分界。義興合夾道

第七自治區第六坊本坊面積約合六萬二千五百五十方公尺,公所設於慶隆大院公議水局。

長巷上頭條　長巷上二條　長巷上三條　長巷上四條　新者柏胡同　梯子胡同　小橋　慶隆大院

第七自治區第七坊本坊面積約合四萬五千九百方公尺,公所設於慶隆大院公議水局。

玄帝廟　南孝順胡同　信爾胡同　如意巷　豆腐巷　花枝胡同　小蓆胡同　康阜胡同

第七自治區第八坊本坊面積約合四萬九千零五十方公尺,公所設於大蔣家胡同四十四號。

大蔣家胡同(中段)西至孝順胡同南口,與第三坊分界;東南斜至冰窖胡同東口,與第九坊分界。羅家井　冰窖廠　前營　後營　箭桿胡同　曲尺胡同

第七自治區第九坊本坊面積約合四萬二千五百二十五方公尺,公所設於冰窖胡同三十號。

冰窖胡同　大蔣家胡同(南段)北至冰窖胡同東口,與第八坊分界。高篠胡同　小蔣家胡同　西湖營　孝達胡同

第七自治區第十坊本坊面積約合四萬七千九百二十五方公尺,公所設於南蘆草園路南。

南蘆草園　南缺孜　中蘆草園　大蓆胡同　富壽里　靠山胡同

第七自治區第十一坊本坊面積約合四萬四千一百方公尺，公所設於長巷下二條二十四號。

長巷下頭條　長巷下二條　長巷下三條　長巷下四條　高廟胡同　十間樓　者柏胡同

第七自治區第十二坊本坊面積約合五萬六千九百二十五方公尺，公所設於小施興胡同路北。

崇真觀〔三六〕　南深溝　小井兒胡同　鑾慶胡同　高井胡同　北扁担胡同　南扁担胡同

大施興胡同　小施興胡同　小觀胡同

第七自治區第十三坊本坊面積約合三萬零六百方公尺，公所設於北蘆草園雷音寺內。

北蘆草園　北蘆草園小頭條　北蘆草園小二條　北蘆草園小三條　北蘆草園小四條

草廠頭條　草廠二條　慶雲巷　慶雲大院

第七自治區第十四坊本坊面積約合四萬六千五百七十五方公尺，公所設於興隆街弘福寺內。

草廠五條　草廠三條　草廠四條　草廠六條　草廠橫胡同

第七自治區第十五坊本坊面積約合二萬一千一百五十方公尺，公所設於南五老胡同二十四號。

茶食胡同　東薛家灣　西薛家灣　牛角胡同

第七自治區第十六坊本坊面積約合六萬八千八百五十方公尺，公所設於北蘆草園雷音寺內。

三里河　平樂園大街　北橋灣　東八角胡同　西八角胡同　關帝聖境　協和成夾道

第七自治區第十七坊本坊面積約合七萬九千四百二十方公尺，公所設於南五老胡同二十四號。

河泊廠　平樂園

第七自治區第十八坊本坊面積約合一萬六千八百七十五方公尺，公所設於東柳樹井大慈菴内。

柳樹井大街

第七自治區第十九坊本坊面積約合七萬八千五百二十五方公尺，公所設於南五老胡同二十四號。

南五老胡同　香串胡同　高家營北横巷　高家營南横巷　高家營　石虎胡同　石虎北大院　石虎南大院　銀絲胡同　黃雀胡同　槐樹大院

第七自治區第二十坊本坊面積約合十五萬五千二百五十方公尺，公所設於崇文門大街路東。

崇文門外大街　東月墻　西月墻　北河沿

第七自治區第二十一坊本坊面積約合四萬一千四百方公尺，公所設於鳥槍胡同路西。

木廠胡同　苗家胡同　南粉漿胡同　火雞胡同　廣興園大院　風箱胡同　鳥槍胡同　牛犄角胡同

第七自治區第二十二坊本坊面積約合六萬七千五百方公尺，公所設於巾帽胡同路北十六號。

巾帽胡同　喜鵲胡同　北粉漿胡同　蓮子胡同〔三七〕　一跑胡同　送姑娘胡同

第七自治區第二十三坊本坊面積約合四萬七千九百二十五方公尺，公所設於打磨廠中間五號。

東打磨廠（東段）西至大口南口，與第三十坊分界。　下東河沿西至大口，與第三十坊分界。　南河岸西至大口，與第三十坊分界。　鴨子店　大口　箭桿胡同

第七自治區第二十四坊本坊面積約合四萬九千七百二十五方公尺，公所設於打磨廠中間五號。

翟家口　北官園　板井胡同　三川柳　大溝沿　細米巷　大橋胡同　靈官廟　豆腐巷

第七自治區第二十五坊本坊面積約合三萬三千零七十五方公尺，公所設於南五老胡同二十四號。

閻王廟後街　北五老胡同　清水營〔三八〕　打鼓巷　老虎洞　閻王廟前街　後街南岔口

第七自治區第二十六坊本坊面積約合三萬五千一百方公尺，公所設於五聖菴廟内。

奮章大院　南官園　鐵香爐　黄土坑　戴家莊　五聖菴前巷　五聖廟後巷

第七自治區第二十七坊本坊面積約合四萬零九百五十方公尺，公所設於草廠上六條三十八號。

草廠十條　草廠九條　草廠八條　草廠七條　草廠横胡同

第七自治區第二十八坊本坊面積約合一萬四千四百方公尺，公所設於打磨廠中間五號。

西興隆街　東興隆街

第七自治區第二十九坊本坊面積約合七萬八千三百方公尺，公所設於興隆街弘福寺内。

新開路　賈家花園　樂家花園　弘福寺　高博胡同　小觀音閣　北翔鳳　南翔鳳

西翔鳳　堂子大院

第七自治區第三十坊本坊面積約合一千七百五十方公尺，公所設於打磨廠中間五號。

打磨廠(中段)東至大口南口，與第二十三坊分界；西至南深溝北口，與第五坊分界。北深溝　東河沿(東段)西至北深溝北口，與第五坊分界。下東河沿東至大口，與第二十三坊分界。南河沿東至大口，與第二十三坊分界。錢串胡同

第八自治區本區面積約合七·四方里，本區共四四坊、六三閭、一三四三鄰。

區公所　設於虎坊橋越中先賢祠〔三九〕

第八自治區第一坊本坊面積約合三萬三千七百五十方公尺，公所設於西珠市口。

西珠市口　西柳樹井大街

第八自治區第二坊本坊面積約合七萬零八百七十五方公尺，公所設於甘井胡同。

糧食店（南段）北至施家胡同，與第三坊分界。　甘井胡同〔四〇〕　濕井胡同　雲居寺　掌扇胡同

第八自治區第三坊本坊面積約合五萬五千一百二十五方公尺，公所設於西珠市口。

施家胡同　糧食店（北段）南至施家胡同，與第二坊分界。　大齊家胡同　小齊家胡同　同仁堂

夾道　王皮胡同　蔡家胡同

第八自治區第四坊本坊面積約合二萬零七百方公尺，公所設於大柵欄。

大柵欄　煤市街　車輦胡同

第八自治區第五坊本坊面積約合三萬七千五百七十五方公尺，公所設於珠寶市。

廊房二條　珠寶市(南段)北至廊房頭條,與第六坊分界。　錢市胡同　廊房三條　門框胡同　恒豐胡同

廊房頭條　珠寶市(北段)南至廊房頭條南,與第五坊分界。　義隆夾道　紙巷子　煤市橋　靴子胡同　協資廟　北火扇

第八自治區第六坊本坊面積約合二萬五千八百七十五方公尺,公所設於協資廟八號。

第八自治區第七坊本坊面積約合二萬九千七百方公尺,公所設於西河沿。

排子胡同　三府菜園　九道灣　鳥槍胡同　堂子院

第八自治區第八坊本坊面積約合十一萬一千六百方公尺,公所設於西河沿。

西河沿(東段)西至本巷第六派出所以東路北八十五號、路南二百十七號,與第二十坊分界。　後河沿(東段)西至第六派出所對過西河沿八十五號後門,與第二十坊分界。　西城根(東段)西至本坊五號,與第二十坊分界。　小巷胡同　滿家胡同

第八自治區第九坊本坊面積約合三萬五千一百方公尺,公所設於粉州營七號。

三眼井　大宏廟　汾州營(四二)　石猴街　大耳胡同　五斗齋

第八自治區第十坊本坊面積約合五萬七千一百五十方公尺,公所設於西河沿。

羊肉胡同　笤帚胡同　茶兒胡同　揚威胡同　禮拜寺街　取燈胡同　南火扇

第八自治區第十一坊本坊面積約合二萬一千八百二十五方公尺，公所設於楊梅竹斜街。

楊梅竹斜街　嘉興胡同　一尺大街　穿堂門　炭兒胡同

第八自治區第十二坊本坊面積約合二萬四千七百五十方公尺，公所設於觀音寺。

觀音寺　扁担胡同　抬頭菴　天興居夾道　櫻桃斜街（東段）西至皈子廟南口，與第十四坊分界。

第八自治區第十三坊本坊面積約合一萬九千三百五十方公尺，公所設於李鐵拐斜街。

李鐵拐斜街　小扁担胡同　升官巷　棚舖夾道

第八自治區第十四坊本坊面積約合一萬零八百方公尺，公所設於櫻桃斜街。

櫻桃斜街（西段）東至皈子廟南口，與第十二坊分界。　皈子廟　桐梓胡同　安仁里

第八自治區第十五坊本坊面積約合二萬二千零五十方公尺，公所設於小安瀾營。

大安瀾營　小安瀾營　安瀾胡同　安瀾營頭條　安瀾營二條　安瀾營三條　臧家橋

第八自治區第十六坊本坊面積約合四萬零五百方公尺，公所設於南新華街。

東南園　東南園頭條　東南園二條　東南園三條　小沙土園　玉皇廟夾道　南新華街（中段）北至琉璃廠，與第十七坊分界；南至前孫公園東口，與第三十四坊分界。

第八自治區第十七坊本坊面積約合八萬三千九百二十五方公尺，公所設於南新華街土地祠。

琉璃廠（東段）西至南新華街，與第二十三坊分界。廠東門　西太平巷　文明胡同　雙魚胡同　姚江舘夾道　海王村公園　南新華街（北段）南至琉璃廠，與第十六坊分界。安平里

第八自治區第十八坊本坊面積約合三萬四千二百方公尺，公所設於東北園。

延壽寺街　百合園　東太平胡同　泰山巷　花枝胡同　龍源興夾道　劉家胡同　佘家胡同　小佘家胡同

第八自治區第十九坊本坊面積約合五萬三千二百二十五方公尺，公所設於東北園。

東北園

第八自治區第二十坊本坊面積約合八萬一千六百七十五方公尺，公所設於西河沿。

西河沿（中段）東至第六派出所以西路北八十號、路南二百十八號，與第八坊分界；西至和平門，與第二十一坊分界。後河沿（中段）東至第六派出所對過門牌廿五號，與第八坊分界；西至和平門，與第二十一坊分界。西城根（中段）東至本巷六號，與第八坊分界；西至和平門，與第二十一坊分界。廠後門

第八自治區第二十一坊本坊面積約合十二萬八千九百二十五方公尺，公所設於西河沿。

西河沿（西段）東至和平門，與第二十坊分界。後河沿（西段）東至和平門，與第二十坊分界。西城根（西段）東至和平門，與第二十坊分界。烏市後身　趕驢市

第八自治區第二十二坊本坊面積約合八萬一千六百七十五方公尺，公所設於大溝沿。

北柳巷　西北園　大溝沿　東溝沿　後坑　香兒胡同　前鐵廠　後鐵廠

第八自治區第二十三坊本坊面積約合一萬五千零七十五方公尺，公所設於南新華街土地祠。

琉璃廠(西段)東至新華街，與第十七坊分界。　登祿胡同　井院胡同　周家胡同　翟家胡同　牛家胡同　國門關　祝家胡同　存古胡同　鹿犄角胡同(四二)　前青廠　罈子胡同

第八自治區第二十四坊本坊面積約合六萬九千五百二十五方公尺，公所設於北極菴。

海北寺街　澧陽館夾道　後青廠　娘娘廟夾道　香爐營六條　六條大院　橫街　北極菴　周家大院　武進館夾道　順德館夾道

第八自治區第二十五坊本坊面積約合四萬九千二百七十五方公尺，公所設於香爐營頭條十一號。

香爐營頭條　香爐營二條　香爐營三條　香爐營四條　香爐營五條　東橫街　西橫街　九道灣

第八自治區第二十六坊本坊面積約合十二萬一千七百二十五方公尺，公所設於西茶食胡同。

永光寺四街　永光寺中街　永光寺街　八寶甸　棗林胡同　方壺齋　西茶食胡同　東大院

第八自治區第二十七坊本坊面積約合八萬四千一百二十五方公尺，公所設於西草廠。

東椿樹胡同　當舖胡同　北椿樹胡同　椿樹上頭條　椿樹上二條(四三)　椿樹上三條

横胡同　西椿樹胡同　椿樹下頭條　椿樹下二條　椿樹下三條

第八自治區第二十八坊本坊面積約合三萬二千六百二十五方公尺，公所設於西草廠。

西草廠　椅子圈　敫家坑〔四四〕　棉花上七條　棉花八條　棉花九條

第八自治區第二十九坊本坊面積約合九萬一千五百七十五方公尺，公所設於騾馬市。

鐵門　鐵門坎　棉花五條　棉花下六條　棉花下七條　山西街

第八自治區第三十坊本坊面積約合五萬九千八百五十方公尺，公所設於騾馬市。

裘家街　棉花頭條　棉花上二條　棉花上三條　棉花上四條　棉花上六條　棉花下二條　棉花下三條　棉花下四條　四川營

第八自治區第三十一坊本坊面積約合四萬六千五百七十五方公尺，公所設於騾馬市。

騾馬市大街(西段)東至魏染胡同南口，與第三十五坊分界。　菜市口　魏染胡同　小魏染胡同

第八自治區第三十二坊本坊面積約合三萬四千六百五十方公尺，公所設於南柳巷。

南柳巷　柳條胡同　西南園　鐵老觀廟　小西南園　八角琉璃井　鐵胳膊胡同

第八自治區第三十三坊本坊面積約合五萬一千七百五十方公尺，公所設於南柳巷。

前孫公園　十間房　興勝寺　東庫堆胡同　小富藏胡同　小香兒胡同　後孫公園

東夾道　西夾道　大沙土園　萬源夾道　吉祥頭條　吉祥二條

第八自治區第三十四坊本坊面積約合七萬四千八百五十方公尺，公所設於南新華街。

梁家園　南新華街（南段）北至前孫公園東口，與第十六坊分界。　梁家園東大院　慎業里　梁家園後身　東富藏胡同　梁家園西夾道　梁家園西大院　揚昌胡同〔四〕　五道廟頭條　五道廟二條

第八自治區第三十五坊本坊面積約合三萬二千四百方公尺，公所設於炭廠胡同。

騾馬市大街（東段）西至魏染胡同西口，與第三十一坊分界。　炭廠胡同　虎坊胡同　蔴線胡同　小蔴線胡同　朝陽胡同

第八自治區第三十六坊本坊面積約合二萬三千一百七十五方公尺，公所設於虎坊橋。

虎坊橋　九道門坎　東太平巷　清泉巷

第八自治區第三十七坊本坊面積約合二萬四千五百三十五方公尺，公所設於小馬神廟。

大馬神廟　小馬神廟　馬神廟頭條　馬神廟二條　馬神廟三條

第八自治區第三十八坊本坊面積約合二萬七千四百五十方公尺，公所設於韓家潭。

掴指胡同　東壁營　西壁營　百順胡同　小百順胡同

第八自治區第三十九坊本坊面積約合三萬二千五百五十方公尺，公所設於五道廟。

五道廟　韓家潭（西段）東至小百順胡同北口，與第四十坊分界。　百順後河　堂子胡同

第八自治區第四十坊本坊面積約合一萬五千九百七十五方公尺，公所設於韓家潭。

大外郎營　小外郎營　外郎營大院　韓家潭（東段）西至小百順胡同北口，與第三十九坊分界。

第八自治區第四十一坊本坊面積約合二萬六千五百五十方公尺，公所設於韓家潭。

陝西巷　陝西頭條　陝西二條　榆樹大院　庫堆胡同〔四六〕　庫藏胡同〔四七〕　庫角胡同〔四八〕

第八自治區第四十二坊本坊面積約合二萬三千六百二十五方公尺，公所設於石頭胡同二十一號。

石頭胡同　萬佛寺灣〔四九〕　石頭後河　史兒胡同　西楊茅胡同

第八自治區第四十三坊本坊面積約合五萬七千一百五十方公尺，公所設於口袋胡同二號。

大李紗帽胡同　小李紗帽胡同　王廣福斜街　廣福巷　口袋胡同　博興胡同　小椿樹胡同　元興堂夾道　給孤寺夾道　給孤寺西夾道

第八自治區第四十四坊本坊面積約合五萬七千八百二十五方公尺，公所設於火神廟夾道一號。

燕家胡同　朱家胡同　朱茅胡同　朱家横胡同　東楊茅胡同　青風巷　慶雲巷　留守衛　火神廟夾道

第九自治區本區面積約合二二·一方里，本區共一九坊，一八三間、一〇七〇鄰。

區公所　設於崇外下二條五十六號

第九自治區第一坊本坊面積約合二十三萬五千五百七十五方公尺，公所設於上頭條三十八號。

上頭條　東月墻　上北河沿　下北河沿　西後河沿　上二條　上三條　北羊市口（北段）南至中四條西口，與第六坊分界。　穿堂門

第九自治區第二坊本坊面積約合十三萬三千零七十五方公尺，公所設於下二條五十六號。

中三條　中頭條　中二條　中二條大院　東後河沿（西段）東至北小市口北口，與第三坊分界。

北小市口

第九自治區第三坊本坊面積約合十八萬四千一百五十方公尺，公所設於下二條五十六號。

下三條　下頭條　下二條　下四條　東後河沿（中段）東至威播胡同北口（五〇），與第四坊分界；西至北小市口北口，與第二坊分界。　後河沿夾道　白衣菴大院　崇竹林大院　虎背口

第九自治區第四坊本坊面積約合七十六萬五千三百方公尺，公所設於卧佛寺内。

廣渠門大街　鐵轆轤把(東段)西至牛角灣北口,與第五坊分界。下下頭條　下下二條　下下三條　下下四條　威播胡同　卧佛寺頭條　卧佛寺二條　卧佛寺三條　卧佛寺四條　卧佛寺五條　卧佛寺六條　卧佛寺七條　卧佛寺八條　卧佛寺前　卧佛寺後　隆安寺　佘家舘　白橋　石道嘴　雷震口　後河沿西至威播胡同北口,與第三坊分界。北水關　東便門大街　東便門甕圈　廣渠門甕圈

第九自治區第五坊本坊面積約合八萬七千五百方公尺,公所設於下堂子胡同(五二)火神廟内。

鐵轆轤把(西段)東至牛角灣北口,與第四坊分界。牛角灣　下唐刀　下堂子胡同　下寶慶胡同　萬家大院　葉家胡同　施家胡同　史家胡同　下堂子大院　下堂子小胡同　下寶慶横胡同

第九自治區第六坊本坊面積約合五萬二千七百五十方公尺,公所設於中四條四十三號。

東花市大街　中四條　北羊市口(南段)北至上四條東口,與第一坊分界。

第九自治區第七坊本坊面積約合五萬七千二百五十方公尺,公所設於下二條五十六號。

西花市大街　上四條　東觀　西觀　曹家店

第九自治區第八坊本坊面積約合十五萬二千六百五十方公尺,公所設於井兒胡同路南。

手帕胡同　汪太乙胡同　黄家店　南羊市口　南扁担胡同　堂子胡同　瓜子胡同

緓子胡同　井兒胡同　包頭胡同　包頭大院　樓灣

第九自治區第九坊本坊面積約合九萬九千七百七十五方公尺，公所設於卧佛寺内。

上堂子胡同　天和大院　國强胡同　後河胡同　上唐刀胡同　李家菜園　上寶慶胡同　南找子營　北找子營　雷家胡同　禮拜寺街　旋馬上灣　旋馬下灣　五鋪坑　東河漕

第九自治區第十坊本坊面積約合五十一萬三千九百七十五方公尺，公所設於卧佛寺内。

南小市口　炕兒胡同〔五二〕　炕兒大院〔五三〕　北烟筒胡同　中國強胡同　曹家大院　棗樹院　四川營　棲流所　天龍寺　土地廟　彌勒菴　四棵樹　小興隆街　元寶市井南　元寶市　松樹院　安化寺

第九自治區第十一坊本坊面積約合三十九萬二千零七十五方公尺，公所設於標桿胡同北口外路南二十八號。

珠營　關帝廟街　如意胡同　北河漕　北扁担胡同　元寶胡同　竹籬笆胡同　岔兒胡同　安樂胡同　萬福寺後坑　毛家灣　李家大院　廳兒胡同　大石橋　火神廟街　染房夾道　小糞廠　官馬圈　延慶寺　米市口　南河漕　莒兖胡同　拐棒胡同　細米巷　細米廠　兩棵槐

第九自治區第十二坊本坊面積約合十二萬二千零五十方公尺，公所設於標桿胡同北口外路南二十八號。

東草市　欄桿市　煙袋胡同　拐灣胡同　閻王廟街　倪家胡同　東馬尾帽　東利市營　利市營大院　標桿胡同　西廳胡同　西河漕　三轉橋

第九自治區第十三坊本坊面積約合十五萬一千九百七十五方公尺，公所設於西利市營路北。

蒜市口　抽分廠　石板胡同　地藏寺東街　地藏寺大院　驢駒胡同　南煙筒胡同　香爐胡同　西唐洗泊街〔五四〕　蒲簾胡同　半截胡同〔五五〕　東香爐營　西馬尾帽　西利市營　張家大院　地藏寺街　箭桿胡同　黄花苑　耳挖勺胡同　黄花苑東胡同　黄花苑中胡同　黄花苑西胡同　九道灣　竹頭胡同

第九自治區第十四坊本坊面積約合九萬三千四百五十方公尺，公所設於西利市營路北。

東大地　沙土山　沙土山後街　教養院小巷〔五六〕　教養院夾道　沙土山一巷　沙土山二巷　沙土山三巷　沙土山四巷　東大地一巷　東大地二巷　東大地三巷　東大地四巷　紅橋前街　紅橋後街　教養院街　唐洗泊後街〔五七〕

第九自治區第十五坊本坊面積約合十二萬一千九百七十五方公尺，公所設於法華寺廟内。

法華寺東至李家坡南口，與第十七坊分界。　東唐洗泊街〔五八〕　葱店前街　葱店後街　迎門衝

駒章胡同　法華寺東街　信用北里　法華寺南街　法華寺西街

第九自治區第十六坊本坊面積約合八十一萬零三百方公尺，公所設於玉清觀廟内。

北崗子　東半壁街　筆桿胡同　崗子小巷　放生池　八聖高廟　八聖廟南　安慶義園　春台義園　文昌宮　南極廟前街　南極廟　玉清觀　東街　法塔寺　玉清觀南街　宋家胡同　玉清觀

第九自治區第十七坊本坊面積約合十六萬九千五百二十五方公尺，公所設於玉清觀廟内。

南崗子　法華寺街西至李家坡南口，與第十五坊分界。　李家坡　崗子胡同　營房寬街　營房東街　營房半截街　營房頭條　營房二條　營房三條　營房四條　營房五條　營房六條　營房七條　營房八條　營房九條　營房十條　營房十一條　營房十二條　營房十三條　營房十四條

第九自治區第十八坊本坊面積約合一百五十五萬三千八百五十方公尺，公所設於西四塊玉杏林養蜂場内。

東四塊玉　西四塊玉　南缺口　賈家園　太陽宫

第九自治區第十九坊本坊面積約合二百六十三萬九千九百二十五方公尺，公所設於夕照寺内。

左安大街　拈花寺　大鐘額里　小鐘額里　沈家園　白菓樹　吉祥菴　桃園　三義

廟　西火橋　火神廟　夕照寺西里　南水關　板廠　雙龍菴　夕照寺東里　潘家窑　東火橋　績溪義園　五里屯　吕家窑　高氏義園　夕照寺　左安東里　鎮江東園〔五九〕　左安西里後　左安西里　左安新西里　左安北里　左安頭條　左安二條　左安三條　左安四條　板廠東里　板廠新里　育嬰里　育嬰後身　廣渠南里

第十自治區本區面積約合二二・七方里，本區共二二坊、二二五間、一〇八六鄰。

區公所　設於南半截胡同三十七號

第十自治區第一坊本坊面積約合六萬五千七百方公尺，公所設於宣武門大街南頭路西水會内。

宣武門外大街南至廣安門大街東口，北至城根宣武門甕圈。

第十自治區第二坊本坊面積約合九萬九千四百五十方公尺，公所設於宣武門大街南頭路西水會内。

校場口　達智橋　校場頭條　校場二條　校場三條　校場四條　校場五條　金井胡同　馬勺胡同　芝蔴街

第十自治區第三坊本坊面積約合十五萬八千六百二十五方公尺，公所設於車子營皂君廟八十九號。

車子營　三合店　轆轤把　校場小五條　後坑　廣惠寺夾道　司家坑　司家坑小橋　獅子店　廣安西里　廣安東里　夾道居

第十自治區第四坊本坊面積約合一九萬一千三百二十五方公尺，公所設於老墻根上五十一號。

老墻根　炭機庫　玉虛觀　廣安胡同　喜鵲胡同　葱店　大火道口　小火道口　四

眼井

第十自治區第五坊本坊面積約合下九萬零三百方公尺，公所設於儲庫營西悅生堂内。

校場小六條　權盛里　校場大六條　儲庫營　悅生堂

第十自治區第六坊本坊面積約合二十四萬一千二百方公尺，公所設於宣外西城根鴻豐煤棧。

上斜街　大耳胡同　羊圈胡同　後河沿　西城根

第十自治區第七坊本坊面積約合四十二萬八千六百二十五方公尺，公所設於三廟悶葫蘆罐。

下斜街(北段)南至妙光閣東口，與第九坊分界。　三廟街　三廟前街　三廟大院　三廟後身
孔雀胡同　椿樹胡同　黄河園　槐柏樹　槐樹館　高八崗　老館　范家胡同　花園　高
義胡同　悶葫蘆罐　感化胡同　長椿寺北墻　妙光閣

第十自治區第八坊本坊面積約合五十四萬六千五百二十五方公尺，公所設於南夾道二號。

正興隆街　琳瑯胡同　染房胡同　羅家園　西便門大街　楊道廟　觀音堂　角樓後
河沿　後興隆街　中興隆街　前興隆街　大北柵欄　小北柵欄　東大柵欄　西長營　東
寬街　西寬街　南寬街　北寬街　東北頭條　東北二條　東北三條　東北四條　東南頭
條　東南二條　東南三條　東南四條　西北頭條　西北二條　西北三條　西北四條　西
北五條　西南頭條　西南二條　西南三條　西南四條　西南五條　寬街南口　善果寺

北綫閣（北段）南至皈依寺西口，與第九坊分界。南大道　後坑大院　西缺口　郝井台

第十自治區第九坊本坊面積約合三十八萬五千八百七十五方公尺，公所設於廣安門大街西頭韋馱廟。

報國寺前街　報國寺東墻　報國寺東夾道　樂培園　石虎胡同　下斜街（南段）北至妙光閣西口，與第七坊分界。下斜街横胡同　善果寺東夾道　報國寺西夾道　小醉葩　大醉葩　王子墳　核桃園　皈依寺　北綫閣（南段）北至皈依寺西口，與第八坊分界。蓮房胡同　萬春堂　北馬道

第十自治區第十坊本坊面積約合六萬八千四百方公尺，公所設於廣安門外大街西頭韋馱廟。

廣安門大街（西段）東至下斜街南口，與第十一坊分界。廣安門城圈

第十自治區第十一坊本坊面積約合五萬一千九百七十五方公尺，公所設於廣安門大街下斜街南口路北。

廣安門大街（東段）西至下斜街南口，與第十坊分界。廣安市場　芝蔴店

第十自治區第十二坊本坊面積約合十萬零四千一百七十五方公尺，公所設於米市胡同便衣坊。

米市胡同（北段）南至兵馬司後街西口，與第十三坊分界。大吉巷　羊肉胡同　保安寺街　驢駒胡同　包頭章胡同　兵馬司後街

第十自治區第十三坊本坊面積約合十三萬六千三百五十方公尺，公所設於米市胡同南頭路西。

米市胡同（南段）北至兵馬司後街西口，與第十二坊分界。　兵馬司中街　兵馬司中横街　兵馬司前街　扁担胡同　大罈子胡同　小罈子胡同　延旺廟街　張相公廟街　盛方園〔六〇〕　達子營

第十自治區第十四坊本坊面積約合十九萬九千方公尺，公所設於南半截胡同中間。

爛縵胡同　紅羅廠〔六一〕　北半截胡同　南半截胡同　大井胡同　丞相胡同

第十自治區第十五坊本坊面積約合十三萬四千一百方公尺，公所設於南横街東頭路南。

南横街（東段）西至大川淀北口，與第十六坊分界。　穿堂門　紅土店　蔡家樓　珠巢街　官菜園上街　小川淀

第十自治區第十六坊本坊面積約合二十五萬三千八百方公尺，公所設於南横街東頭路南。

盆兒胡同　大川淀　南横街（西段）東至大川淀北口，與第十五坊分界。　南横街西口外　牛街南口外　北櫻桃園　雙槐樹

第十自治區第十七坊本坊面積約合二十四萬零七百五十方公尺，公所設於牛街禮拜寺。

西磚胡同　醋章胡同　箭桿胡同　七聖廟　蓮花寺灣　九間房　七井胡同　法源寺前街　龍鳳坑　法源寺後街　簪兒胡同　門樓胡同　後坑　教子胡同

第十自治區第十八坊本坊面積約合二十萬零二千九百五十方公尺，公所設於丁香胡同。

牛街（北段）南至羊肉胡同西口，與第十九坊分界。　蔴刀胡同　壽劉胡同　堂子胡同　周家胡同　丁家胡同　守備胡同　糖房胡同　香兒胡同　吴家頭條　吴家二條　吴家三條　吴家四條

第十自治區第十九坊本坊面積約合二十萬二千二百七十五方公尺，公所設於牛街禮拜寺。

牛街（南段）北至羊肉胡同西口，與第十八坊分界。　輸入胡同　小寺街　王老師傅胡同　沙欄胡同〔六二〕　東大院　羊肉胡同　張家胡同　穆家胡同　甄家胡同　巴家胡同　西大胡同　石羊胡同

第十自治區第二十坊本坊面積約合九十六萬二千七百七十五方公尺，公所設於白紙坊千佛寺。

棗林前街　棗林後街　陳家胡同　安家莊　菜園　南馬道　南綫閣　乾面胡同　德源里　王子墳　老君地

第十自治區第二十一坊本坊面積約合二百四十三萬五千五百方公尺，公所設於白紙坊中和里。

白紙坊胡同　中孚里　中和里　南櫻桃園　右安門後身　南菜園　白紙坊街

第十自治區第二十二坊本坊面積約合一百三十四萬五千七百二十五方公尺，公所設於自新路儒福里十號。

自新路　珠營　太清觀　姚家井　三教寺　萬壽西宫　半步橋　里仁街　郭家井　毛家胡同　東馬道　右安門臉

第十一自治區本區面積約合二二·九六里，本區共三坊、二五四閭、一二八五鄰。

區公所　設於板章路乙五號

第十一自治區第一坊本坊面積約合八萬八千八百七十五方公尺，公所設於清化寺街路南。

磁器口　清化寺街　椅子圈　藥王廟後門　藥王廟夾道　穿行店　八道灣　幸福胡同　南水道子

第十一自治區第二坊本坊面積約合十五萬三千九百方公尺，公所設於東曉市路北天慶寺。

東曉市(東段)西至南水道子南口，與第三坊分界。　紅橋　高誼胡同　羅圈胡同　藥王廟前街　受禄街　油勺胡同〔六三〕　花枝胡同　山子石　椿樹院　藥王廟前街一巷　藥王廟前街二巷　藥王廟前街三巷　西園子　黄莊　王家園子　孔家大院　牟家井

第十一自治區第三坊本坊面積約合四萬六千五百七十五方公尺，公所設於東曉市路北天慶寺。

明因寺街　東曉市(西段)東至南水道子南口，與第二坊分界。　松樹胡同　北水道子　後池後池東口　後池西口　後池南口　後池北口　後池西街　西鐵香爐　曉市大院　魯班

舘　學堂後身　丹鳳夾道　山右夾道

第十一自治區第四坊本坊面積約合七萬九千四百二十五方公尺，公所設於東曉市路北天慶寺。

鞭子巷三條　鞭子巷頭條　鞭子巷二條　鞭子巷四條　鞭子巷　奶子胡同　漏子胡同　桶兒胡同　三道灣　單框胡同　門樓胡同　馬家井　東灣尺胡同

第十一自治區第五坊本坊面積約合十五萬二千五百五十方公尺，公所設於蘇家坡路西。

曉市大街（東段）西至大市新胡同南口，與第六坊分界。南橋灣　芍藥胡同　金魚池　金魚胡同　西灣尺胡同　蘇家坡　大市新胡同　安國寺　宋家胡同　井兒胡同　卧牛胡同　真武廟

第十一自治區第六坊本坊面積約合十五萬三千六百七十五方公尺，公所設於精忠廟内。

曉市大街（西段）東至大市新胡同南口，與第五坊分界。東半壁街　大市北上坡　大市北拐灣　大市新店　大市新房口　小溝沿　紫竹林　馬蜂嘴　小新店　絡褙店　粉廠　疊道子　空廠胡同　浙慈舘後身　扁担胡同　獅子胡同

第十一自治區第七坊本坊面積約合八萬八千八百七十五方公尺，公所設於精忠廟内。

精忠廟街　西草市（北段）南至刷子市，與第八坊分界。西半壁街　過街樓　後溝沿　玻璃胡同　庫司胡同〔六四〕　褲堆胡同〔六五〕　溝尾巴胡同（北段）南至刷子市，與第八坊分界。小溝胡同　炕

洞胡同

第十一自治區第八坊本坊面積約合五萬八千零五十方公尺，公所設於草市南頭紅廟。

刷子市　張家胡同　拐棍胡同　槐樹胡同〔六六〕　頂頭胡同　仁合大院　槐樹院　後坑　穿堂院　一條龍　真門胡同　張家店　十五間房　車家大院　大坑　草帽胡同　天順胡同　溝尾巴胡同(南段)北至刷子市，與第七坊分界。西草市(南段)北至刷子市，與第七坊分界。山澗口　小新房口

第十一自治區第九坊本坊面積約合十四萬九千八百五十方公尺，公所設於天橋老虎洞前街吉祥店內二號。

金魚池大街　北壇根　天橋東一巷　東花庭　西花庭　陽兒胡同　鎮家胡同　老虎洞　紅廟　老虎洞前街　興隆街

第十一自治區第十坊本坊面積約合二百九十四萬五千七百七十五方公尺，公所設於天橋東估衣巷。

天橋大街　天橋東二巷　天橋東三巷　東市場一巷　東市場二巷　東市場三巷　東市場四巷　東市場五巷　東市場六巷　東市場七巷　東市場東街　東市場中街　東市場西街　東市場西二道街　六合公　忠恕里一巷　忠恕里二巷　忠恕里三巷　忠恕里一横巷　忠恕里二横巷　天壇

第十一自治區第十一坊本坊面積約合四萬二千四百四十五方公尺，公所設於舖陳市路西廟內。

正陽門大街　舖陳市・十八寓　鷂兒胡同（東段）西至舖陳市西，與第十二坊分界。趙錐子胡同（東段）西至舖陳市西，與第十四坊分界。達圓鏡　小圓鏡　任家頭　天匯夾道

第十一自治區第十二坊本坊面積約合八萬九千五百五十方公尺，公所設於舖陳市九道灣路西。

留學路（北段）南至仁民路，與第十四坊分界。校尉營　九道灣　趙錐子胡同（西段）東至舖陳市西，與第十一坊分界。鷂兒胡同（西段）東至舖陳市西，與第十一坊分界。花枝胡同　四聖廟

第十一自治區第十三坊本坊面積約合十萬零九千三百五十方公尺，公所設於香廠路南。

板章胡同　板章路　華嚴路（東段）西至萬明路，與第十五坊分界。照陰瑒胡同　王家大院　雙五道廟　養羊胡同　華興里　華仁路（北段）南至香廠路，與第十四坊分界。仁壽路（北段）南至香廠路，與第十四坊分界。大保吉巷　珍家花園　三元菴　華康里　鐵香爐　小保吉巷　香廠路（東段）西至萬明路，與第十五坊分界。

第十一自治區第十四坊本坊面積約合九萬四千二百七十五方公尺，公所設於儲子營路北廟內。

儲子營　儲子營大院　大喇叭胡同　小喇叭胡同　何家大院　古佛寺後身　蓮花河　靈佑宮　居仁里　留學路（南段）北至仁民路，與第十二坊分界。香仁路　華仁路（南段）北至香廠路，與第十三坊分界。大森里　大安里　仁民路（東段）西至萬明路，與第十五坊分界。仁壽路北至香

廠路，與第十三坊分界。香廠南胡同

第十一自治區第十五坊本坊面積約合七萬二千四百五十方公尺，公所設於萬明路。

萬明路　大川路　大川路一巷　大川路二巷　興盛里一巷　阡兒路　仁民路（西段）〔六七〕東至萬明路，與第十四坊分界。七聖廟　五聖菴夾道　香廠路（西段）東至萬明路，與第十三坊分界。華嚴路（西段）東至萬明路，與第十三坊分界。保吉路

第十一自治區第十六坊本坊面積約合一百十九萬七千九百七十五方公尺，公所設於天橋福長街三條。

天橋西溝旁　遲家胡同〔六八〕　斗母宮東巷　斗母宮西巷　福昌里　西市場大街　西市場西街　天橋商場　西市場南街　先農壇内　福長街　福長街頭條　福長街二條　福長街三條　福長街四條　福長街五條　福長街六條　新農里　南緯路　西市場中街　西市場東街一巷　西市場東街二巷　西市場東街三巷　西市場東街四巷　西市場東街　城南商場　先農壇根　先農市場　天農市場　惠元商場　忠和商場　北三益里　文元里　積善里　義和里　信善里　聚星里　東經路　永安路（東段）西至萬明路南口，與第十七坊分界。

第十一自治區第十七坊本坊面積約合二十九萬零九百二十五方公尺，公所設於江南城隍廟内。

臘燭芯　高廟　永安路（西段）東至萬明路南口，與第十六坊分界。集賢里　壽長街　壽長街二條　壽長街三條　永安里　平安里　西經路　同益里　北緯路　祿長街頭條　虎坊

路　西四聖廟　銅法寺　蔭德里　蔚文里　太平橋

第十一自治區第十八坊本坊面積約合十二萬四千二百方公尺，公所設於粉房琉璃街路西廉欽會館。

粉房琉璃街　崇興寺　響鼓廟　三間房　高家寨　福州館街　福州館前街　帳垂營　振福前街　振福後街

第十一自治區第十九坊本坊面積約合十萬零六千八百七十五方公尺，公所設於南橫街六十六號。

南橫街　潘家河沿　賈家胡同　菓子巷　北堂子胡同

第十一自治區第二十坊本坊面積約合五十萬零七千三百七十五方公尺，公所設於南橫街黑窑廠。

黑窑廠　南堂子胡同　四平園　椅子圈　蔴刀店　晉太高廟　高陽里　大中里　龍泉寺　龍爪槐　陶然亭　德蔭溝　糖房胡同

第十一自治區第二十一坊本坊面積約合七十二萬七千八百七十五方公尺，公所設於江南城隍廟內。

城隍廟街　南下窪　太平街　後營胡同　毘盧菴　窑台　雙柳樹　禄長街三條　南緯路

第十一自治區第二十二坊本坊面積約合十八萬五千一百七十五方公尺，公所設於永定門大街。

永定門大街　井兒胡同　西大院　蔣家胡同　粉店東口　粉店西口　佑聖寺北巷　佑聖寺南巷　西壇根　先農南夾道　三益里　頭條胡同　二條胡同　三條胡同　税局子胡同　東馬道　東壇根

第十二自治區本區面積約合四五七・九八方里，本區共四九坊、五九〇間、二七九一鄰。

區公所　設於東嶽廟内

第十二自治區第一坊本坊面積約合零・四零方里，公所設於朝外大街二八五號。

朝陽門外大街　祁家大院　孫家大院　墻縫胡同　日昇胡同

第十二自治區第二坊本坊面積約合二・零三方里，公所設於吉市口七四號。

吉市口　北城根　北河沿　楊家胡同　香餌胡同　太平巷　頭條胡同　二條胡同

三條胡同　四條胡同　五條胡同　六條胡同　七條胡同　八條胡同

第十二自治區第三坊本坊面積約合一・九七方里，公所設於南中街六號。

南中街　南河沿　觀音寺　蔡家大院　筆管胡同　盛管胡同　白家大院　秀水河

水門關　靜住寺　三佛寺後身　南城根　月墻　東森里黄廟　喇嘛寺　景昇西街　朝陽

市場

第十二自治區第四坊本坊面積約合二・八三方里，公所設於神路街五九號。

神路街　神路後街　碑樓胡同　南營房一甲　南營房二甲　南營房三甲　南營房四甲　南營房五甲　南營房六甲　南營房七甲　南營房七甲東胡同　南營房西道　南營房東門　查家店　赦孤堂　夏家胡同　芳草地　椿樹大院　化家胡同　皇姑菴　天福巷　硝廠大院　榮盛夾道　景昇東街　馬家義地　北大院

第十二自治區第五坊本坊面積約合三・五四方里，公所設於元老胡同二六號。

元老胡同　下三條　下四條　下五條　大庭房　草廠　潘家坡　小營房　北營房東街　北營房寬街　北營房西街　王家園　篩子胡同

第十二自治區第六坊本坊面積約合一・二二方里，公所設於口中街一號。

東中街　西中街　中中街　南河沿　八條北下坡

第十二自治區第七坊本坊面積約合三・七一方里，公所設於南後街十九號。

十字坡　南後街　南二里莊　馬家井　銅廠子　九王墳

第十二自治區第八坊本坊面積約合一・八七方里，公所設於東直門外大街一零八號。

東直門外大街　東外北城根　北城根　棗兒店　勞兒德胡同　鐵匠口　察慈胡同　朝道胡同　春牛房　東河房

第十二自治區第九坊本坊面積約合九・零一方里，公所設於東直門外大街一零八號。

北二里莊　冰窖口　北後街　香河園　線市廟　小營房　左家莊　牛房村　磚角樓　胡家園

第十二自治區第十坊本坊面積約合二零・七方里，公所設於貢旺菴三十四號。

鬼王菴　塔園村　太平莊　爐神廟　丹天宮　呂祖閣　三里屯　韮菜市　三元菴

褡褳坑　小關　小猪店　行宫廟　土城

第十二自治區第十一坊本坊面積約合一九・零五方里，公所設於拾茶棚四號。

關東店　東大橋東　教場　鋸碗胡同　一間樓　呼家樓　核桃園　白家莊　日本墳地　化石營　二閘村　拾茶棚　豫王墳　獐鹿房　三塊板

第十二自治區第十二坊本坊面積約合四・四九方里，公所設於無線電台一號。

南下坡　興隆街　二聖廟　東合窑　西七聖廟　南祁家園　北祁家園　土城根　五座墳　田家墳　無線電　無線電北上坡　杜家樓　夏家墳

第十二自治區第十三坊本坊面積約合三・零七方里，公所設於磚廠二十六號。

磚廠　頭道街　二道街　三道街　龐家樓　南核桃園　惠工窑　月河寺　鴨子嘴　小藍靛廠　靈通觀　毛家墳

第十二自治區第十四坊本坊面積約合八・零五方里，公所設於花園村一號。

黄木廠前街　黄木廠後街　大鹿圈　東便門外大街　樂家花園　雙林菴　六把罐

將軍墳　三忠祠　睿王墳　花園村　豫王墳　小鹿圈　公主墳　糧食市　傻和尚墳　皇姑墳　雙井村　八棵楊樹

第十二自治區第十五坊本坊面積約合三・零六方里，公所設於大郊亭三十三號。

慶豐閘前街　慶豐閘後街　深溝村　下店村　廠坡村　五福館

第十二自治區第十六坊本坊面積約合七・零三方里，公所設於大郊亭三十三號。

大郊亭　窑窪村　黄辛莊　平樂園　垂陽柳　蘇家溝　九龍山　廠東門　獅子墳　鴨子嘴

第十二自治區第十七坊本坊面積約合八・零四方里，公所設於宫莊十一號。

宫莊　太平莊　唐家墳　大橋村　大柳樹　大山子　四根旗桿　小海子

第十二自治區第十八坊本坊面積約合一七・零二方里，公所設於觀音堂一號。

觀音堂　王四營　化家墳　劉家墳　燕窩村

第十二自治區第十九坊本坊面積約合一七・零一方里，公所設於南花園甲三十二號。

南花園　馬房寺　孛羅營　前白鹿司　後白鹿司　道口村　豫王墳

第十二自治區第二十坊本坊面積約合六・一五方里，公所設於北花園觀音廟内。

花園前街　花園後街　小郊亭　東店村　線家墳　一間樓　恭家墳　何家墳　金家墳　郭家墳　瑞家墳

第十二自治區第二十一坊本坊面積約合三·五七方里，公所設於高碑店十號。

高碑店北下坡　第一巷　第二巷　後廠　南巷　北巷　東景壁　北後街　北上坡　南上坡　樓下坡　戲台東上坡　東大坑　東山　田家窪　顧家墳　陶家窪

第十二自治區第二十二坊本坊面積約合一零·一零方里，公所設於半壁店六號。

西店村　西窪村　五輩王爺墳　石板房　半壁店　一頃莊

第十二自治區第二十三坊本坊面積約合六·三零方里，公所設於水南莊六十七號。

水南莊　方家墳　東石門　西石門　百子灣

第十二自治區第二十四坊本坊面積約合一九·零五方里，公所設於慈雲寺四十三號。

英家墳　慈雲寺(南段)北至馬路，與第二十七坊分界。八里莊(南段)北至馬路，與第二十七坊分界。十里堡　陳家林　東八里莊　鶉溝村　二貝子墳　熏皮廠

第十二自治區第二十五坊本坊面積約合一六·零五方里，公所設於花園閘里十六號。

大黃莊(南段)北至馬路，與第二十七坊分界。高井村(南段)北至馬路，與第二十七坊分界。太平莊(南段)北至馬路，與第二十七坊分界。甘露菴(南段)北至馬路，與第二十七坊分界。花園閘　鐵家墳

興隆莊　康家溝

第十二自治區第二十六坊本坊面積約合九・零三方里，公所設於太平莊三十一號。

大黄莊（北段）南至馬路，與第二十五坊分界。高井村（北段）南至馬路，與第二十五坊分界。太平莊（北段）南至馬路和，與第二十五坊分界。甘露菴（北段）南至馬路，與第二十五坊分界。武聖菴　紅門　黄沙木店

第十二自治區第二十七坊本坊面積約合九・三一方里，公所設於八里莊九十六號。

延淨寺　慈雲寺（北段）南至馬路，與第二十四坊分界。八里莊（北段）南至馬路，與第二十四坊分界。□家墳（六九）　道家墳　紅墻廟

第十二自治區第二十八坊本坊面積約合二零・零三方里，公所設於柒家窪三號。

郎家園　東七聖廟　松公墳　八王墳　小莊　紅廟　小猪店　柴家窪　沙筒子　馬道口　唐家窑　皇姑墳

第十二自治區第二十九坊本坊面積約合六・二九方里，公所設於六里屯中街六十七號。

南後街　六里屯中街　北後街　高廟　甜水井　窑口

第十二自治區第三十坊本坊面積約合八・零二方里，公所設於棗子營十一號。

水碓村　大山子　上四路　棗子營　南後街　北後街　麥子店　麥子店北後街　葦

子坑　五爺海子

第十二自治區第三十一坊本坊面積約合九·五三方里，公所設於辛莊甲二十四號。

辛莊　豆格莊　葦子坑　石佛營　高井　四路居

第十二自治區第三十二坊本坊面積約合七·零四方里，公所設於板橋十八號。

亮馬廠　板橋村　漫地村〔七〇〕　白家樓村　和尚墳

第十二自治區第三十三坊本坊面積約合二·七四方里，公所設於平房。

平房村南後街　平房村西口外　平房村北後街　平房村

第十二自治區第三十四坊本坊面積約合五·三九方里，公所設於姚家園六十號。

姚家園

第十二自治區第三十五坊本坊面積約合九·零六方里，公所設於西壩三十二號。

單店村　七棵樹　南窪子　許家河　崔家墳　醉公墳　將台窪

第十二自治區第三十六坊本坊面積約合一六·零九方里，公所設於大亮馬橋關帝廟内。

大亮馬橋　窑口　小亮馬橋　于橋　安家樓　大清寺　李官莊

第十二自治區第三十七坊本坊面積約合一三·零五方里，公所設於西壩三十二號。

南石家墳　南岡子　岔道嘴　駝房營　半截塔　十里居　西壩村　張百姓莊

第十二自治區第三十八坊本坊面積約合六·三二方里，公所設於西門街六十八號。

公主墳　北門街　西門街　西門北後街　南道口　西門村　北門村

第十二自治區第三十九坊本坊面積約合一·四九方里，公所設於西柵欄外四號。

東壩大街(南面)北至大道，與第四十坊分界。東岡子(南面)北至大道，與第四十坊分界。豆腐巷　田家胡同　白衣菴街　白衣菴下坡　二條後街　四眼井下坡　娘娘廟街　二條胡同　板橋　高家墳　菩薩廟　白衣菴後街　龍角灣

第十二自治區第四十坊本坊面積約合二·七五方里，公所設於西柵欄外四號。

東壩大街(北面)南至大道，與第三十四坊分界。東岡子(北面)南至大道，與第三十四坊分界。西柵欄外　馬家大院　北後街　香兒胡同　小八間　肖家大院　驢市胡同　辛莊　辛莊後街　北後溝

第十二自治區第四十一坊本坊面積約合二一·零八方里，公所設於東八間房潤靈祠。

東八間房　北石家墳　何家墳　山子灣　小白墳　花園村　霍家墳　雍家墳　那公墳　北岡子　窪子　小井　孫家墳　小楊家墳　大楊家墳　阿家墳　岔道嘴　大陳各莊

第十二自治區第四十二坊本坊面積約合八·零一方里，公所設於黑橋七十一號。

黑橋村　南皋　草廠地　趙家莊

第十二自治區第四十三坊本坊面積約合一一·〇二方里，公所設於小陳各莊十一號。

酒仙橋村　小陳各莊　高家墳　焦家墳　大山子

第十二自治區第四十四坊本坊面積約合一四·〇一方里，公所設於東壩河六十七號。

東壩河　花家地　趙家莊　趙家村　賢孝牌　蕭家廟　後五里溝　五里溝

第十二自治區第四十五坊本坊面積約合一六·五二方里，公所設於西八間房。

大望京　小望京　西八間房　白家墳　侯家墳　趙家墳　平房村　六公主墳

第十二自治區第四十六坊本坊面積約合一五·一五方里，公所設於西壩河二十九號。

尚家樓　夏家墳　牛王廟　公主墳　十字口　麥公莊　西花園

第十二自治區第四十七坊本坊面積約合二三·〇二方里，公所設於西壩河二十九號。

西壩河　太陽宫　土角樓　北七聖廟　廣西門　紅橋　靜安莊

第十二自治區第四十八坊本坊面積約合一六·〇二方里，公所設於南湖渠七十五號。

南湖渠　東湖渠　落田窪　六公主墳　小白廟

顧家莊　勇士營　劉各莊　辛莊　崔家墳　北窪子　北湖渠　師家墳

第十二自治區第四十九坊本坊面積約合一五·二二方里，公所設於勇士營二號。

第十三自治區本區面積約合七七五・一四方里，本區共二四坊、六三七閭、三一三六鄰。

區公所　設於天然博物院鬯春堂

第十三自治區第一坊本坊面積約合三・七六方里，公所設於阜城門外大街一八〇號。

阜城門外大街　南城根　南河沿　瓜市營　南禮士路　東夾道　西夾道　寶塔寺　南營房　廣川胡同　圓廣寺(七二)　富興莊　豆腐房胡同　東露澤園　西露澤園　禮拜寺胡同　四眼井　後大坑　孔王墳　萬明寺　一眼井　月壇市場　桶舖胡同　大葫蘆　四道口　龍王廟　杜家坑

第十三自治區第二坊本坊面積約合三・二九方里，公所設於西直門外高亮橋閘東。

阜外北禮士路　南關頭條　南關二條　南關三條　北河沿　北城根　冰窖口　雞爪胡同　暫安處　車公莊　福禄居　馬尾溝　二屋園　教場口　二眼井　北營房

第十三自治區第三坊本坊面積約合七・一一方里，公所設於西直門外高亮橋閘東。

西直門外北關　月墻　東關　南關　博物院路　澡堂子胡同　新官房　老官房　平

綏車站　南城根　北城根　上二條　四眼井　八道灣　老虎洞　桃柳園　柴貨市　取燈胡同　竹桿井　花園前村　郝家灣　榆樹館　朝陽菴　堂子胡同　黃土坑

第十三自治區第四坊本坊面積約合一六・九八方里，公所設於阜城門外白堆子九十四號。

阜外北四道口　新街　後二里溝　前二里溝　朝陽菴　甘家口　黃瓜園　百萬莊　三塔寺　小老爺廟　高井村　扣鐘廟　黑塔村　北露澤園　老虎廟　北沙溝　馬睹子廟　景王墳　白堆子村　潘家莊　半截塔　三虎橋　馬哈拉廟　松林　昌運宮　紫竹院

廣園閘

第十三自治區第五坊本坊面積約合一二・四七方里，公所設三里河永壽寺。

羅道莊　三里河　藥王廟　西嶽寺　洪茂溝　九天廟　四槐居　六道口　南四道口　東釣魚臺　望海樓　小八旗　南沙溝　圓通觀　鳳凰嘴　晾果廠　蔡公莊南至大道，與第六坊分界。　柳林館　吳家墳　平臺村　西釣魚臺　黃帶子墳　前莊子　龍王廟

第十三自治區第六坊本坊面積約合一一・四三方里，公所設於羊房店。

羊房店（北村）南至馬路，與第七坊分界。　茂林居　崇興寺　鐵旗桿　會城門北村南至東西大道〔七二〕，與第七坊分界。　黃亭子　大道溝　什房院西至西南北大道，與第九坊分界。　果廠村　蔡公莊北至大道，與第五坊分界。　木樨地　二屋墳　普會寺　六王墳　苑家村　馬道廟

第十三自治區第七坊本坊面積約合一七・八五方里，公所設於西直門外關廂四號。

小馬廠　西便門關廂　青龍橋　真武廟　樂道灣　地藏菴　甘雨橋　白雲觀　馬溝廟　天寧寺　北觀音寺　會城門村（南半村）北至東西大道，與第六坊分界。雙貝子墳　南蜂窩　北蜂窩　羊房店（南半村）北至馬路，與第六坊分界。二王墳　木樓村　蓮花池

第十三自治區第八坊本坊面積約合一九・八五方里，公所設於靛廠村蓮社寺。

靛廠村　跑馬廠　馬管營（北村）南至東西大道，與南郊分界。吴家場　岳各莊南至大道，與南郊分界。菾家墳[三]　鄭常莊　青塔村　沙窩村（南半村）北至東西大道，與第九坊分界。八爺墳（西半村）　岳家樓

第十三自治區第九坊本坊面積約合一四・二一方里，公所設於核桃園關帝廟。

什方院東至西南北大道，與第六坊分界。金家村　核桃園　沙窩村（北半村）南至東西大道，與第八坊分界。沙溝村　棗林村　高莊　八爺墳（北段）南至東西大道，與第八坊分界。朱各莊（南半村）北至西大道，與第十坊分界。

第十三自治區第十坊本坊面積約合一三・八二方里，公所設於八里莊地藏庵。

八里莊　南墻灣　高家菜園　玲瓏菴　嘉禾巷　八里莊東門　老爺廟　馬神廟　白塔菴　花園七賢村　又一村　北窪　徐莊（東半村）西至西北大道，與第十一坊分界。善家墳（東半

村）西至西大道，與第十一坊分界。定會寺　八寶莊　九家墳　朱各莊

第十三自治區第十一坊本坊面積約合一三・九四方里，公所設於高莊關帝廟。

雙槐樹　亮甲店　鄭王墳　五孔橋　彰化［村］（南部）北至東西窪大道，與第十五坊分界。五路居　善家墳（西半村）東至南北大道，與第十坊分界。徐莊（西半村）東至南北大道，與第十坊分界。十王墳　行集寺　恩濟莊　高莊（南部）北至東西窪大道，與第十五坊分界。半壁店（北半村）南至馬路，與宛平縣分界。田村（北部）南至馬路，與宛平縣分界。

第十三自治區第十二坊本坊面積約合一四・七五方里，公所設於西直門外北關高亮閘東。

北下關街　娘娘廟胡同　大柳樹北村　大榆樹南村　五塔寺　太平莊　大影壁胡同　頭堆胡同　大錢市胡同　小錢市胡同　小寺胡同　德寶胡同　小園胡同　糖房胡同　上園　慈獻寺　紅果園　大慧寺　青塔院　淨土菴　笑祖塔院　胡家樓　白石橋

第十三自治區第十三坊本坊面積約合三六・五〇方里，公所設於萬泉莊關帝廟。

萬泉莊　小南莊　三義廟　龐家村　五座墳　王公墳　雙榆樹　巴溝　通惠寺　廠窪　長春橋　魏公村　法華寺　白祥菴　紅廟　萬壽寺　半壁街

火器營八旗

第十三自治區第十四坊本坊面積約合二・一方里，公所設於火器營村。

第十三自治區第十五坊本坊面積約合四五・六一方里，公所設於藍靛廠。

藍靛廠　藍靛廠北街　藍靛廠後街　藍靛廠胡同　戲樓　東穿堂　西穿堂　紅門村　下村　石佛寺　麥莊橋　板井村　彰化村（北部）南至東西窪大道，與第十一坊分界。　正福寺　黄莊　金莊　高莊（北部）南至東西窪大道〔七四〕，與第十一坊分界。　雲會寺〔七五〕　柴家墳　小煤廠村　東冉家村　西冉家村　老營房南門外　車道溝　中塢村（南半村）北至東窪大道，與第二十坊分界。　佟家墳　籬笆房　柳林居　火器營村北門外　老營房（即圓明園廂藍）　南塢　横街　禪教灣〔七六〕　火器營西門外　寬街

第十三自治區第十六坊本坊面積約合三九・八三方里，公所設於北辛莊。

北辛莊　南辛莊　福田寺　玉極菴　巨山村　杜家墳　西平莊　南平莊　東平莊　黑塔村　小府村　高家墳　梆子井　祁家村　四統碑　瑞王墳　賈家墳　魏家村　黄土坡

第十三自治區第十七坊本坊面積約合九・八八方里，公所設於海淀東雙關帝廟。

善緣橋　娘娘廟街　辛莊大胡同　下窪子　大井胡同　前辛莊　辛莊小廟　東大院　八家胡同　新胡同　大坑沿　日祥菴　籬笆房　躺碑廟　小泥灣　大泥灣　許家寺　小西門　四道口　皂君廟　後官園　石家墳　黄莊東

第十三自治區第十八坊本坊面積約合六·九八方里，公所設於海淀火神廟商會。

海甸西街　南小街　太平莊胡同　墨蟠居　永辛莊　小車居　三角地　前官園　楊家井　榆樹林　黄莊西　雙關帝廟　倒座觀音堂　南大街　洩水湖　驢市口　鶯房　彩和坊〔七七〕　楊家井胡同　蘇公家廟　太平莊　太平院　桃園　羊圈胡同　獸醫樁　龍鳳橋　西岔　碓房居　賢孝牌　銀絲溝　觀音閣　大河莊　雙橋東　港溝胡同　南柵欄　南海甸　甜水井　燈籠庫　赫燈營　老虎洞　果子市　穿堂門　香廠子　菜庫　槐樹街　娘娘廟西岔　車庫　冰窖　羊圈　軍機處　西柵欄　金龍舘　西上坡　雙井

第十三自治區第十九坊本坊面積約合二九·六四方里，公所設於六郎莊静安院内。

六郎莊　静安院　小獅子胡同　大後街　中胡同　大胡同　張中堂胡同　新建宫門　繡漪橋　牌樓門　榮中堂胡同　二龍閘　宫門前昇平署　虎城　興隆胡同　慶安胡同　雙巷　太平河　平安路　太平院　東河沿　慈佑街　慈佑一條　慈佑二條　慈佑三條　平安一條　平安二條　平安三條　平安四條　南樓村　雙橋　西苑一道街　西苑二道街　閲武樓街　宣化街　和平街　國慶街　西苑三道街　睦鄰胡同　簍斗橋　承澤園　木板橋

第十三自治區第二十坊本坊面積約合六一·八三方里，公所設於香山慈幼院。

買賣街　南辛村　傑王府　正黃旗北營　正黃旗南營　樓後村　正黃旗小營　正紅旗　廂藍旗　北塢村　後窑〔七八〕　閔家莊　老墻根　瞻家墳　禮王墳　四眼井　中塢（北半村）南至東西窪大道，與第十五坊分界。　船營　廂紅溝南　廂紅溝北　萬安里　門頭村　牛碌墳　小屯村　南河灘　鮑家窑　搽茶棚〔七九〕　養水湖　普安店　大柳林　北上坡

第十三自治區第二十一坊本坊面積約合八七・二八方里，公所設於碧雲寺。

煤廠村　北辛村　北溝村　⿰山冬峪村　公主墳　碧雲寺後身　掛甲塔　善化寺　廂黃南營　廂黃北營　廂黃西營　黑山扈　紅山口　老府　董四墓　韓家府　東小府　娘娘府　豐户營　道公府　紅門　正藍旗　西小府　廂白旗　四王府　正白旗　東溝　單水門　西北旺　東宮村

第十三自治區第二十二坊本坊面積約合一六三・七七方里，公所設於温泉。

温泉村（南部）　白家疃（南部）　冷泉村　南安河　韓家川　南羊坊　南辛村　周家巷（南部）北至大道，與宛平縣分界。　傅家窑（南部）北至馬路，與宛平分界。　太舟塢（南部）北至大道，與宛平縣分界。　西楊坨村　東楊坨村　孟悟村　東山村　香峪村　王灣村　灰口村　寨口村

第十三自治區第二十三坊本坊面積約合九四・四六方里，公所設於□□□〔八〇〕。

三家店（東部）西至大道，與宛平縣分界。　南五里坨（北部）南至大道，與宛平縣分界。　秀府村　黑

石頭　上石府　下石府　隆恩寺　雙泉寺　滿井村　陳家溝　板橙溝　高井村　佟家墳　馬尾橋（北部）南至大道，與宛平縣分界。　河澗村　黃崖大道　壇峪村

第十三自治區第二十四坊本坊面積約合四零・八方里，公所設於四平台。

模式口（北段）南至大道，與宛平縣分界。　碑上村　禮王墳　福壽嶺　西小府　雍王府　申王府　金王府　四平臺　劉娘娘府　後屯村　石河村　東下莊　西下莊　杏石口　朝陽菴　獅子窩

第十四自治區本區面積約合三八九・五四方里，本區共三九坊、六二三間、二九四鄰。

區公所　設於永定門安樂林

第十四自治區第一坊本坊面積約合一・五零方里，公所設於永外關廂德成厚糧棧。

永定門臉　永定門關廂　福音堂胡同　花莊子　警察署街　警察署前胡同　三元宮　西城根　西河沿　小火車站

第十四自治區第二坊本坊面積約合五・九五方里，公所設於地藏菴七號。

花椒樹　四路通　大火車站　二郎廟東街　二郎廟西街　彭莊　公地　松樹林　葛家廟　管家村　石門村　道溝村　地藏菴　石馬墳

第十四自治區第三坊本坊面積約合八・一六方里，公所設於右安門關廂六十七號。

右安甕洞　右安關廂　東河道　東頭條　東二條　東三條　關廂西後街　西河道　西二條　西三條　蘇家胡同　張家村　東莊　西莊　花園　南河沿

第十四自治區第四坊本坊面積約合八・一二方里，公所設於□□□。

中頂村　中頂西後街　鐵匠營　菜户營　老玉米市　官園　三官廟　釋迦寺　霍道口　祖家莊　梆子井　桑園　石門

第十四自治區第五坊本坊面積約合一四·三一方里，公所設於□□□。

萬泉寺　三路居　柳村　東鵝鳳營　西鵝鳳營　鳳凰嘴　駱駝灣　孟家橋　魏墻角　衛强校

第十四自治區第六坊本坊面積約合四·四一方里，公所設於廣安門外南觀音寺村乙二十一號。

南觀音寺　達官營　南馬神廟　白菜灣　椿樹舘　大紅廟　小紅廟　南河泡子　鴨子橋　土橋

第十四自治區第七坊本坊面積約合零·九五方里，公所設於廣安門外關廂一四八號。

廣安關廂　關王廟　北馬神廟　南手帕口　北手帕口　南史家胡同　北史家胡同

第十四自治區第八坊本坊面積約合五·八四方里，公所設於廣安門外三義菴九號。

甘石橋　三義菴　灣子村　深州舘　三統碑　葦子地　六把竿子井　北馬連道　南馬連道

第十四自治區第九坊本坊面積約合七·六四方里，公所設於馬官營三十三號。

倉盈舘　太平橋　剛乂樓　柳行村　水口子　蠍子門　六里橋　白塔　馬官營

第十四自治區第十坊本坊面積約合一三・五一方里，公所設於大井村娘娘廟內。

大井村　小井村　岳格莊　碾子墳　劉家口

第十四自治區第十一坊本坊面積約合一五・四四方里，公所設於西局村小前街九十九號。

西局村　西局東街　東局村　官地　七里莊　周莊　李莊　於莊　大井南胡同

第十四自治區第十二坊本坊面積約合一二・一九方里，公所設於□□□。

西管頭前街　西管頭後街　東管頭前街　東管頭後街　東管頭南後街　東管頭北後街　天主堂　黑公花園　團瓢村　後泥窪　前泥窪　水頭莊　高樓村　張莊　趙家營　七間房

第十四自治區第十三坊本坊面積約合四・八一方里，公所設於南大園。

樊家村　豆兒屯　南大園　北大園　劉家村　孟家村　葛家村　造甲村

第十四自治區第十四坊本坊面積約合一零・一五方里，公所設於花神廟。

房家村　王家胡同　葦子窪　紗帽園　温家口　蔣家街　張家路口　神堂　紀家廟　夏家胡同　于家胡同　鄭王墳　賬房村

第十四自治區第十五坊本坊面積約合八・三三方里，公所設於白家窑一號。

汾莊　東盆窑　西盆窑　東白家窑　西白家窑　二圈　三圈　四圈　五圈　東河

套　巴家莊　辛莊　常莊　新房子　四合莊　康莊子　南梗村　馬神廟

第十四自治區第十六坊本坊面積約合一四·八一方里，公所設於郭公莊七聖廟内。

郭公莊　高立莊　羊坊　南大地

第十四自治區第十七坊本坊面積約合一二·零二方里，公所設於□□□。

西紅門

第十四自治區第十八坊本坊面積約合一九·九二方里，公所設於黄土崗。

陳留村　潘家廟　新發地　牛莊　二甲地　前黄土崗　後黄土崗　馬家樓　化皮

店　頭圈　木樨園　高家場

第十四自治區第十九坊本坊面積約合一一·九零方里，公所設於玉泉營。

玉泉營　草橋　趙村店　鎮國寺　紅墳　後墳　五公墳　小草橋　角兒堡　老河身

第十四自治區第二十坊本坊面積約合九·八三方里，公所設於馬家舖(八)七聖廟。

馬家堡　洋橋　西羅家園　菓園　海户屯　高莊　觀音堂　迴香亭

第十四自治區第二十一坊本坊面積約合六·六九方里，公所設於馬家村松樹禪林。

南頂村　海會寺　馬家村　鄧家村　後村　木樨園　東羅家園　賈家花園　蘇

家坡　馬公莊　趙公口南里　鐵匠營四十四號

第十四自治區第二十二坊本坊面積約合九・零九方里，公所設於石榴莊南大廟。

石榴村　時家村　白廟　毛家墳　五間樓　曹溝　宋家莊　鐵匠營四十八號

第十四自治區第二十三坊本坊面積約合六・九八方里，公所設於蕭家村榮春寺廟內。

蕭家村　姚家村　紅寺　雙廟

第十四自治區第二十四坊本坊面積約合一・五零方里，公所設於小紅門茶棚菴內。

小紅門　小紅門前街　小紅門後街　馬道村　火道口　辛莊

第十四自治區第二十五坊本坊面積約合五・零零方里，公所設於郭家村關帝廟內。

牌坊村　牌坊後街　牌坊中街　姚家墳　張家坊子　宋家樓　郭家村　崗上村　少角村

第十四自治區第二十六坊本坊面積約合一三・五八方里，公所設於祁家莊關帝廟內。

小店村　六道口　祁家莊　東四道口　吕家營　吕家營南里　二堡子　五斗墳

第十四自治區第二十七坊本坊面積約合二二・四五方里，公所設於十八里甸三官廟內。

十八里店[八二]　草家墳　藥王廟　秦家墳　周家墳　馬家店　佟家墳　張家店　大羊坊　海户屯　花墻子

第十四自治區第二十八坊本坊面積約合一五・七五方里，公所設於武基寺廟內。

老君堂　大武基　小武基　南楊莊　六座墳　四公墳　萬家墳　杜家墳

第十四自治區第二十九坊本坊面積約合一九・九五方里，公所設於武基寺廟内。

孛羅營　西直河　王家村　年莊〔八三〕　半壁店　孔家井　刷家墳　東燕窩　陶家莊　劉家墳　庫家墳　唐家墳　前垡頭　後垡頭　十八間房

第十四自治區第三十坊本坊面積約合一五・一九方里，公所設於武基寺廟内。

樓梓莊　邱家莊　厚俸村　金蟬菴　大柳樹　祁家墳　窑窪村　月河村　南大山子　北楊莊　四路通　潘道廟

第十四自治區第三十一坊本坊面積約合一二・九二方里，公所設於南五聖廟内。

石香爐　老虎洞　打坯坑　皇姑墳　北五聖廟　營盤溝　同樂園　虎城　沙板村　南五聖廟　南磨房　三間房　雙石牌　龍王廟　架榆樹　賢孝牌

第十四自治區第三十二坊本坊面積約合一二・二四方里，公所設於西燕窩村廟内。

八里莊　西燕窩　周家莊　滿井　夾道溝　陳家村

第十四自治區第三十三坊本坊面積約合四・七七方里，公所設於廣渠門外關廂。

廣渠關廂　糧食市　沙土口　開化寺　架松樹　大板橋　潘家窑

第十四自治區第三十四坊本坊面積約合七・五九方里，公所設於左安門外。

左安關廂　左安東里　菜市東里　飲馬井　弘善寺　十里河　白墻子　花園子　左安南里　左安西里　小辛莊　康家園　八里河　西城根　高地　大柳樹（北段）十二號、十四號南至東西大道，與第三十六坊分界。　娘娘廟　閻家樓

第十四自治區第三十五坊本坊面積約合七・零七方里，公所設於十里河。

龍爪樹村　龍爪樹東里　龍爪樹南里　分中寺　關家坑　雙旗桿　倪家莊　棗林村　一間樓　花園十一號　十里河二十五號

第十四自治區第三十六坊本坊面積約合九・九零方里，公所設於□□□。

成壽寺莊　于家墳　成堡營（東段）西至南北大道，與第三十七坊分界。　方家莊　草廠　小雙橋上　大柳村（南段）北至東西大道，與第三十四坊分界。　南王爺墳　横道溝　馬回甸　南楊樹　北楊樹　葦子坑　四道口　南窑村

第十四自治區第三十七坊本坊面積約合四・九六方里，公所設於九聖菴内。

鐵匠營　小鐵匠營　蒲家莊　黄土坑　胡家村　高廟　楊家園東里　榆樹村　黄帶子溝　成堡營（西段）一號至七號東至南北大道，與第三十六坊分界。　孫家場　焦家花園　隆禧寺〔八四〕

第十四自治區第三十八坊本坊面積約合五・九三方里，公所設於劉家窑七聖廟。

劉家窑　劉家窑南里　塔園　李家村　郭公莊　丁家坑　靳家坑　三親家墳　趙公

口　定泉莊　琉璃井　琉璃井西里　南胡同　楊家園　安樂林　安樂林後身　安樂林南
里　小七聖廟　韓家館
第十四自治區第三十九坊本坊面積約合一・八七方里，公所設於桃園村甲九號。
桃園　侯家莊　獅子舘　葡萄園　寶華寺　關廂後身　沙子口北里　東城根　東
河沿

第十五自治區本區面積約合三三五·零六方里，本區共三二坊、三七一閭、二零一二鄰。

區公所　設於德外大街華嚴寺

第十五自治區第一坊本坊面積約合零·八零方里，公所設於德外大街三十六街號。

德外大街(南段)北至萬隆店南口迤東，與第四坊分界。　德外門臉　花枝胡同　粉房胡同　箭桿胡同　教場口　西馬家胡同　東馬家胡同　廣善寺　三眼井　西後街　富家胡同　西德豐胡同　糠房胡同

第十五自治區第二坊本坊面積約合零·三五方里，公所設於小市口內二十六號七聖廟。

德外小市口　小市市場　小市頭條　小市二條　小市三條　小市橫三條　小市四條　小市五條　小市六條　小市七條　小市八條　小市前九條　小市後九條

第十五自治區第三坊本坊面積約合一·三五方里，公所設於廣善寺二號民衆學校内。

大市口　新營南門　北上坡　大井胡同　弘慈寺　東後街　林家坑　豆芽菜坑　禮拜寺街　獅子胡同　東花枝胡同　炭廠胡同　分署胡同　華嚴寺後身　東頭條　東二

條　東三條　教場邊

第十五自治區第四坊本坊面積約合一·四四方里，公所設於德外大街三十六號。

德外大街（北段）南至萬隆店南口迤東，與第一坊分界。　東後街　西後街　張家大院　馬蹄胡同　東小井胡同　侯家胡同　六枝胡同　椅子胡同　前荷苞咀胡同　後荷苞咀胡同　西小井胡同　仁和店　永興店　醬房胡同　萬隆店　義和店　功德林　石佛寺　關北頭　火神廟　塔院

第十五自治區第五坊本坊面積約合一·七三方里，公所設於真武廟九號。

冰窖口　挑水胡同　弓箭會舘　冰窖後身　羊角燈胡同　真武廟　敞風口　馬家胡同　菩薩殿　費家胡同　北河沿　前胡同　後胡同　西胡同　八道灣　皇姑墳

第十五自治區第六坊本坊面積約合一四·六六方里，公所設於小西天十號。

黄亭子　老爺廟豁子（南段）北至土城，與第二十坊分界。　嚴家豁子（南段）北至土城，與第二十坊分界。　牤牛橋豁子〔八五〕　祭旗廟　鐵獅子墳　太平莊　小西天　小西門　打鐘廟　藥王廟　索家墳　侯家墳　車站官房　小村　飲馬槽　三岔口

第十五自治區第七坊本坊面積約合六·六七方里，公所設於馬甸街村聯會内。

馬甸西村　馬甸官廳　馬甸後胡同　禮拜寺胡同　堂子胡同　溝嘴胡同　馬神廟

義學胡同　小關西後街　西村後胡同　前黑寺　後黑寺　太平營　龍王廟　總署後身　馬甸街　紅廟　雙旗桿　馬甸東後街　由天定　雙旗桿〔八六〕　五路通　德外小關街(南段)北至土城，與第二十坊分界。

第十五自治區第八坊本坊面積約合四・四五方里，公所設於外館馬神廟。

後舘前街　後舘後街　外舘東街　外舘西街　外舘東夾道　外舘西夾道　外舘街　舘街南口　大德堂胡同　富有堂胡同　通和堂胡同　貴子胡同　駱駝橋　小寺胡同　董家胡同　帽舖胡同　觀音寺　車市　外舘後身　石家胡同　黄寺後身　黄寺　什方院(北段)南至資福院南大道，與第九坊分界。

第十五自治區第九坊本坊面積約合七・四一方里，公所設於小市口二十六號七聖廟。

西營房　上龍大院　教場　六舖炕　地興居　後九條　什方院(南段)北至資福院南大道，與第八坊分界。

第十五自治區第十坊本坊面積約合零・四九方里，公所設於安定門外東河殿内四號。

安外西河沿　關廂西後街　西河沿頭條　西河沿二條　西河沿三條　西河沿四條

第十五自治區第十一坊本坊面積約合二・二六方里，公所設於安外三道橋三號。

安外大街〔八七〕　安外箭樓　東城根　西城根　義學胡同　車舖胡同　三道橋　老虎

洞　盒子舖胡同　豆腐房胡同　左家胡同　當舖胡同　陳家胡同　渣子坡

第十五自治區第十二坊本坊面積約合八・六二方里，公所設於安外東河沿四號。

御路　鑾子營　拐棒樓　前花園　後花園　蔣宅口　傅家胡同　東河沿　地壇南

牆　安福莊　東營房　胡井　下井　柏林寺　磚角樓

第十五自治區第十三坊本坊面積約合一四・四一方里，公所設於外黄莊二十九號。

甘水橋　皇姑墳　六公主墳　小黄莊　槍廠　八大公墳　賢孝牌　五路居　三路居

第十五自治區第十四坊本坊面積約合一九・八六方里，公所設於藥王廟村藥王廟內。

安外小關街　乾楊樹　小關東街　雙旗桿　小營村　白廟村　姜莊　石牌樓　龍道

村　藥王廟　芍藥居　慧忠菴

第十五自治區第十五坊本坊面積約合一三三・一方里，公所設於大屯村五十八號。

關莊　太平橋　北湖渠　黄草灣　辛店　六王墳　蘆井　大屯　娘娘廟　半壁街

黄莊　大黄莊　祠堂

第十五自治區第十六坊本坊面積約合一七・四零方里，公所設於黄軍營常興寺內。

黄軍營　西坡子　立水橋　羊坊村　興隆莊　吉大人墳　禄家墳　仰山村　何家

墳　安家墳　勇士營

第十五自治區第十七坊本坊面積約合二一・三六方里，公所設於窪里村九華寺。

關西莊　胡家溝　九江口　窪邊村　佟家墳　窪里村　下清河　汪家村　史家溝　沙灘　葦子坑　龍王堂　白廟　侯莊　真武廟　薰皮廠　老虎廟　溝泥河　豹房　孫家橋　九江口

第十五自治區第十八坊本坊面積約合一七・七九方里，公所設於溝泥河廟内。

第十五自治區第十九坊本坊面積約合一六・四五方里，公所設於北頂村北頂廟内。

魚池村　茄市口　曹八里　慧忠寺　岔道口　娘娘墳　北頂村　華嚴廠　祁家豁子　大豁子　小關西街

第十五自治區第二十坊本坊面積約合一三・八五方里，公所設於德外滿井村五道廟内。

德外小關街（北段）南至土城，與第七坊分界。　小關東後街　小關西後街　北極寺　臥虎橋　狗房廟　滿井村　五道廟　牤牛橋村〔八八〕　閻家豁子（北段）南至土城，與第六坊分界。　老爺廟豁子（北段）南至土城，與第六坊分界。　柏彥莊　三聖菴　暫安處　三才堂

第十五自治區第二十一坊本坊面積約合一四・二零方里，公所設於神州廟内。

老虎廟　大鐘寺　東白塔菴　西白塔菴　保福寺　五道口　三間房　羅家莊　黃亭子　大王花園　十間房　兩間房　狐仙樓　明光寺　小西門外北村　一間房

第十五自治區第二十二坊本坊面積約合四·六五方里，公所設於正藍旗營關帝廟内。

三才堂　清華園(南段)北至河沿，與第二十四坊分界。　藍旗營　中關村　吉永莊　成府西小街　北河沿(東段)西至本村十五號，與第二十三坊分界。　包衣正白　包衣正黄　包衣廂黄

第十五自治區第二十三坊本坊面積約合四·四九方里，公所設於槐樹村太平山内。

大成坊　北河沿(西段)東至本村十五號迤西，與第二十二坊分界。　侍衛營　成府街　紅葫蘆胡同　沙土窩胡同　劉家胡同　前吉祥胡同　後吉祥胡同　書舖胡同　趙家胡同　牛子小舖胡同　聞家小舖胡同　棗樹院　槐樹街　太平菴　蔣家胡同　溝沿胡同　前羅鍋胡同　後羅鍋胡同　楊樹胡同　桑樹園　薛家胡同　新胡同　柳樹井　旱河沿　成府西街　喜羊胡同

第十五自治區第二十四坊本坊面積約合二零·九八方里，公所設於一畝園娘娘廟内。

福緣門　一畝園　掛甲屯　北樓門　教養局　虎城　水磨東街　水磨中街　水磨西街　清華園(北段)南至河沿，與第二十二坊分界。　石頭廠　新宫門　圓明園　正覺寺

第十五自治區第二十五坊本坊面積約合一六·九七方里，公所設於前八家村。

雙皇堡　六道口　石板房　前八家　東柳村　西柳村　蕭聚莊　東王莊　西王莊　四道口　九龍泉　七間房　二里莊　九間房　炸貨屋子

第十五自治區第二十六坊本坊面積約合二二・六八方里，公所設於清河村十二號。

清河大街　清河西後街　清河東後街　鹽店胡同　豆腐房胡同　花虎溝　清河南口　窑窪村　馬家溝　常家溝　後八家　西窪村　大石橋　後灣村　尹家溝　箭亭蒼營

第十五自治區第二十七坊本坊面積約合一零・八二方里，公所設於槐樹街北頭大寺廟內。

樹村街　二河開　廂白旗　七孔閘（八九）　正白南門外　樹村西後街　樹村北頭　前河沿　廂白小營　過街樓

第十五自治區第二十八坊本坊面積約合一二・一五方里，公所設於馬連窪八十二號關帝廟內。

馬連窪　廂黃旗　興隆莊　王家莊　大北門　蕭家河東村　正黃旗

第十五自治區第二十九坊本坊面積約合一六・九三方里，公所設於蕭家河橋西福禄菴。

蕭家河橋東　蕭家河橋西　蕭家河西胡同　騷子營街　騷子營後街　騷子營横街　騷子營臭胡同　辛村　河南新營　黑山扈　羊廠　穆家墳　龍背村　餑餑門　上河沿

第十五自治區第三十坊本坊面積約合三・三六方里，公所設於□□□。

大有莊　蜈蚣街　坡上村　南上坡　北二坡　三岔口　油作胡同　褲子胡同　翁家胡同　方宅胡同　羊肉胡同　前狀元胡同　後狀元胡同　豆腐漿坑　極樂寺　花砲作

小菜園　藻韻門　和公園　朱車堆

第十五自治區第三十一坊本坊面積約合三・零二方里，公所設於青龍橋街。

青龍街街　青龍橋後街　萬壽山後身　澡堂子胡同　臭胡同　穿堂門胡同　桶鋪胡同　安和橋〔九〇〕　禮拜寺　正紅旗東街　正紅旗中街　正紅旗西街　紅山口　安和橋後胡同　青龍橋西街

第十五自治區第三十二坊本坊面積約合八・七二方里，公所設於□□□。

下道府　廂紅旗　廂紅東門外　後營　後營北上坡　功德寺　東大井胡同　西大井胡同　菠蘿王胡同　箭張胡同　六間房　官碾房　槐樹居　四槐居　文武學堂　玉泉山　雙扇門

校勘記

〔一〕黄圖崗，底本作「黄土崗」，據民國十九年北平文雅社印製《北平市最新詳細全圖》(以下簡稱「民國十九年地圖」)、民國年間北京特別市公署印行《北京街衢坊巷之概略》(以下簡稱「《概略》」)改。民國十年商務印書館出版《新測北京内外城全圖》(以下簡稱「民國十年地圖」)作「黄土坑」。現爲黄圖崗胡同。

〔二〕無量菴，底本作「無量巷」，據《概略》、約民國二十九年王華隆繪製《北京内外城詳圖》（以下簡稱「民國二十九年地圖」）改。

〔三〕十七萬八千零六十五，底本作「十七萬零八千六十五」，據文義改。

〔四〕歡暢大院，底本作「歡場大院」，據《概略》、民國二十九年地圖改。

〔五〕大方家胡同，底本缺「方」字，據下文「南小街（一段）」小注補。

〔六〕草廠大院，《概略》作「草廠大坑」。

〔七〕於撫院胡同，底本作「千撫院胡同」，據《概略》、1986 年群衆出版社出版《北京市街巷名稱録》（以下簡稱「1986 年《名稱録》」）改。

〔八〕大秤鈎胡同，底本作「大稱鈎胡同」，據《概略》、民國二十九年地圖及下文「小秤鈎胡同」改。

〔九〕穿堂門，底本作「川堂門」，據《概略》、民國十九年、民國二十九年地圖改。

〔一〇〕小醬坊胡同，底本作「小將坊胡同」，據《概略》、民國十年、民國二十九年地圖改。

〔一一〕椿樹二條，底本作「椿樹胡同」，據《概略》、民國二十九年地圖改。

〔一二〕鞭稍胡同，底本作「鞭筲胡同」，據《概略》改。

〔一三〕小二條，底本作「小六條」，據 1958 年群衆出版社出版《北京市街巷名稱録》（以下簡稱「1958 年《名稱録》」）、1986 年《名稱録》改。

〔一四〕馬圈，底本作「馬園」，據《概略》改。

〔一五〕大醬坊胡同，底本作「大將坊胡同」，據《概略》、民國十年、民國二十九年地圖改。

〔一六〕弓弦胡同，底本作「弓紘胡同」，據《概略》、民國十九年地圖改。

〔一七〕棚獎胡同，《概略》、民國二十九年地圖、1958年《名稱録》作「朋獎胡同」，民國十九年地圖作「棚匠胡同」。

〔一八〕金絲鉤，《概略》、民國二十九年地圖、1958年《名稱録》作「金絲溝」。

〔一九〕受壁胡同，民國十年、民國十九年地圖、1958年《名稱録》同，《概略》、民國二十九年地圖作「受璧胡同」。

〔二〇〕大吉祥胡同，底本作「大吉羊胡同」，據《概略》、民國十九年、民國二十九年地圖改。

〔二一〕大安胡同，底本作「天安胡同」，據下文和《概略》、民國十九年、民國二十九年地圖改。

〔二二〕簸籮倉，底本作「筬籮倉」，《概略》作「菠籮倉」，據1998年中國地圖出版社出版《北京街道胡同地圖集》改。

〔二三〕鐵子胡同，底本作「織子胡同」，《概略》、民國十年地圖作「散子胡同」，據《（光緒）順天府志》卷十三改。

〔二四〕四十五萬五千四百五十，其中「五千」，底本作「吾千」，據文義改。

〔二五〕與，底本缺，據文義補。

〔二六〕表章庫夾道，底本作「裱章庫夾道」，據《概略》、民國二十九年地圖改。

〔二七〕太平巷東口，底本作「太子巷東口」，據《概略》、民國二十九年地圖和上文「南河沿（南段）」小注改。

〔二八〕太平巷東口，底本作「太子巷東口」，據《概略》、民國二十九年地圖和上文「東河沿（南段）」小注改。

〔二九〕民聲胡同，底本作「民生胡同」，據《概略》、民國二十九年地圖改。

〔三〇〕與，底本缺，據上下文義補。

〔三一〕慈慧殿，底本作「慈慧廠」，據《概略》、民國十年、民國十九年地圖改。

〔三二〕養蜂夾道，底本作「養夆夾道」，據《概略》、民國十年、民國十九年地圖改。

〔三三〕劉藍塑，底本作「劉籃塑」，據《概略》、民國二十九年地圖改。民國十年地圖作「劉蘭塑」，民國十九年地圖作「劉監塑」，《（光緒）順天府志》卷十三「劉鑾塑」。

〔三四〕中山里，底本作「鐘山里」，據《概略》、民國二十九年地圖改。

〔三五〕墨竹大院，《概略》、民國二十九年地圖作「墨汁胡同」。

〔三六〕崇真觀，底本作「崇貞觀」，據《概略》、民國十九年、民國二十九年地圖改。

〔三七〕蓮子胡同，底本作「連子胡同」，據《概略》、民國二十九年地圖改。

〔三八〕清水營，底本作「青水營」，民國十九年地圖同，據《概略》、民國二十九年地圖改。

〔三九〕越中先賢祠，底本作「越忠先賢祠」，據《（光緒）順天府志》卷十四改。

〔四〇〕甘井胡同，底本作「甘水井胡同」，據《概略》、民國十年、民國十九年、民國二十九年地圖刪「水」字。

〔四一〕汾州營，底本作「汾洲營」，據《概略》、民國十九年、民國二十九年地圖改。

〔四二〕鹿犄角胡同，底本作「鹿掎角胡同」，據1986年《名稱録》改。

〔四三〕椿樹上二條，底本作「椿樹上二頭」，據《概略》、民國十九年、民國二十九年地圖改。

〔四四〕敫家坑，底本作「殷家坑」，據《概略》、民國十九年、民國二十九年地圖改。

〔四五〕揚昌胡同，《概略》、民國二十九年地圖作「埸昌胡同」。

〔四六〕庫堆胡同，《概略》、民國二十九年地圖作「褲腿胡同」，1958年、1986年《名稱録》作「褲堆胡同」。

〔四七〕庫藏胡同，《概略》、民國二十九年地圖作「褲當胡同」，1958年、1986年《名稱録》作「褲藏胡同」。

〔四八〕庫角胡同，《概略》、民國二十九年地圖作「褲脚胡同」，1958年、1986年《名稱録》作「褲角胡同」。

〔四九〕萬佛寺灣，底本作「萬福寺灣」，據《概略》、民國二十九年地圖改。

〔五〇〕威播胡同北口，底本作「盛播胡同北口」，據下文「威播胡同」、「威播胡同北口」改。

〔五一〕下堂子胡同，底本作「下唐子胡同」，據下文「下堂子胡同」改。

〔五二〕炕兒胡同，底本作「坑兒胡同」，據《概略》、民國十年、民國十九年、民國二十九年地圖改。

〔五三〕炕兒大院，底本作「坑兒大院」，《概略》、民國二十九年地圖同，據1958年、1986年《名稱録》改。

〔五四〕西唐洗泊街，底本作「西唐洗伯街」，據《概略》、民國十年、民國十九年、民國二十九年地圖改。

〔五五〕半截胡同，底本作「草截胡同」，據《概略》、民國二十九年地圖改。

〔五六〕教養院小巷，底本缺「院」字，據《概略》、民國二十九年地圖改。

〔五七〕唐洗泊後街，底本作「唐洗伯後街」，據《概略》、民國十年、民國十九年、民國二十九年地圖改。

〔五八〕東唐洗泊街，底本作「東唐洗伯街」，據《概略》、民國十年、民國十九年、民國二十九年地圖改。

〔五九〕鎮江東園，底本作「鎮江東里」，據《概略》、民國十九年、民國二十九年地圖改。

〔六〇〕方盛園，底本作「方園盛」，據民國十九年地圖改。

〔六一〕紅羅廠，底本作「紅鑼廠」，據《概略》、民國二十九年地圖改。

〔六二〕沙欄胡同，底本作「沙瀾胡同」，據《概略》、民國十年、民國十九年、民國二十九年地圖改。

〔六三〕油勺胡同，底本作「油芍胡同」，據《概略》、民國二十九年地圖改。

〔六四〕庫司胡同，《概略》、民國二十九年地圖作「庫子胡同」。

〔六五〕褲堆胡同，《概略》、民國二十九年地圖作「庫堆胡同」。

〔六六〕槐樹胡同，底本作「椿樹胡同」，據《概略》、民國二十九年地圖改。

〔六七〕仁民路（西段），底本作「仁民路（南段）」，據上文「仁民路（東段）」改。據《概略》、民國十年、民國十九年、民國二十九年地圖，仁民路爲東西向，没有南段。

〔六八〕遲家胡同，底本作「池家胡同」，據《概略》、民國二十九年地圖改。

〔六九〕口家坟，底本只有「家坟」二字，據 1998 年版《北京街道胡同地圖集》，應作「黄家坟」。

〔七〇〕漫地村，《概略》作「墁地村」，1998 年版《北京街道胡同地圖集》作「慢地村」。

〔七一〕圓廣寺，底本作「園廣寺」，據 1997 年中國檔案出版社出版《北京寺廟歷史資料》改。

〔七二〕東西大道，底本作「西東大道」，據下文改。

〔七三〕蔣家坟，底本作「蔣家汾」，據 1958 年、1986 年《名稱録》、1998 年《北京街道胡同地圖集》改。

〔七四〕東西窪大道，底本缺「東」字，據上文補。

〔七五〕雲會寺，底本作「雩會寺」，據民國年間王華隆《北京四郊詳圖》改。

〔七六〕禪教灣，王華隆《北京四郊詳圖》作「纏脚灣」。

〔七七〕彩和坊，底本作「彩和房」，據王華隆《北京四郊詳圖》改。

〔七八〕後窑，底本作「後窪」，據王華隆《北京四郊詳圖》改。

〔七九〕捨茶棚，底本作「捨菜棚」，據 1998 年版《北京街道胡同地圖集》改。

〔八〇〕口口口，底本缺文。下同，不再出校記。

〔八一〕馬家鋪，即下文「馬家堡」原名，「鋪」通「堡」。

〔八二〕十八里店，底本作「十八里甸」，據王華隆《北京四郊詳圖》改。

〔八三〕年莊，底本作「羊莊」，據王華隆《北京四郊詳圖》改。

〔八四〕隆禧寺，底本作「隆喜寺」，據《北京寺廟歷史資料》改。

〔八五〕牤牛橋豁子，底本作「忙牛橋豁子」，1958 年《名稱録》同，據 1986 年《名稱録》改。

〔八六〕雙旗杆，與上三條重複，屬同一坊，而地點不同，如今雙旗杆路、雙旗杆西路之類。

〔八七〕安外大街，底本作「東外大街」，據1986年《名稱録》改。

〔八八〕牤牛橋村，底本作「忙牛橋村」，據1986年《名稱録》改。

〔八九〕七孔閘，底本作「七空閘」，據1986年《名稱録》改。

〔九〇〕安和橋，王華隆《北京四郊詳圖》作「安河橋」。

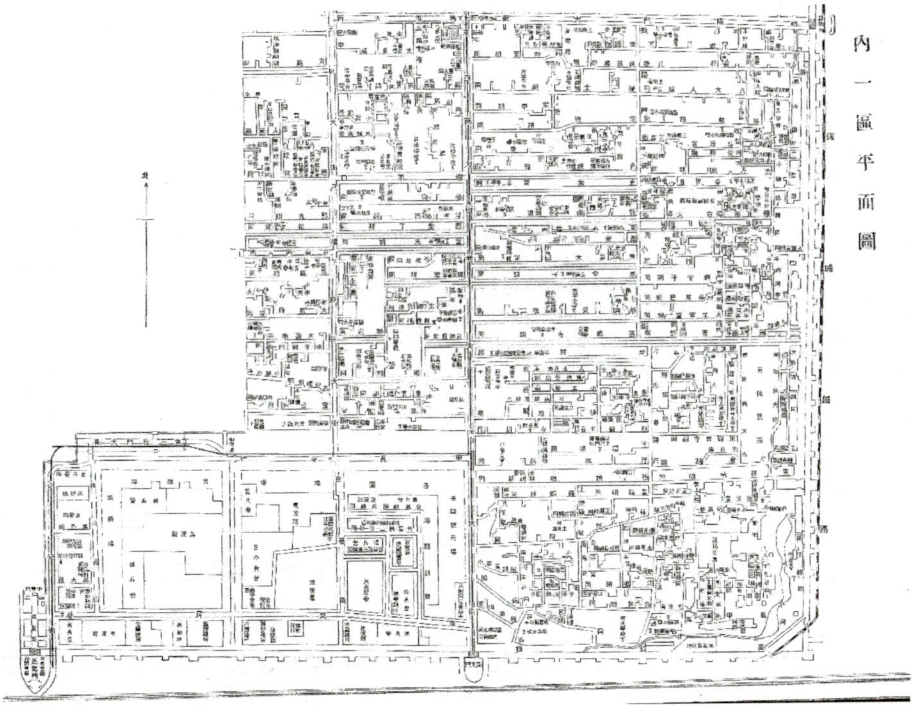

附圖一

內二區平面圖

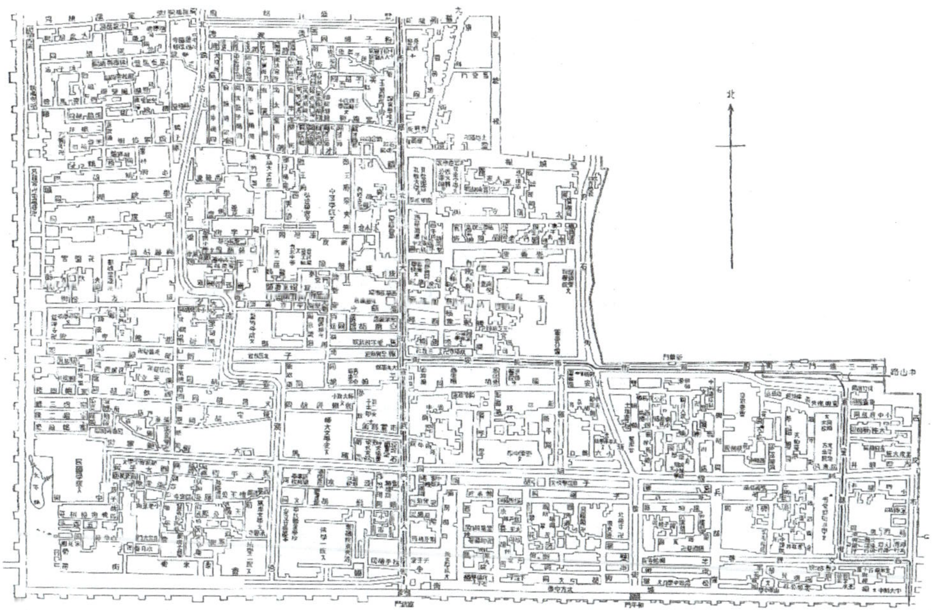

附圖二

內三區平面圖

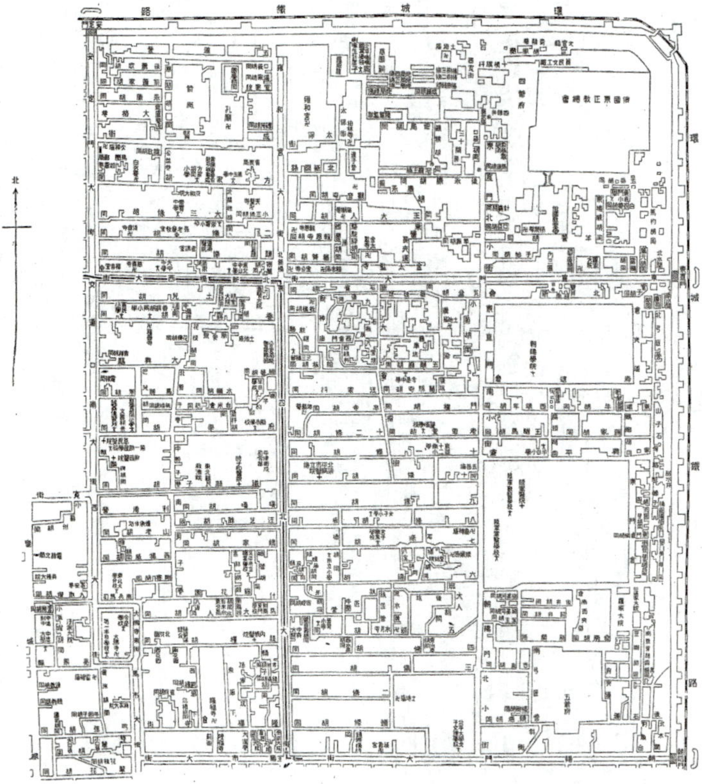

附圖三

內四區平面圖

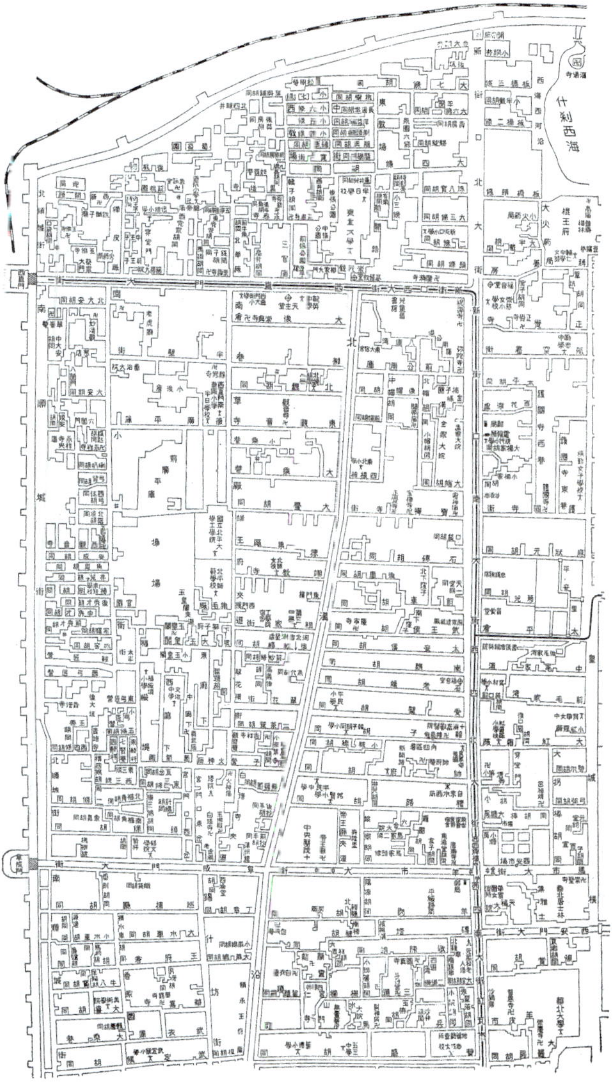

附圖四

内五區平面圖

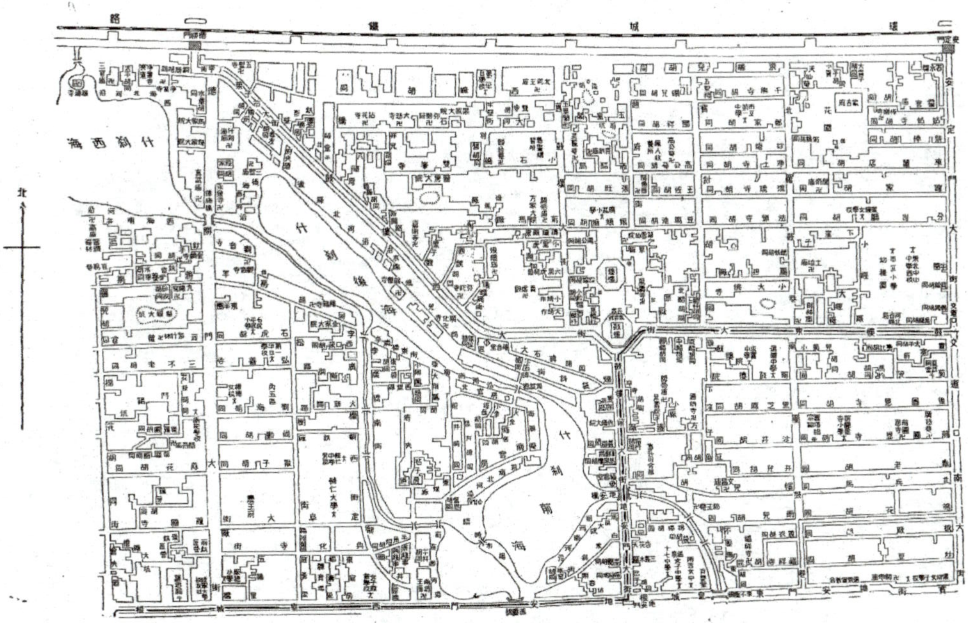

附圖五

內六區平面圖

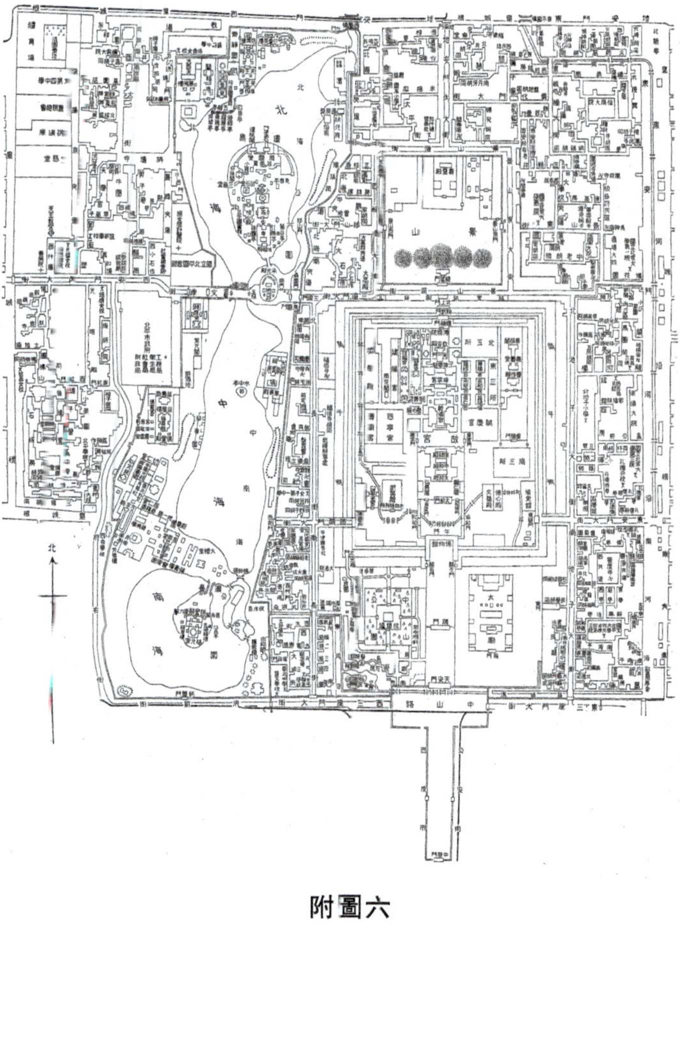

附圖六

外一區平面圖

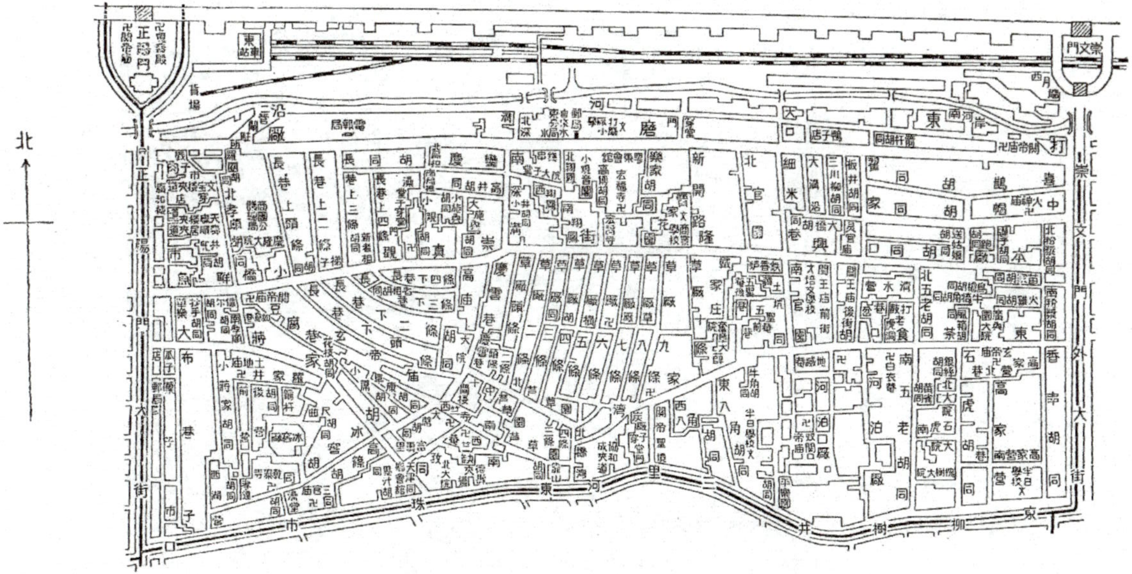

附圖七

外二區平面圖

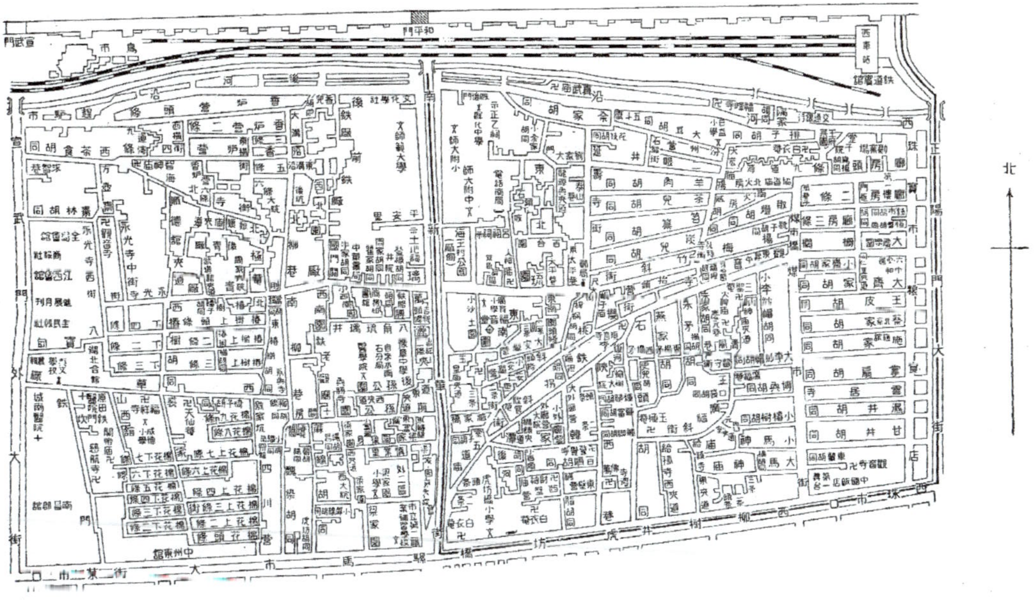

附圖八

外三區平面圖

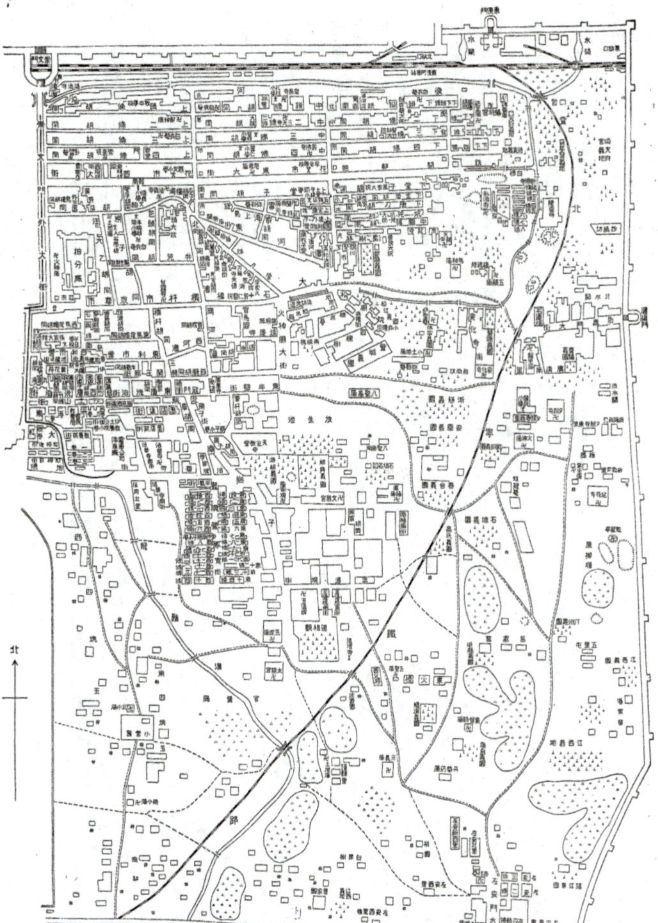

附圖九

外四區平面圖

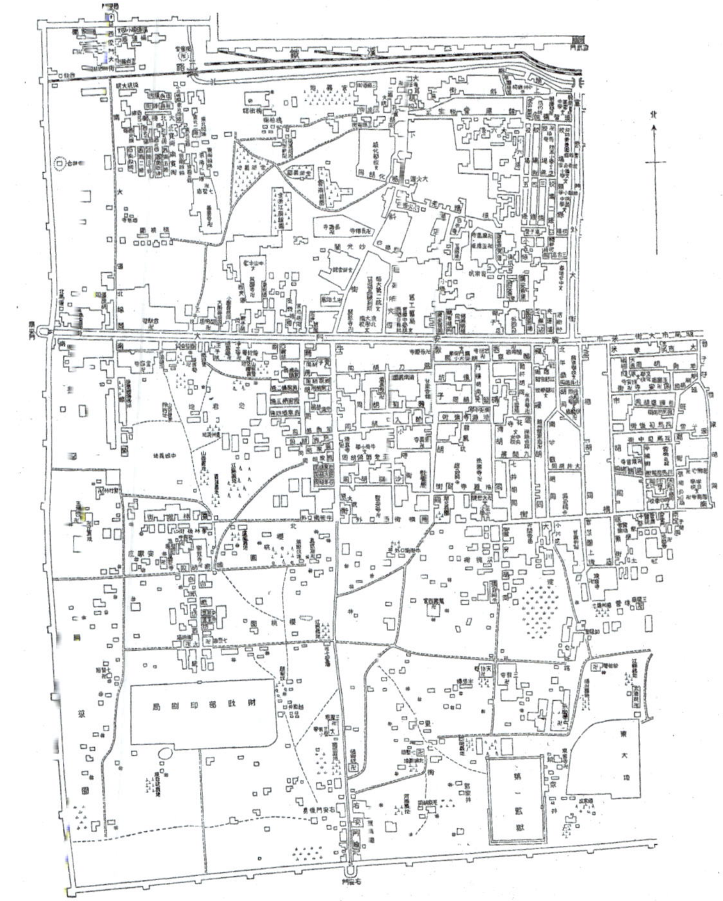

附圖十

外五區平面圖

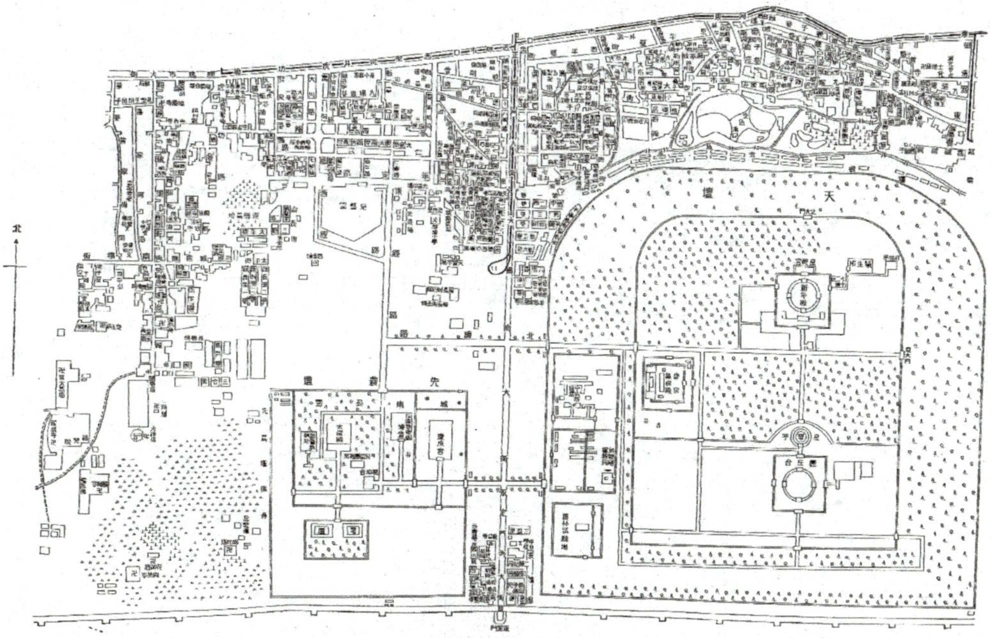

附圖十一

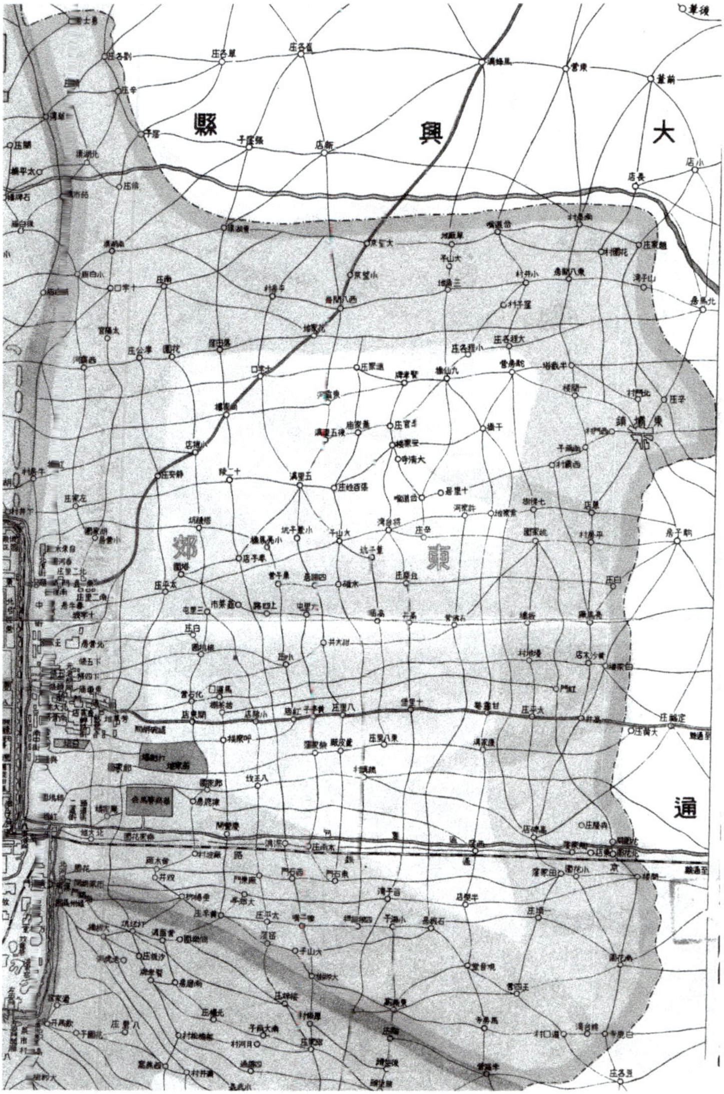

东郊

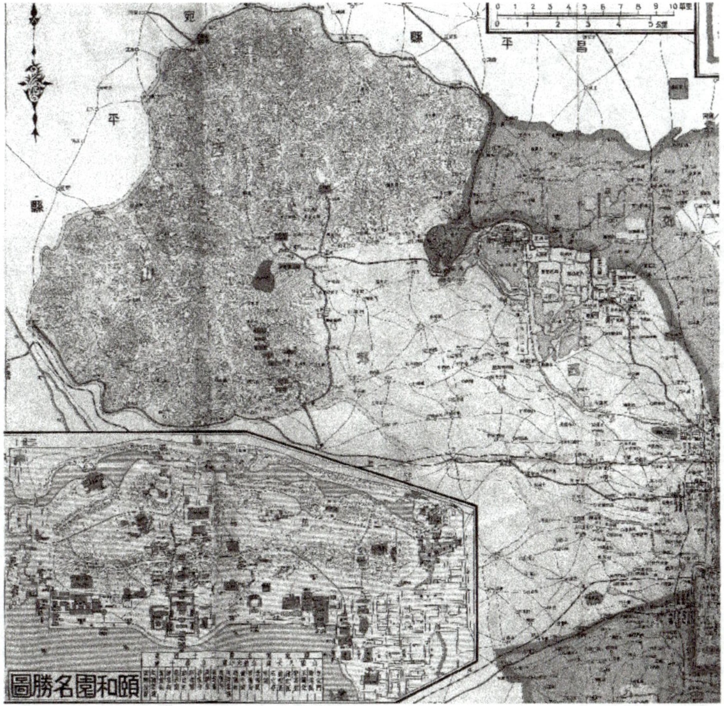

西郊

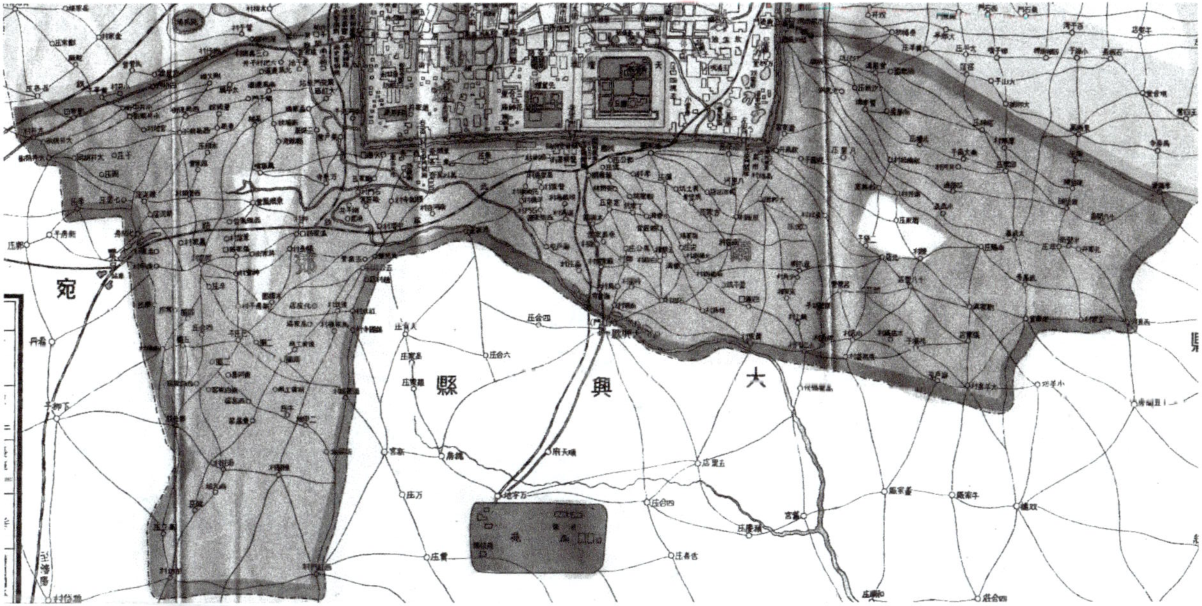

南郊

北郊

京師地名對索引

京師地名對索引

崇文閣	六四
崇文門	四〇,四二,四三,四五-四七,五〇-五五,五七-五九,六一,六二,六八-七〇,七二,七三,七五,七六,八三-八七,九〇,九二-九六,九八,九九,一〇一,一〇二,一〇五,一〇六,一〇八,一一一,一一二,一一四-一一七,一二〇,一二三,一二四,一二八,一二九,一三一,一三三-一三六,一三九
崇效寺	六〇,八八,九一

臭皮	六六
臭水河	五〇
臭水塘	五一
厨子營	一一九
儲秀宮	五七
怵哉榭	一四〇
處士祠	五三
穿堂	四七,五九,六〇
穿心	六六
傳版	一〇五,一四三
傳心殿	六八
闖道	四七
垂虹亭	一〇二
垂雲石	四〇
春耦齋	四〇,一〇二
春亭	三九,四一,七七

一一七

聖母祠	七三
聖母廟	五四
聖人府	五四
聖賢庵	五五，七九
施茶處	一一八
施家	四四，六九，七八，一三九，一四一
施醫院	五五
獅子府	九九
獅子館	九八
獅子林	五〇，一〇二
獅二廟	一〇〇
獅子巖	一〇三
十方院	六一，六七，八五，一二一
十間房	一〇三，一二三
十里村	一二二，一四五
十刹海	三九，五〇，一〇九，一一三，一一六，一二二
石板房	一一四
石碑	一一一
石槽	一一一
石大人	七〇，八四，九五，一〇五，一一二，一二〇
石鐙庵	一一五
石帆室	四九
石佛庵	七六，一一三
石佛寺	七六，一一三
石駙馬	五〇，一二六
石駙馬街	七二，一〇三
石虎	九三，九九，一一一

雙忠祠　一二〇
水村居　一一二
水竇　四七
水罐　一一二
水會局　一一四
水精域　四九，一〇二
水磨村　一一三
水母　四七
水獺　九四
水紋淀　五一
水心亭　六七，一一四
水月洞　四二
水月寺　四二，一一三
水雲榭　四六
四川館　一二三
四川營　一二三，一二四

四恒　一三三，一三四
四牌樓　三八，三九，四二，四七，四八，五三，五四，五六，五九，六二-六四，六六，六九，七一，七四-七七，八三，八四，九〇，九三-九五，九九，一〇一，一〇五-一〇七，一一一，一一三，一一六，一二四，一二七，一三〇，一三三，一三七，一三八
四平臺　一二一
四神祠　七四
四王府　五四，七六，一二二，